本书由广东技术师范大学新师范建设助推基础教育高质量发展研究与实践项目"新师范背景下中学主干学科教学改革研究与实践"子项目"中学语文师资协同培养 UGS 模式的调整实践研究"（项目编号：GSDXSF11）资助出版

明中期

戏曲研究

刘竞 著

暨南大学出版社
JINAN UNIVERSITY PRESS

中国·广州

图书在版编目（CIP）数据

明中期戏曲研究 / 刘竞著. -- 广州 ： 暨南大学出版社, 2025. 8. -- ISBN 978-7-5668-4127-8

Ⅰ. I207.37

中国国家版本馆 CIP 数据核字第 2025GN0234 号

明中期戏曲研究

MING ZHONGQI XIQU YANJIU

著 者：刘 竞

出 版 人：阳 翼

策划编辑：武艳飞

责任编辑：陈俞潼

责任校对：刘舜怡 王雪琳 何江琳

责任印制：周一丹 郑玉婷

出版发行：暨南大学出版社（511434）

电 话：总编室（8620）31105261

营销部（8620）37331682 37331689

传 真：（8620）31105289（办公室） 37331684（营销部）

网 址：http：//www.jnupress.com

排 版：广州市新晨文化发展有限公司

印 刷：广州市友盛彩印有限公司

开 本：787mm × 960mm 1/16

印 张：16.5

字 数：282 千

版 次：2025 年 8 月第 1 版

印 次：2025 年 8 月第 1 次

定 价：79.80 元

前　言

　　明中期戏曲的发展与明前期、明后期相比，存在很多独特之处：盛行于晚明与清代的南杂剧、文人传奇在此时发轫并定型；戏曲开始呈现出鲜明的文人化特征；文人审美趣味与民间审美趣味尖锐交锋等。因此，明中期戏曲在整个明代戏曲发展史以至整个中国古代戏曲发展史上都具有特殊地位。

　　关于"明中期"这一概念的上限，笔者认为应是明代宗朱祁钰景泰元年（1450）。该年，土木堡之变给明朝敲响了警钟，自此明朝的内忧外患更为深重。之后，无论是政治环境还是文学思潮，都与明前期有了较大不同。因此这一年是明前期与明中期的分水岭。而"明中期"的下限，笔者认为定于明神宗朱翊钧万历二十年（1592）较为合适。在万历二十年左右，明王朝在政治领域内有阁部科道之争、军事领域内有哱拜叛乱、经济领域内则国库空虚，自此明王朝再也没有出现过真正的重振局面，这导致了整个社会现实以及文人士大夫心态的重大变化。在文学思潮领域，复古主义的第二次高潮于万历二十年左右消歇；作为明晚期主流文学思潮的浪漫主义，在万历二十年后渐渐占据优势地位。而且，在明中期戏曲发展史上具有重要地位的徐渭、汪道昆、梁辰鱼等曲家也于万历二十年前后相继去世。与此同时，明晚期戏曲理论主将沈璟，在万历二十年左右摆脱明中期戏曲"文词派"的影响，开始了明晚期的戏曲创作；明晚期浪漫主义戏曲代表作——汤显祖的《牡丹亭》则在万历二十六年（1598）问世。因此笔者依据政治、文学思潮、戏曲发展的特点，把明中期的时间范围界定为景泰元年到万历二十年，共 143 年。再加细分，又可将这一时期划分为两个前后相衔接的历史阶段，以嘉靖元年（1522）为界，前段跨越景泰、天顺、成化、弘治、正德五朝，共 72 年；后段经历嘉靖、隆庆、万历前期，共 71 年。

明中期戏曲表现出潜移暗转、不易把握的特点，因此目前学术界的研究成果，首先侧重于单个曲家、个别作品研究，对明中期戏曲整体发展的关注不够。具有代表性的成果如徐朔方《晚明曲家年谱》①，书中对徐霖、沈龄、梁辰鱼、张凤翼、顾大典、王衡、沈璟、王济、谢谠、徐渭、高濂、汪道昆、梅鼎祚、汤显祖等曲家的生平考证，为研究明中期曲家的生平和创作提供了基础。其他考证曲家生平的单篇论文如：韩伟《明曲家冯惟敏生平事迹考述》②，马琳萍、侯凤祥《邵璨生平及〈香囊记〉创作时间考辨》③，苏子裕《〈南西厢记〉作者崔时佩生平考》④，卜键《李开先疑事考》（上）⑤，卜键《李开先疑事考》（下）⑥，欧阳江琳《〈断发记〉作者考辨》⑦，朱万曙《〈祁门清溪郑氏家乘〉所见郑之珍生平资料》⑧ 等。其次，注重名家名作的分析。关于杂剧研究，康海《中山狼》和徐渭《四声猿》成为热点。围绕《中山狼》作者、《中山狼》是否讽刺李梦阳等问题，学者展开了热烈讨论，如刘致中《关于〈中山狼〉杂剧的作者问题》⑨、朱迎平《再谈〈中山狼〉杂剧的作者》⑩、黄仁生《明代〈中山狼〉杂剧三题——兼与朱迎平同志商榷》⑪、田守真《杂剧〈中山狼〉本事与李梦阳、康海关系考》⑫、王公望《论〈中山狼传〉和〈中山狼〉杂剧并非讽刺李梦阳——兼论〈中山狼传〉之作者及李梦阳同康海、王九思

① 徐朔方：《晚明曲家年谱》，浙江古籍出版社 1993 年版。
② 韩伟：《明曲家冯惟敏生平事迹考述》，《烟台师范学院学报》（哲学社会科学版）1994 年第 2 期。
③ 马琳萍、侯凤祥：《邵璨生平及〈香囊记〉创作时间考辨》，《石家庄学院学报》2006 年第 1 期。
④ 苏子裕：《〈南西厢记〉作者崔时佩生平考》，《戏剧》（中央戏剧学院学报）2005 年第 3 期。
⑤ 卜键：《李开先疑事考》（上），《戏曲艺术》1986 年第 4 期。
⑥ 卜键：《李开先疑事考》（下），《戏曲艺术》1987 年第 1 期。
⑦ 欧阳江琳：《〈断发记〉作者考辨》，《中山大学学报》（社会科学版）2001 年第 6 期。
⑧ 朱万曙：《〈祁门清溪郑氏家乘〉所见郑之珍生平资料》，《文学遗产》2004 年第 6 期。
⑨ 刘致中：《关于〈中山狼〉杂剧的作者问题》，《文学遗产》1990 年第 4 期。
⑩ 朱迎平：《再谈〈中山狼〉杂剧的作者》，《文学遗产》1992 年第 2 期。
⑪ 黄仁生：《明代〈中山狼〉杂剧三题——兼与朱迎平同志商榷》，《中国文学研究》1991 年第 2 期。
⑫ 田守真：《杂剧〈中山狼〉本事与李梦阳、康海关系考》，《西南师范大学学报》（人文社会科学版）1985 年第 1 期。

之关系》①　等。关于重点曲家的研究，以徐渭为例，学界一方面侧重讨论《四声猿》的思想内容与艺术成就，如刘荫柏《徐渭及其剧作论考》②、王金钢《试论徐渭戏剧的批判理性精神》③　等；另一方面借鉴传播学、心理学的某些原则来研究徐渭戏曲创作，如宋辉《猿鸣清远聆回响——论徐渭杂剧〈四声猿〉的传播及对明清文人杂剧的影响》④、杜桂萍《"奇"与"畸"：徐渭从事杂剧创作的心理机制》⑤、胡天成《从格式塔心理学看徐渭〈四声猿〉奇气异力的美学特征》⑥　等。此外，冯惟敏的《僧尼共犯》《不伏老》也是讨论者关注的焦点，如韩伟《论冯惟敏的杂剧〈不伏老〉》⑦　等。黄仁生《论王九思及其杂剧创作》⑧、金宁芬《关于汪道昆的几个问题》⑨、徐子方《汪道昆及其杂剧创作》⑩　等则对王九思、汪道昆的杂剧进行了论述。传奇研究集中在对《宝剑记》《鸣凤记》《玉簪记》等剧的讨论上。郭英德《〈宝剑记〉：忠奸剧的定型——〈明清传奇史〉选载（一）》⑪　等对《宝剑记》的结构特色、主题创新进行了分析。张军德《〈鸣凤记〉情节结构新探》⑫，周琦玥、姜复宁《"生扭吴中之拍"与"真诗只在民间"的深层次自洽——李开先〈宝剑记〉"不娴度曲"说新读解》⑬　等关注《鸣凤记》的创作。徐扶明《高濂和他的〈玉簪记〉》⑭、

①　王公望：《论〈中山狼传〉和〈中山狼〉杂剧并非讽刺李梦阳——兼论〈中山狼传〉之作者及李梦阳同康海、王九思之关系》，《甘肃社会科学》2004 年第 1 期。

②　刘荫柏：《徐渭及其剧作论考》，《艺术百家》2000 年第 2 期。

③　王金钢：《试论徐渭戏剧的批判理性精神》，《戏曲艺术》1995 年第 4 期。

④　宋辉：《猿鸣清远聆回响——论徐渭杂剧〈四声猿〉的传播及对明清文人杂剧的影响》，《戏曲艺术》1999 年第 4 期。

⑤　杜桂萍：《"奇"与"畸"：徐渭从事杂剧创作的心理机制》，《学习与探索》2003 年第 3 期。

⑥　胡天成：《从格式塔心理学看徐渭〈四声猿〉奇气异力的美学特征》，《文艺研究》1987 年第 2 期。

⑦　韩伟：《论冯惟敏的杂剧〈不伏老〉》，《烟台师范学院学报》（哲学社会科学版）1992 年第 4 期。

⑧　黄仁生：《论王九思及其杂剧创作》，《中国文学研究》1988 年第 2 期。

⑨　金宁芬：《关于汪道昆的几个问题》，《文学遗产》1985 年第 4 期。

⑩　徐子方：《汪道昆及其杂剧创作》，《学术界》2003 年第 6 期。

⑪　郭英德：《〈宝剑记〉：忠奸剧的定型——〈明清传奇史〉选载（一）》，《佳木斯大学社会科学学报》1998 年第 2 期。

⑫　张军德：《〈鸣凤记〉情节结构新探》，《中国文学研究》1988 年第 1 期。

⑬　周琦玥、姜复宁：《"生扭吴中之拍"与"真诗只在民间"的深层次自洽——李开先〈宝剑记〉"不娴度曲"说新读解》，《戏曲艺术》2021 年第 2 期。

⑭　徐扶明：《高濂和他的〈玉簪记〉》，《中国文学研究》1990 年第 1 期。

李中耀《论〈玉簪记〉的思想意义》①、张丽娥《情欲与教化：论〈玉簪记〉情理冲突的弱化》② 等探讨了《玉簪记》的特点。最后，关注明中期某一剧种的发展、与戏曲相关的某一方面的研究，如欧阳江琳的博士论文《明前中期戏文形态研究》、李舜华的博士后报告《明前中期演剧研究》、谯进华的博士论文《明中叶至晚明戏剧思想》等。此外，虽然目前还没出现关于明中期戏曲整体性研究的专门论著，但一些综合性著作中有非常值得关注的研究成果。郑振铎《插图本中国文学史》③ 单列"南杂剧的出现"一章，周贻白《中国戏剧史长编》④ 第六章单列"杂剧的南曲化"一节，郭英德《明清传奇史》⑤ 第一编为"从戏文到传奇"，等等。这些成果都从不同角度论述了明中期戏曲发展，颇有启发性与参考意义，为我们进一步研究明中期戏曲发展奠定了坚实的基础。

但是，学术界对明中期曲家群体的文化背景、交往情况等研究相对薄弱；对于明中期杂剧与传奇两种戏曲样式在体制上的互相学习、彼此借鉴的考察不够全面；此外，对于明中期的戏曲观念、舞台演出等研究，或与明前期、明后期混杂在一起，没有清楚地揭示明中期曲坛的特点。本书以明中期为切入点，采用宏观与微观相结合的研究方法，讨论与戏曲创作相关的各个方面，包括曲家、主题、体制、观念、演出五部分。文学是人的活动，在"曲家论"中，笔者希望通过思考明中期曲家群体的文化背景、交往情况以及他们与当时主流文坛盛行的复古主义思潮的关系，从创作主体角度探讨明中期戏曲创作繁荣、体制革新的原因。在"主题论"中，笔者力图分析明中期戏曲主题选择与社会生活、曲家内心世界的关系。在"体制论"中，通过文本分析、数据统计，重点探讨杂剧的新变与传奇的定型在明中期是如何产生的，并揭示明中期戏曲走向文人化的过程。在"观念论"中，尝试揭示明中期戏曲本体与功能之辩、南北曲之辩、本色之辩、《琵琶记》与《拜月亭》之争等问题背后所隐藏的戏曲思想。在"演出论"中，从南曲各地声腔争胜、北曲的演出、艺人构成与演出、赛社与堂会戏曲演出等角度，展示明中期戏曲演出的繁荣状况，并阐述在戏

---

① 李中耀：《论〈玉簪记〉的思想意义》，《新疆大学学报》（哲学社会科学版）1999 年第 4 期。
② 张丽娥：《情欲与教化：论〈玉簪记〉情理冲突的弱化》，《社会科学论坛》2015 年第 11 期。
③ 郑振铎：《插图本中国文学史》，作家出版社 1957 年版。
④ 周贻白：《中国戏剧史长编》，上海书店出版社 2004 年版。
⑤ 郭英德：《明清传奇史》，江苏古籍出版社 1999 年版。

曲表演与欣赏中所体现的民间立场与文人立场的差异。通过研究明中期戏曲发展过程中的种种因素，本书试图揭示，在明中期这个特殊的历史时段中，曲家怎样创新争胜、主题如何与时俱进、体制怎样消长演变、观念如何更新、演出怎样繁荣，从而勾勒出明中期曲坛迥异于明前期、明后期的轮廓。

需要指出，某些曲家如臧懋循、屠隆、佘翘等人，他们的戏曲创作活动虽然在明晚期，但因为他们与明中期曲家交往较多且有重要影响，所以在"曲家论"部分将其纳入讨论范围，但在"主题论""体制论"等部分不考察他们的作品。而某些曲家如梅鼎祚、汤显祖、沈璟、王衡等人，他们的戏曲创作活动跨越了明中期与明晚期两个时段，所以在"主题论"中只把他们创作于明中期的作品作为考察对象。在"体制论"中，所用剧本不仅包括创作于明中期的曲作，也包括被刊刻或者被改编于明中期的前代作品，因为剧本体制的形成，是从事创作的曲家与明中期刊刻印刷者合力产生的成果，定型后的戏曲体制必须以印刷或抄写的形式传世。

明中期戏曲体制的演进决定了中国古典戏曲的基本形态，使戏曲这种特殊的文学文体带上了中华民族特殊的审美理想品格，直接影响了清代甚至近现代中国戏曲的发展道路，如关注反映现实生活、强调抒情功能等。在文学本位之下，本书以实证的态度、全景式的视角，将南戏与传奇、北杂剧与南杂剧、元杂剧与明杂剧进行横向、纵向对比研究，综合文学、艺术学、哲学、文化心理学、社会学的研究范式和分析框架，从创作主体与社会哲学、文化的关联等角度深入分析明中期戏曲形态，在揭示其演进机制的同时，能够古为今用、推陈出新，服务于新时代中国特色社会主义文化事业的建设。

刘 竞

2025 年 5 月

目　录

第一章　曲家论

　　曲家作为戏剧的生产者，他们创作的戏曲带有自身深刻的印痕，其学习与生存环境、思想与人生经历、文学态度等，都会直接影响他们对待戏曲的态度。与元代及明前期的曲家相比，明中期曲家的身份、地位发生了很大变化。曲家群体已经从元代的下层文人，明前期的贵族作家、御用作家转移到文人士大夫阶层。大量具有较高文化修养、一定社会声誉的文人士大夫参与到戏曲创作中，曲家队伍得到壮大，而且曲家之间不仅彼此交往频繁，与主流文人的联系也愈趋紧密。这种联系对明中期的戏曲形态产生了重要影响。

第一节　明中期曲家的文化背景

　　明中期曲家大多家世清白而且受过良好的文化教育，他们自身的文化背景较之元代曲家有了很大改善。曲家的家庭背景以及生平经历、对待传统主流文学和通俗戏曲的态度，与元代曲家甚至明前期曲家相比都有明显差异。这种差异直接影响了明中期的戏曲创作。

曲家的家庭背景以及生平经历

从家庭背景、生平经历看，明中期曲家可分以下几种情况。

第一种，出身官宦之家或者书香门第，受过良好的文化教育，但曲家个人的命运因人而异、大相径庭。

第一类是出身官宦之家，本人曾中举或出仕、生活无忧、个性风流洒脱者。如陈铎（约1454—约1507），其祖父随朱棣靖难有功，因此他可以世袭济州卫指挥。陈铎寓居金陵，于经传子史、百家九流，无不贯通，文化修养颇高。他妙解音律，工于诗词和绘画，善弹琵琶，常常牙板随身。工乐府，风流倜傥，有声于世。所作散套，稳协流丽，教坊子弟称其为"乐王"①，所作散曲小令流行甚广。陈铎曲尚金元，是明代中期戏曲大兴的先导人物。② 又如顾大典（1541—1596），他的祖父做过知府，家境富裕，从小受到良好的文化熏陶，隆庆二年（1568），二十八岁的顾大典登进士第。他入仕之后，历宦各地，放纵诗酒、风流不羁。《同治苏州府志》记载："改福建提学副使，请托不行。忌者追论其为郎时放于诗酒，坐谪禹州知州，遂自免归。"③ 但他的家居生活依然惬意。上述曲家生活闲散、个性洒脱，戏曲是他们生活的组成部分，在创作戏曲时，其作品的主题选择往往与他们的个性、生活相吻合，颇为自由无拘。陈铎与顾大典的散曲与戏剧作品对市井生活的关注度较高。陈铎的散曲集《滑稽余韵》更是描写了明代市井小民的生活。而他们的戏曲则多写男女风情和闺怨相思，陈铎的杂剧《纳锦郎》述妓女与乐工密相幽欢，顾大典的传奇《青衫记》述风流文人与青楼佳人的才情之恋。两部作品都是对才子佳人剧作的调整，风格上娴雅恬淡，以潇洒飘逸闻名，弥漫着闲适文人的气质与趣味。

第二类是出身官宦家庭，本人亦涉足仕途，却郁郁不得志者。如康海（1475—1541）与杨慎（1488—1559）均为状元出身，王九思（1468—1551）亦以文才入翰林院。如果仕途顺利，他们对待戏曲的态度可能不会太认真。④ 但康海、王九思受刘瑾之累而遭贬黜，杨慎因得罪皇帝，大半生在流放中度过。又如陆粲（1494—1551），虽尽心于公事，挺直敢言，却多受打击，最后不得已以奉养母亲为理由退居乡里。又如王衡（1561—1609），身为首辅之子，却受其父连累，仕途屡遭坎坷、愤懑不已。再如

---

① 谢伯阳：《全明散曲》，齐鲁书社1994年版，第691页。

② 李舜华：《从诗学到曲学——陈铎与明中期文学复古思潮的滥觞》，《文学遗产》2013年第1期，第92-104页。

③ （清）李铭皖、谭钧培修，（清）冯桂芬纂：《同治苏州府志》（三）卷一〇五，《中国地方志集成》据清光绪八年（1882）江苏书局刻本影印，第670页。

④ 孙学堂：《康海的文学态度与"复古俗"指向》，《苏州大学学报》（哲学社会科学版）2021年第3期，第136-146页。

汤显祖（1550—1616），上辈几代虽不曾为官，但汤家在当地是享有相当社会地位的书香门第。汤显祖少年时师从泰州学派的罗汝芳，曾受过理学思想熏陶，所以他在《太平山房集选序》中说："盖予童子时从明德夫子游，或穆然而咨嗟，或熏然而与言，或歌诗，或鼓琴。"[①] 由于生性耿直，不愿依附权贵，他三十四岁才中进士。入仕之后，因与上司不合，难得晋级，后又因批评朝政被贬，最后自退闲居。上述诸人的经历明显影响了他们对戏曲的认知，也影响了其戏曲内容与艺术特征。他们关注戏曲，或是因为戏曲更便于以寓言的方式表达自己的思想，或干脆是一种文体文化的逆反。他们内心郁结，有借戏曲浇胸中之块垒的意图，所以他们反而张扬戏曲，突出其表情达意的功能，视其为诗文同侪。从主题上看，康海、王九思以"中山狼"为题讽喻世事，表达自己的失落与愤懑；杨慎通过宗教剧消解现实苦闷；王衡借文人剧为自己泄愤；汤显祖的戏曲创作跨越明中期与明晚期，早年之作以才子风情剧表达心志。诸人曲作风格上则沉郁直露，大胆宣泄。

第三类是出身官宦之家，本人科举不顺，但生活无忧者，与第一类近似。如徐霖（1462—1538），出生在一个具有仕宦背景的文化家族中。顾璘《隐君徐子仁霖墓志铭》记载："广面长耳，体貌伟异，机神凤解，不同常儿。五岁，日记小学千余言。七岁能赋诗，九岁大书辄成体。通国呼为奇童。奉母孝，事兄如父，各致欢爱。年十四补弟子员，惟放笔工文章，闻誉益起。"[②] 但他多次科考失利，心灰意冷，竟以隐终。徐霖是当时著名的书法家，以书法获得大量钱财，生活优厚，顾璘在《隐君徐子仁霖墓志铭》说："（徐霖）性好游观声伎之乐，筑快园于城东，广数十亩。其中台池馆阁之盛，委曲有幽况，卉木四时不绝。善制小令，得周美成、秦少游之诀，又能自度曲，棋酒之次，命伶童侍女传其新声，盖无日不畅如也。"[③] 又如梅鼎祚（1549—1615），其父祖皆入仕为官，家中藏书丰富，早年受过良好教育。他热心于整理古代文献，有强烈的著书立说意愿，二

---

① （明）汤显祖著，徐朔方笺校：《汤显祖全集》（二），北京古籍出版社 1999 年版，第 1098 页。

② （明）焦竑辑：《国朝献征录》卷一百一十五，四库全书存目丛书编纂委员会编：《四库全书存目丛书》史部第 106 册，齐鲁书社 1996 年版，第 516 页。

③ （明）焦竑辑：《国朝献征录》卷一百一十五，四库全书存目丛书编纂委员会编：《四库全书存目丛书》史部第 106 册，齐鲁书社 1996 年版，第 516 页。

十四岁即辑本地历代诗集为《苑雅》，后又辑《古乐苑》《文纪》等书。虽然多次科场失利，但由于父祖家业的荫庇，他过着衣食无忧的生活，戏曲创作对他而言是自娱手段，更是他所塑造的文雅生活的组成部分。徐霖、梅鼎祚都与当时名妓来往甚密，他们作品的女主角也是名妓，怡情自娱的创作倾向突出。他们戏曲作品的思想价值并不突出，但语言艺术性较高，在一定程度上推动了明中期戏剧的进步。徐霖的传奇《绣襦记》在当时名噪一时，沈德符曾赞叹"余最爱《绣襦记》中'鹅毛雪'一折，皆乞儿家常口头话，镕铸浑成，不见斧凿痕迹，可与古诗《孔雀东南飞》《唧唧复唧唧》并驱"①。梅鼎祚的传奇《玉合记》以文词艳丽取胜，"最为时所尚"②，"士林争购之，纸为之贵"③，这一效果的产生，与作家自身的创作心态关系非常密切。

　　第四类是出身官宦之家，科举不顺且营生艰难者。为了谋生，有的沦为清客，如郑若庸（1489—1577）。詹玄象《蜻蛉生传》记载郑若庸的家世为"大父嘿庵公直笔于左史，厥考介石公演《易》于博士"④，可见郑若庸出身于儒学世家，"性妙悟，岐嶷卓荦。十年就傅，暗疏经义，不谬误一字。窃览玄古坟典丘索四库六幕群书。十六岁试邑郡，邑郡大夫奇其文，辄置第一"⑤。尽管他文采出众，但科举之路并不顺畅，《蜻蛉生传》说："三试落第，遄归吴门。跌宕矫俗，不事绳束，尘示（视）轩冕。遵先君之训，兴高世之想，隐支砚山中。"⑥ 为了生活，他应赵王之聘北上临清，为王府清客。赵王对其颇为重视，郑若庸也因而过得安定清闲，能够用二十年的时间仿《初学记》《艺文类聚》为《类隽》。又如梁辰鱼（1519—1591），其家世据徐朔方先生考证，"从祖父到他本人，分明看出

---

① （明）沈德符：《顾曲杂言》，中国戏曲研究院编：《中国古典戏曲论著集成》（四），中国戏剧出版社 1959 年版，第 211 页。

② （明）沈德符：《顾曲杂言》，中国戏曲研究院编：《中国古典戏曲论著集成》（四），中国戏剧出版社 1959 年版，第 206 页。

③ （明）徐复祚：《曲论》，中国戏曲研究院编：《中国古典戏曲论著集成》（四），中国戏剧出版社 1959 年版，第 237 页。

④ （明）詹玄象：《蜻蛉集》卷首《蜻蛉生传》，四库全书存目丛书编纂委员会编：《四库全书存目丛书》集部第 143 册，齐鲁书社 1997 年版，第 560 页。

⑤ （明）詹玄象：《蜻蛉集》卷首《蜻蛉生传》，四库全书存目丛书编纂委员会编：《四库全书存目丛书》集部第 143 册，齐鲁书社 1997 年版，第 560 页。

⑥ （明）詹玄象：《蜻蛉集》卷首《蜻蛉生传》，四库全书存目丛书编纂委员会编：《四库全书存目丛书》集部第 143 册，齐鲁书社 1997 年版，第 560 页。

一个'从五品'官的中层官僚家庭地位下降的过程"①。科举无望的他，只能混迹于权门为清客山人。他经常出入青楼，与明中期大多数曲家相比，多了几分市民情调。这类曲家作品的艺术性较高，但也不同程度地带有一些缺陷。郑若庸的《玉玦记》曲词典雅，用韵和谐，吕天成评为"典雅工丽，可咏可歌"②，徐复祚则说："此记极为今学士所赏，佳句故自不乏。"③ 但《玉玦记》用典过多，被臧懋循称为"始用类书为之"④，戏曲文人化的特征明显。梁辰鱼的戏曲成就较为突出，他的《浣纱记》巧于安排结构，曲词雅丽，讲究骈偶，但有繁芜拖沓的毛病，因此吕天成评论："罗织富丽，局面甚大，第恨不能谨严。"⑤ 有的曲家还沾染了浪子习性。孙柚（徐朔方认为是 1540—1585；郭英德认为是 1540—1614）出身仕宦之家，高祖曾任吏部考功郎，家资巨万，但到他本人时，家道已中落。他生活拮据，却有富家子弟的通病，"喜饮，喜樗蒲，居藤溪，萧然一室，无儋石储，而好客不衰"⑥，他嗜好饮酒和赌博，还流连歌楼妓院。他的作品《琴心记》在主题思想上表达了文人在困厄之中的幻想。因此，徐朔方先生说："艳情、家徒四壁是他的现实，文章受皇帝的赞赏，召为著作郎、中郎将，建功立业则是他未实现的愿望。"⑦ 出身官宦之家人生却颠沛流离的曲家中，以徐渭（1521—1593）最为典型。他并非出身儒学世家，但父亲曾官至夔州同知，只可惜他刚出生三个月，父亲就去世了。徐渭早慧，《自为墓志铭》记载："生九岁，已能习为干禄文字。"⑧ 他虽然才华过人，但一生科举不顺，八试失利。他投胡宗宪幕府，颇受赏识，积极出谋划策，参与抗倭事业，后因严嵩倒台、胡宗宪被捕，受到巨大打击而精神失

①　徐朔方：《徐朔方集》卷二《晚明曲家年谱·苏州卷·梁辰鱼年谱》，浙江古籍出版社 1993 年版，第 124 页。

②　（明）吕天成：《曲品》，中国戏曲研究院编：《中国古典戏曲论著集成》（六），中国戏剧出版社 1959 年版，第 232 页。

③　（明）徐复祚：《曲论》，中国戏曲研究院编：《中国古典戏曲论著集成》（四），中国戏剧出版社 1959 年版，第 237 页。

④　（明）臧懋循：《元曲选序》，《元曲选》（第一册），中华书局 1958 年版，第 3 页。

⑤　（明）吕天成：《曲品》，中国戏曲研究院编：《中国古典戏曲论著集成》（六），中国戏剧出版社 1959 年版，第 232 页。

⑥　（明）徐复祚：《曲论》，中国戏曲研究院编：《中国古典戏曲论著集成》（四），中国戏剧出版社 1959 年版，第 244 页。

⑦　徐朔方：《徐朔方集》卷二《晚明曲家年谱·苏州卷·孙柚行实系年》，浙江古籍出版社 1993 年版，第 254 页。

⑧　（明）徐渭：《徐渭集》（第二册），中华书局 1983 年版，第 639 页。

常。后杀妻子，被捕入狱，有数年之久。他的作品既展示了对传统思想的叛逆，也反映了他在现实生活中的精神矛盾与心灵痛苦。在众多的明中期曲家作品中，徐渭的曲作最富个性，也最有震撼力，人生的困顿多艰与作品的曲折跌宕相互映照。

　　第二种，少数曲家出身贫苦，但靠个人努力走上仕途。如李开先（1502—1568），出身贫寒，早年丧父，由寡母抚养成人，于嘉靖八年（1529）中进士。又如谢谠（1512—1569），《盖东谢氏族谱》记，"少家贫，力学不倦。天才赡逸，诗文皆臻极品。识者谓有燕赵风"①，他未满周岁而丧父，逆境成才，于嘉靖二十五年（1546）考中进士。这一类曲家虽然都凭个人努力摆脱了白衣身份，但因种种原因，大多仕途不顺，壮年就罢官家居。李开先入仕之后，积极有为，但四十岁因为抨击夏言内阁而罢归；谢谠三十七岁因妻亡而弃官归隐。他们以曲言志，但风格各异：李开先推崇民歌，喜爱金元散曲杂剧，他以《宝剑记》描述忠奸斗争，以《打哑禅》等讽刺世事，借戏曲针砭时弊；谢谠个性闲淡，颇具古人之风，"筑来鹤亭，建柴墟公馆，乐与贤士大夫游……傍盖湖，筑白鸥庄于荷叶山中。唯著述吟咏为事，间为乐府。不入城市者二十余年"②，他的《四喜记》还叙写了"久旱逢甘雨，他乡遇故知。洞房花烛夜，金榜挂名时"的人生四喜，表达了一种闲散的人生态度。

　　第三种，出身富裕的商人家庭。他们虽然有财富作为经济后盾，比衣食堪虞的曲家要舒适得多，但人生际遇也各有特点。一类是出身富商之家，本人涉足仕途者。根据汪道昆（1525—1593）《太函集》卷四十四《先府君状》，汪氏并非文化世家，祖先以务农为业，后转向经商致富。但汪氏重视文化，汪道昆幼年受过良好教育，《汪南明先生年谱》云"公六岁就外傅，授书一目十行下"，又云"公年十二，喜涉猎书史，父封翁禁之"。③ 后中进士，历任义乌知县、户部主事、兵部武库司员外郎、襄阳知府、福建按察司副使、福建按察使、福建巡抚、郧阳巡抚、湖广巡抚、兵

---

　　① 引自徐朔方：《徐朔方集》卷三《晚明曲家年谱·浙江卷·谢谠年谱》，浙江古籍出版社1993年版，第34页。

　　② （清）储家藻修，（清）徐致靖纂：《光绪上虞县志校续》卷十，《中国地方志集成》据清光绪二十五年（1899）刻本影印，第199页。

　　③ 引自徐朔方：《徐朔方集》卷四《晚明曲家年谱·皖赣卷·汪道昆年谱》，浙江古籍出版社1993年版，第14页。

部左侍郎。汪道昆是明中期曲家中少有的能在政治上有所作为的人物。他的《大雅堂杂剧》体制新颖，全是一折，还借鉴了传奇的特征，南曲化特点明显。又如王济（1474—1540），父亲经商致富，并捐资任苏州卫指挥。出身富裕之家的王济受到了良好的文化教育，但他多次科考不中，四十余岁才像他父亲一样捐资出仕横州通判。张寰《广西横州别驾王君济行状》说："君少颖敏而好学，博洽自许，寻由郡学生例补太学生。屡蹶于秋闱。齿既逾壮，始谒选铨曹，授广西横州判官。"① 他在任颇有为，后来以母老为由辞职回乡，张寰《广西横州别驾王君济行状》记载："忽念母氏春秋高，疏乞终养。上官倚任方隆，下及氂倪遮道留之，竟弗能夺。归事其母何夫人。"② 他的《连环记》曲词流畅平易，人物鲜活，情节跌宕。另一类是出身富商家庭而以布衣终身者。如高濂（约 1527—约 1603），出身富商家庭，他的父亲非常重视儿子的文化教育，因此高濂的文化修养很高。他将商业与文学创作有机融合在一起，不仅是戏曲作家、图书版本和文物古玩的收藏家和鉴赏家，还是养生家。与王济不同，高濂虽奉父命出资捐官，且一度在北京鸿胪寺见习，但因父亡，返回家乡，此后未能走上仕途。高濂的富商出身使他生活无忧、惬意闲适，其《遵生八笺》卷三《春时幽赏·山满楼观柳》记，"苏堤跨虹桥下东数步为余小筑，数椽当湖，南面，题曰'山满楼'。余每出游，巢居于上。倚阑玩赏，若与檐接……故余墅额题曰'浮生燕垒'"③，他的生活清高恬淡，犹如隐士一般。高濂的《玉簪记》曲词自然流畅，刻画人物心理丝丝入扣；《节孝记》以陶渊明、李密为主角，在一定程度上反映了曲家自己的隐逸情调。又如张凤翼（1527—1613），据王世贞《弇州四部稿》卷八十四《张隐君小传》及卷九十二《明故处士云槎张君墓志铭》，张凤翼出身于具有文化传统的富裕商家。他的曾祖父爱好读书，著有《吴中人物志》。张凤翼幼年好学，并有志于功名，他在《与徐侍读公望书》中自述："仆自弱冠即有意用世。占毕之暇，每索《阴符》《六韬》《孙》《卫》诸书，究其端绪。且锻炼筋

---

① （明）焦竑辑：《国朝献征录》卷一百〇一，四库全书存目丛书编纂委员会编：《四库全书存目丛书》史部第 105 册，齐鲁书社 1996 年版，第 780 页。

② （明）焦竑辑：《国朝献征录》卷一百〇一，四库全书存目丛书编纂委员会编：《四库全书存目丛书》史部第 105 册，齐鲁书社 1996 年版，第 780 页。

③ （明）高濂：《遵生八笺》卷三，《文渊阁四库全书》第 871 册，台湾商务印书馆 1986 年版，第 414 页。

骨，开张胆气。冀一旦为边疆之臣，庶可效用一割。"① 遗憾的是，他多次科举失利，以布衣终身。同是出身商人家庭，张凤翼与高濂的生活气质截然不同，他公开在门外张贴代撰和书写诗文的价格，公开销售自己编印的《文选纂注》以营利。张凤翼身上的市民情调和商人气质在明中期曲家中首屈一指。这种具有才气且个性的品质，有利于通俗戏曲的创作。在明中期戏曲作品中，张凤翼的传奇是为数不多的富有舞台表演性的佳作，这也许是他个性更贴近市民的缘故。

从上面的梳理中可以看出，明中期曲家的家庭背景、生平经历丰富多样，他们对戏曲或重视其宣泄情感的文学功能，或重视其愉悦身心的娱乐功能，这与他们的生活经历息息相关。他们各不相同的人生环境，不仅影响了他们的创作心理，也直接影响了他们的戏曲风格，明中期戏曲风格的多样性正如曲家人生的丰富性一般。而曲家身份的文人士大夫化，则有助于明中期戏曲走向文人化、典雅化。

曲家对待传统主流文学的态度

明中期先有以李梦阳、何景明为首的复古派前七子，后有以王世贞、李攀龙为代表的复古派后七子。他们目睹明前期文学的衰弱不振，振臂高呼，倡导秦汉盛唐的文学典范，在社会上产生了巨大影响，成为明中期的主流文学思潮。已经与主流文人差别不大的曲家群体，受到主流文学观直接的影响。总的来说，明中期曲家对待主流文学的态度大致分为四种类型：第一，处于复古主义阵营之中，以支持者、当事者的态度与主流文学思潮保持一致；第二，与复古主义观念接近，但又能出乎其外，提出自己的见解；第三，公开反对复古主义，具有自己的特色；第四，游离其外，特立独行，我行我素。

第一种类型以康海、王九思、陈沂（1469—1538）等为代表，他们是从主流文人群体中诞生的曲家。《明史·文苑传二·李梦阳传》记："弘治时，宰相李东阳主文柄，天下翕然宗之，梦阳独讥其萎弱。倡言文必秦、汉，诗必盛唐，非是者弗道。与何景明、徐祯卿、边贡、朱应登、顾璘、陈沂、郑善夫、康海、王九思等号十才子，又与景明、祯卿、贡、海、九

---

① （明）张凤翼：《处实堂集》卷五，四库全书存目丛书编纂委员会编：《四库全书存目丛书》集部第137册，齐鲁书社1997年版，第352页。

思、王廷相号七才子，皆卑视一世，而梦阳尤甚。"① 康海、王九思二人都被列入前七子。较为独特的是，前七子对待戏曲的态度比较客观，李梦阳本人也对当时的戏曲表达了喜爱赞扬之情。康海、王九思对复古主义思潮采取了支持态度，他们的戏曲作品吸收了诗文文学的成果，以寓言的方式讽刺政治时弊，体现了复古主义对现实生活的关注，也体现了复古主义文艺观念对戏曲的影响。陈沂诗宗盛唐，文承秦汉传统，也是复古主义阵营中的成员，他的作品以宗教主题表达了明中期文人对生命终极意义的思考。

第二种类型以汪道昆、张凤翼等为代表，他们处于复古思潮外围，大体认同复古派的理论，但也有一些自己的思考。汪道昆的文学观接近于复古主义，但较之复古派更加宏大，李维桢《太函集序》云："先生之文，上则六经，次则左氏内外传、《战国策》、屈、宋、老、庄，次则列、荀、《吕览》、《鸿烈》、班、范之书、昭明之选，凡十三家，法如是止矣。"② 这也是他虽不在后七子之列，却被人称为可以与李攀龙、王世贞三足鼎立的原因。《四库全书总目提要》卷一七七《太函集》提要云："王、李初起，道昆尚未得与其列。后以张居正心膂骤贵。其《副墨》行世，暴得时名。世贞力引之，世遂称元美、伯玉。汪文刻意摹古，时援古语以证今事，往往扞格不畅。其病大抵与历下同。"③ 然而，他的文学思想与单纯的复古主义有所不同。他在《万古楼记》中说："嗟乎，羲农不黻冕而皇，尧舜不明堂而帝。仲尼以删述圣矣，顾刀不贤于笔，简不贤于笺。如必尊古而卑今，则柴氏之陶不为荐，李氏之墨不为章，日本之雕几不为工，朝鲜之赫蹏不为瑟，燕山之禾不为粒，虎丘之茗不为烹。要以酌诸时宜，如之何其可废也。"④ 他还在致《周彖六》的书信中说："豫章文献之薮，庐陵、临川、南丰三杰并起，皆大方家。"⑤ 如果从文学思想看，这些"尊

---

① （清）张廷玉等：《明史·文苑传二·李梦阳传》，中华书局 1974 年版，第 7348 页。

② （明）李维桢：《大泌山房集》卷十一，四库全书存目丛书编纂委员会编：《四库全书存目丛书》集部第 150 册，齐鲁书社 1997 年版，第 527 页。

③ （清）永瑢等：《四库全书总目提要》卷一七七，集部别集类存目四，中华书局 1965 年版，第 1596 页。

④ （明）汪道昆：《太函集》卷七十六，四库全书存目丛书编纂委员会编：《四库全书存目丛书》集部第 118 册，齐鲁书社 1997 年版，第 176 页。

⑤ （明）汪道昆：《太函集》卷一百○五，四库全书存目丛书编纂委员会编：《四库全书存目丛书》集部第 118 册，齐鲁书社 1997 年版，第 504 页。

古"而不"卑今"的言论的确与"诗必盛唐""文必秦汉"相冲突，甚至可以看作对复古主义的有力批判。可见身处复古主义思潮中的汪道昆具有自己的文学思考。又如张凤翼，他名列王世贞《四十咏》之中，可见王世贞对其以同道视之，但张凤翼在《与人论文书》中说："何天下之工为文者，浮慕乎古而东丘乎。今动则曰：吾能为左、国，为谟、诰，为庄、骚，为史、汉，遂至沮涩而不可读，险诐而不可为句。浅识者视之，若以为天书神语，莫不啧啧称叹，而矮人看场者，又从而和之。淆混士风，变乱文体，欲眩人之俗目，而不思先已坏己之心术；欲耸人之观听，而不思先已失己之故步。遂至业占毕，应制科者，亦皆从风而靡；而宰文柄者，亦因之以为去取……苟操觚者，但写胸臆，而无意于立门户，法古者师其意义，而不效其口吻，论文者玩其所可解，而不眩其所难识，敦和平而黜诡诞，尚显易而略艰深，又乌知今文不为古乎。"① 这段材料揭示了复古主义文艺思想与创作实践的缺点，他将"直抒胸臆"当作文学的旗帜，成为晚明公安派的先声，具有进步意义。与张凤翼态度较为接近的还有臧懋循。臧氏"益驰志诗歌古文词"，并编刻了《古诗所》《唐诗所》等选本，他在《冒伯麟诗引》中提出："夫诗之不可为史，犹史之不可为诗。世顾以此称少陵大家，此予所未解也。……今之宗少陵者，如射覆然，高之存金存玉，卑之存瓦存石，甚至阴摹而阳篡之，几于生折少陵，而娴然自托为神奇者，何其纷纷也。……慎毋若今之宗少陵者。"② 此外，被王世贞列为末五子之一的屠隆，其实也有自己的文学观，他在《论诗文》中说："如必相袭而后为佳，诗止三百篇，删后果无诗矣。至我明之诗，则不患其不雅，而患其太袭，不患其无辞采，而患其鲜自得也。"③ 他们入复古主义之中，又出乎其外，对待文学的态度较为自由。但由于他们受到了复古主义的影响，他们的戏曲创作无论是在思想主题还是在艺术特色上，都不可避免地带有复古主义的某些印痕。如汪道昆《大雅堂杂剧》中的人物是先秦时期的楚王和宋玉、范蠡和西施，汉魏时期的汉帝和张敞、曹植和甄

---

① （明）张凤翼：《处实堂续集》卷六，四库全书存目丛书编纂委员会编：《四库全书存目丛书》集部第 137 册，齐鲁书社 1997 年版，第 518 页。

② （明）臧懋循：《负苞堂集》文选卷三，四库全书存目丛书编纂委员会编：《四库全书存目丛书》集部第 168 册，齐鲁书社 1997 年版，第 89 页。

③ （明）屠隆：《鸿苞》卷十七，四库全书存目丛书编纂委员会编：《四库全书存目丛书》子部第 89 册，齐鲁书社 1995 年版，第 248 页。

后，故事的时代背景和人物关系实际上都没有超越"文必秦汉"的范围；张凤翼的传奇作品全都取材于史传人物，虽有所创新，却大多囿于历史框架，而且语言典丽、文采华艳。这些都明显可见明中期复古主义思潮对戏曲创作的影响，但革新与自我个性的展示在他们的剧作中更加突出，也更值得留意。

第三种类型的曲家对传统文学有自己的独立思考，不囿于时代主流文学思潮，以徐渭、汤显祖等为代表。复古派的理论不足与其理论优势一样明显，这种情况复古派自身也在反思。① 而那些重视文学个性的文人，则基本上不认可复古派的做法。如徐渭，他个性独特，对复古主义思想持批评态度，他在《叶子肃诗序》中说："不出于己之所自得，而徒窃于人之所尝言，曰某篇是某体，某篇则否，某句似某人，某句则否，此虽极工逼肖，而己不免于鸟之为人言矣。"② 对复古派专事模拟提出了直接的批评。在《肖甫诗序》中，他又说："迨于后世，则有诗人矣，乞诗之目多至不可胜应，而诗之格亦多至不可胜品，然其于诗，类皆本无是情，而设情以为之。夫设情以为之者，其趋在于干诗之名，干诗之名，其势必至于袭诗之格而剿其华词，审如是，则诗之实亡矣，是之谓有诗人而无诗。"③ 对于文学，徐渭显然更加看重个性与创新。与徐渭思想较为相近的是汤显祖，他的文艺思想与复古主义思潮相左。他在《与陆景邺》中说："宋文则汉文也。气骨代降，而精气满劲。行其法而通其机，一也。"④ 他还说："仆少读西山《正宗》，因好为古文诗，未知其法。弱冠，始读《文选》。辄以六朝情寄声色为好，亦无从受其法也。规模步趋，久而思路若有通焉。"⑤ 可见汤显祖虽然也主张学习古人，但在学习指向上与复古主义思潮相异。宋文本不为复古主义所认可，六朝文学的华靡更是被复古派文人所摒弃，汤显祖反其道而行之，他在《答张梦泽》中说："弟十七八岁时，喜为韵

----

① 白崇《明代复古派对谢灵运诗歌经典价值的发掘》一文中指出明代复古文人虽认为六朝文学有许多缺陷，但随着复古思潮的深入，他们逐渐认识到谢灵运乃至六朝诗歌具有经典价值，所以复古派中也有倾向于学习六朝等时期文学的支派。文见《岭南师范学院学报》2016 年第 1 期。

② （明）徐渭：《徐渭集》（第二册），中华书局 1983 年版，第 519 页。

③ （明）徐渭：《徐渭集》（第二册），中华书局 1983 年版，第 534 页。

④ （明）汤显祖著，徐朔方笺校：《汤显祖全集》（二），北京古籍出版社 1999 年版，第 1436 页。

⑤ （明）汤显祖著，徐朔方笺校：《汤显祖全集》（二），北京古籍出版社 1999 年版，第 1436 页。

语，已熟骚赋六朝文。然亦时为举子业所夺，心散而不精。乡举后乃工韵语。"① 他对当时刻意模拟的文学风气非常反感，并在《合奇序》提出："予谓文章之妙不在步趋形似之间。自然灵气，恍惚而来，不思而至。怪怪奇奇，莫可名状。非物寻常得以合之。"② 汤显祖曾任职于南京，当时王世贞兄弟也在南京，王世懋还是汤显祖的上级，但因为文学观念差距较大，汤显祖基本上不与王氏兄弟来往，《四库全书总目提要》卷一七九《玉茗堂集》提要云："显祖于王世贞为后进，世贞与李攀龙持上追秦、汉之说，奔走天下。归有光独诋为庸妄。显祖亦毅然不附，至涂乙其《四部稿》，使世贞见之。"③ 屠隆曾写长信给汤显祖，试图调和汤显祖、王世贞的矛盾，汤显祖仅作一数十字短柬回答屠隆，以示不屑之意。徐渭、汤显祖等人对复古主义思潮的态度体现了其反主流的倾向。人们历来认为他们的戏曲如《四声猿》《牡丹亭》等具有积极的思想意义，而这种思想意义与他们追求文学抒情特质、崇尚创新的意识密不可分。

第四种类型主要是南京以及吴越地区的部分曲家，他们与前七子、后七子复古主义思潮的距离较远，很难看出他们与主流文艺思想的关系。这一群体主要是由于经历或地域，很少与复古主义阵营中的人直接交流。但是，作为文人，主流社会观念还是对他们产生了深刻影响。如李诩《戒庵老人漫笔》卷四《徐子仁宠幸》条记："武宗召徐霖在临清谒见，欲授霖教坊司官，霖泣谢曰：'臣虽不才，世家清白，教坊者倡优之司，臣死不敢拜。'"④ 徐霖虽创作词曲，但内心仍将自己定位为文人，他谨守伶人与文人之别，正是传统主流文化影响所致。从区域的角度来看，南方吴越地区经济较为发达，文化传统相对较为稳定，这些政治上不甚得意而退隐的吴越文人，他们长期活动在本土文化范围之内，在精神上与复古主义思想相异是可能的。如王济、徐霖、沈龄、谢谠、孙柚、高濂等人，他们大多先有志于科举，但屡屡碰壁，最后不得不家居终老。从活动范围看，虽然他们也有过南北周游的经历，但一生绝大部分时间没有脱离原有的文化范

---

① （明）汤显祖著，徐朔方笺校：《汤显祖全集》（二），北京古籍出版社 1999 年版，第 1451 页。

② （明）汤显祖著，徐朔方笺校：《汤显祖全集》（二），北京古籍出版社 1999 年版，第 1138 页。

③ （清）永瑢等：《四库全书总目提要》卷一七九，集部别集类存目六，中华书局 1965 年版，第 1621 页。

④ （明）李诩：《戒庵老人漫笔》，中华书局 1982 年版，第 133 页。

围。他们中某些人家境富足，虽有出仕经历，不过是为了提高自己的社会地位。如王济，虽然以资得判横州，并颇有政声，但数月即归，"归事母，又十年，色养之余，沉酣古雅，与金宪西溪龙公霓、太白山人孙君一元辈，觞咏取适。君衣冠甚古。居当吴越要冲，骚人墨客日常满座，酒行意畅，忽自称紫髯仙客"①。但像王济这样的富裕闲人不多，更多的是权门清客、青楼浪子，他们以自己的才华或出入权臣之门，或流连秦楼楚馆，以此营生。他们的文学才华是用来谋生的，这种依靠文学才华而生存的状态使他们与传统文人有了较大距离，这也有助于他们的通俗戏曲创作。

曲家对待主流文学的态度，虽然表面上看与通俗戏曲创作联系不太紧密，但实际上每个曲家都处于主流文化的强烈影响之下。明代戏曲从艺术形式到艺术观念的丰富，与当时文坛丰富多变的文学观念密不可分。主流文学观念中重寄寓、尚文词、偏教化的各种观念，对曲家产生了非常直接的影响，无论是创作还是艺术批评，明中期曲家总是有意无意地向主流文学观念靠近。甚至他们的批评，也是以主流复古思潮为对象，这实则是对主流文学的一种反驳与矫正。所以，明中期戏曲的整体表现形态的形成，离不开主流文学观念对曲家的强大影响力。

三　曲家对待通俗戏曲的态度

不难发现，明中期曲家是传统诗文与戏曲文学创作者的合一，他们在戏曲创作之外，也精通传统诗文。明代之前的传统文人大多鄙视通俗文学，但从明中期曲家对戏曲创作的热衷态度来看，他们已经能够以较为公正的态度对待通俗戏曲。明中期戏曲能够繁荣发展，与文人的积极参与密不可分。他们对待通俗戏曲的态度是戏曲创作的思想基础。

第一，提高戏曲的文学地位，赋予其与诗文同等的功能。王九思与康海都因为刘瑾一案而被罢职，《明史·文苑传二》记："（康）海、九思同里、同官，同以瑾党废。每相聚沜东鄠、杜间，挟声伎酣饮，制乐造歌曲，自比俳优，以寄其怫郁。"② 文人历来尊崇中国古典诗歌"诗言志"的传统，但"志"的内涵必须"发乎情止乎礼义"，并非所有的个人情绪都

---

① （明）刘麟：《雨舟王公墓志铭》，《乌青镇志》卷四，万历二十九年（1601）刻本，第42页。

② （清）张廷玉等：《明史·文苑传二》，中华书局1974年版，第7349页。

适合用诗歌来表现。康、王二人"寄其怫郁"的对象是戏曲，在行为上"自比俳优"，这不能说他们受打击之后堕落、自轻自贱，而是他们认识到了戏曲在表情达意上，较之诗文具有更加强大的功能。从当时各种文献对康、王二人这种行为的记录以及其他文人的态度来看，他们的做法得到了很多人的理解。这说明他们及其周围的很多文人，对戏曲功能的认识有了很大进步，他们把抒情言志的功能赋予了戏曲。王九思有《杜甫游春》《中山狼院本》，康海也写过《中山狼》《王兰卿》。这些作品大多蕴含深刻的思想意义，文人主体意识在这些作品中得到了充分的展示。为了提高戏曲的地位，朱厚烷在《大雅堂杂剧序》中把戏曲视为《国风》流裔："《国风》变而为乐府，乐府变而为传奇，卑卑甚矣。然或谭言微中，其滑稽之流与。乃若江汉之间，湘累郢客之遗，犹有存者。顷得两都遗事而文献足征，窃比吴趋，被之歌舞。宾既卒爵，乃令部下陈之。贵在属餍一餍足矣。"① 潘之恒《鸾啸小品》卷三《曲余》记载了汪道昆对戏曲的态度："汪司马伯玉守襄阳，制《大雅堂》四目：《画眉》《泛湖》以自寿，《高唐》《洛浦》以寿襄王，而自寓于宋玉、陈思之列。戏语人曰：太上吾不能，功、言吾不逮，其次致曲，或庶乎。"② 汪道昆戏取《左传》"太上有立德，其次有立功，其次有立言"而以"致曲"属其后，可见他内心对戏曲的重视。从元代以来，在戏曲的艺术渊源理解上，都将戏曲归之于乐府，甚至归之于《诗经》。只不过元代的这种戏曲渊源论在主流文人那里认可度较低，而明代士人则普遍接受了这种观念。

提高戏曲地位的另一种方式是，将戏曲与政治教化联系起来，将戏曲纳入传统诗教的范畴内。明太祖朱元璋曾赞扬《琵琶记》，其原因正是戏曲包含了伦理教化价值。作为"南戏之祖"、传奇"词宗"的《琵琶记》，对整个明代戏曲发展的影响，可谓深远。明中期许多戏曲作品都继承了伦理教化的创作观，如《伍伦全备记》明显是希望通过戏曲表达政治教化意识，谢谠则通过《四喜记》收场诗表达了其创作主旨："父能教子子扬名，兄弟情怡友难拯。道合君臣夫妇乐，纲常风月两堪称。"虽然《四喜记》的思想性较为平庸，但作者把宣扬教化当成自己戏曲创作所必须履行的义

---

① 引自徐朔方：《徐朔方集》卷四《晚明曲家年谱·皖赣卷·汪道昆年谱》，浙江古籍出版社 1993 年版，第 24 页。

② 引自徐朔方：《徐朔方集》卷四《晚明曲家年谱·皖赣卷·汪道昆年谱》，浙江古籍出版社 1993 年版，第 25 页。

务，因此在才子佳人风情剧中穿插伦理教化、因果报应的思想。沈龄虽然没有公开宣称戏曲伦理教化的创作原则，但祁彪佳《远山堂曲品》曾评论他的《龙泉记》："节、义、忠、孝之事，不可无传。沈君手笔，绝肖丘文庄之《五伦记》。"①《龙泉记》今佚，但从祁彪佳的评语不难看出，沈龄的戏曲作品有明显的教化内容。又如张瑀在《还金记自序》中说："记也事皆实录，穷巷悉知，惟石麟诞瑞，玉诏颁恩，颇涉虚伪，然非此无以劝世。况天道福善，君道彰善，亦理之常，虽虚而同归实参矣。呜呼，文胜质则史，在秉彤管者且然，词人盖无嫌于藻绘，余复托此以自遣，大雅君子幸垂谅焉。"② 他也主张戏曲应发挥伦理教化的功能。

由上可见，明中期曲家或者把诗文抒情言志的功能赋予戏曲，或者让戏曲成为政治教化的载体。这种通俗文学与传统雅正文学同质化的倾向，是曲家对戏曲功能理解的拓展。曲家努力将处于通俗文学领域的戏曲纳入传统雅正文学的范畴之内，借此提高戏曲的文坛地位，从而使其被社会更为广泛地认可。曲家用戏曲这种艺术手段，书写与传统诗文文学相近的内容，表现了从传统文人群体中演变出的曲家们已经彻底认可通俗戏曲的态度，并能从戏曲娱人的背后，发掘出戏曲更为丰富的功能。

第二，将戏曲当成个人的兴趣爱好和怡情养志的手段。这种态度在明中期不少曲家身上表现得非常突出。李开先自称家藏金元词曲 1750 余种③，汤显祖也"自言箧中收藏多世不常有，已至千种，有《太和正韵》所不载者"④，可见他们对戏曲的热爱已经到了痴迷的程度。又如梅鼎祚，他在《酬屠长卿序章台传奇，因过新都寄汪司马》中说："金元乐府差快意，吴越新声横得名。少年填词颇合作，家部尚有清商乐。"⑤ 梅鼎祚终身不仕，以编书、作曲为乐。生于富贵之家的梅鼎祚，显然更加重视戏曲的娱乐功能。张凤翼一家上下都喜爱戏曲。归有光曾为张凤翼父亲作墓志

① （明）祁彪佳：《远山堂曲品》，中国戏曲研究院编：《中国古典戏曲论著集成》（六），中国戏剧出版社 1959 年版，第 48 页。

② （明）张瑀：传奇《还金记》卷首，北京大学图书馆藏清初抄本。

③ （明）李开先著，卜键笺校：《李开先全集》（上册），文化艺术出版社 2004 年版，第 466 页。

④ （明）姚士麟：《见只编》卷中，王云五主编：《丛书集成初编》（第 3964 册），商务印书馆 1936 年版，第 81 页。

⑤ （明）梅鼎祚：《鹿裘石室集》诗卷七，四库禁毁书丛刊编纂委员会编：《四库禁毁书丛刊》集部第 57 册，北京出版社 1997 年版，第 637 页。

铭，说："翁好为高髻小冠，短衣楚制，携吴姬，度歌曲，为蹴踘诸戏。"①
其弟燕翼"少解声乐，新传曲谱，令童子进伎。奇彩逸响，名场罕俦"②。
徐复祚《曲论》曰："伯起善度曲，自晨至夕，口呜呜不已。吴中旧曲师
太仓魏良辅，伯起出而一变之，至今宗焉。"③ 陆粲、陆采兄弟也爱好戏
曲。钱谦益《列朝诗集小传》丁集上记："（采）年十九，作《王仙客无
双传奇》，子余助成之。曲既成，集吴门老教师精音律者，逐腔改定，然
后妙选梨园子弟登场教演，期尽善而后出。"④ 由此可见他们戏曲创作的态
度极为认真，嗜好戏曲的兴趣因素也可略见一斑。沈龄对戏曲的热爱也很
突出，《安亭志》记载："（沈龄）究心古学，落拓不事生产。尤精乐律，
慕柳耆卿之为人，撰歌曲，教童奴为俳优……诗歌清绮绵婉，名满大江南
北。"⑤ 陈铎以作曲为乐，教坊子弟称之为"乐王"，他虽然因此受到上司
批评，但依然我行我素。又如《真定三才子传》记载了张珷对戏曲的爱
好："张珷先生者，在嘉、隆间名能文章，多读书，六应试不第，其才情
一寓之于填词。尝游狭邪，即席度曲，顷刻立就。虽极藻丽，而无斧凿
痕，且合音节。"⑥

　　由于戏曲创作成为明中期大多数曲家的兴趣爱好，所以他们会把很多
时间和精力用在对戏曲作品的雕琢加工上，因此明中期的戏曲作品呈现出
很浓烈的创新色彩。在他们的努力下，这一时期戏曲的文学性有了很大提
高，从曲词到表演，逐渐改变了杂剧的自然本色以及戏文的质朴简陋，他
们促使明中期杂剧对其他艺术形式的优秀因素进行吸收，促进了南杂剧的
出现、传奇的定型。大量具有较高文化素养的曲家热爱戏曲，并积极投入
戏曲创作中，有助于明中期戏曲逐渐摆脱民间文学色彩，在艺术精神与表
现上形成更加鲜明的文人化特征。

---

　　① （明）归有光著，周本淳校点：《震川先生集》卷二十四《张季翁墓碣》，上海古籍出版
社 1981 年版，第 565 页。
　　② 引自徐朔方：《徐朔方集》卷二《晚明曲家年谱·苏州卷·张凤翼年谱》，浙江古籍出版
社 1993 年版，第 191 页。
　　③ （明）徐复祚：《曲论》，中国戏曲研究院编：《中国古典戏曲论著集成》（四），中国戏剧
出版社 1959 年版，第 246 页。
　　④ （清）钱谦益：《列朝诗集小传》，上海古籍出版社 1959 年版，第 396 页。
　　⑤ （清）陈树德编纂，朱瑞熙点校：《安亭志》卷十七，上海古籍出版社 2003 年版，第 296 页。
　　⑥ （清）梁清远：《祓园集》卷三《真定三才子传》，四库全书存目丛书编纂委员会编：《四
库全书存目丛书补编》第 1 册，齐鲁书社 1997 年版，第 352 页。

第二节　明中期曲家的交往

与元杂剧作家以及明前期曲家相比，明中期曲家的身份与经济地位都有自己的特色。他们之间交往频繁，艺术观念之间的交流碰撞对于戏曲形态的发展起到了非常积极的作用，逐渐形成了较为明确的艺术创作群体。曲家之间的交往也促进了戏曲在社会中的流传，明中期戏曲的多样性发展与他们从不同角度对戏曲的促进不无关系。

❀ 曲家的地域分布以及流动性

明中期北方曲家的地域分布具有大分散、小集中的特征；南方曲家则相反，在地域分布上具有大集中、小分散的特征，即主要集中于吴越地区，而其他区域也有少量分布。曲家的地域分布对他们的交往以及戏曲创作产生了重要影响。需要说明，本节关于曲家地域的考察，是依照现行行政区域划分的。

北方曲家群中，山东籍曲家主要有李开先、冯惟敏、桑绍良。李开先是章丘（今山东章丘）人，冯惟敏是临朐（今山东临朐）人，桑绍良是濮县（原属山东省，今河南范县）人。从地理上看，明代章丘属济南府，临朐属青州府，两地相邻，距离较近。章丘在济南东北部，与济南相距仅百里。以济南为中心的地区是山东文化重镇，戏曲演出较为繁荣。濮县处于山东西南部，与大名很近，大名曾是元代戏曲极为发达的商业城市。

陕西籍曲家主要有康海与王九思。康海是武功（今陕西武功）人，王九思是鄠县（今陕西户县）人。从地理上看，鄠县与武功相距很近，均在渭水之滨，物产丰富，风景秀丽，文化发达。康、王二人来往密切，除了志趣相投外，地域接近也是重要原因。《明史·文苑传二》记康、王二人于乡里"自比俳优，以寄其怫郁。九思尝费重赀购乐工学琵琶。海捣弹尤善。后人传相仿效，大雅之道微矣"[1]，说明康、王二人对戏曲的爱好影响了该地区的风气。

---

[1]　（清）张廷玉等：《明史·文苑传二》，中华书局1974年版，第7349页。

河北籍曲家有张四维、张珝。张四维是元城（今河北大名）人，不过他寓居金陵。张珝是真定（今河北正定）人。元城是大名府所在地，真定是真定府中心，它们处于华北平原的中心地区，从元代开始戏曲发展就较为繁荣。

北方曲家人数较少，分布零散，但在地理上与元杂剧创作集中的地域重合。他们以北曲创作为主，成绩也较为突出，体现了北曲杂剧创作传统的积极影响。他们也创作南曲，但大多不太成功，因此王骥德评论："近之为词者，北词则关中康状元对山、王太史渼陂，蜀则杨状元升庵，金陵则陈太史石亭、胡太史秋宇、徐山人髯仙，山东则李尚宝伯华、冯别驾海浮，山西则常延评楼居，维阳则王山人西楼，济南则王邑佐舜耕，吴中则杨仪部南峰。……诸君子间作南调，则皆非当家也。"[1] 这种情况显然与地域有直接关系。

随着南方戏曲诸腔的兴起，明中期南方曲家人数渐多，在不同地区形成了相对集中的群体，主要有安徽、浙江、江苏，而江西、云南、四川、湖南、湖北等地也有零散的曲家出现。

先看安徽。汪道昆是歙县（今安徽歙县）人，梅鼎祚是宣城（今安徽宣城）人，郑之珍是祁门清溪（今安徽祁门）人，程士廉是怀宁（今安徽怀宁）人。从地理分布上看，安徽籍曲家基本上集中在安徽南部，歙县、宣城以及祁门均在长江以南，地处于江苏、浙江、江西三省交界地带，与江苏、浙江一样，属于吴越文化圈，历史上经济与文化都很发达。其中歙县、祁门同属徽州，是安徽戏曲最为发达的地区。

浙江是明中期曲家分布比较集中的地方。王骥德《曲律》说："吾越故有词派，……近则谢泰兴海门之《四喜》，陈山人鸣野之《息柯余韵》，皆入逸品。至吾师徐天池先生所为《四声猿》，而高华爽俊，秾丽奇伟，无所不有，称词人极则，追躅元人。今则自缙绅、青襟，以迨山人、墨客，染翰为新声者，不可胜纪。……自余独本单行，如钱海屋辈，不下一二十人。一时风尚，概可见已。"[2] 浙江曲家群中，绍兴地区人数最多，包括徐渭（山阴人）、谢谠（上虞人）、陈沂（宁波人）、史槃（会稽人）、

---

① （明）王骥德：《曲律》，中国戏曲研究院编：《中国古典戏曲论著集成》（四），中国戏剧出版社 1959 年版，第 162 页。

② （明）王骥德：《曲律》，中国戏曲研究院编：《中国古典戏曲论著集成》（四），中国戏剧出版社 1959 年版，第 167 页。

王骥德（绍兴人）、屠隆（宁波人），最著名者当属徐渭。分布在浙江其他地区的曲家有：高濂，钱塘（今浙江杭州）人；姚茂良，武康（今浙江德清）人；王济，乌镇（今浙江桐乡）人。此外，万历间金陵富春堂刻本《白蛇记》署"浙郡逸士郑国轩编集"①，可见郑国轩也是浙江人，可惜具体地区不详。浙江人文荟萃，物产丰富，经济繁荣，民间文化发达，是明中期余姚腔、海盐腔盛行之地。浙江戏曲发展较为成熟，这与当地曲家分布密度大、有利于戏曲交流有很大关系。

江苏曲家主要分布在两个地方。一个是南京。南京是明朝南都，又是吴中文化中心，当地戏曲行业较为发达。南京曲家有陈铎、陈所闻等人。与元末大量北方曲家迁居南方杭州的情况相似，明中期许多曲家移居南京，如河北籍曲家张四维、浙江籍曲家陈沂、华亭（今属上海）籍曲家何良俊等。另一个是苏州，该地商业发达，文化消费产业发展成熟。以苏州为中心，方圆二百里的区域内聚集了大量曲家：昆山有梁辰鱼、郑若庸，长洲有陆采、陆粲、张凤翼，吴江有顾大典，吴县有李日华，常熟有孙柚，华亭有徐霖，嘉定有沈采、沈龄。此外，江苏曲家还有宜兴人邵灿、兴化人沈鲸。

安徽、浙江、江苏等地，从广义上来说，均可纳入吴越文化圈。上述地域分布考察表明，吴越文化圈实际是明中期戏曲发展的中心地区：曲家人数最多，作品数量最多，影响最深。南方曲家的活动范围大多集中在吴越文化圈，中间即便为官在外，时间也并不长。所以本区域曲家与地域文化之间的关系相对稳定。这种稳定性给曲家交往提供了良好条件，为各种戏曲观念的融合创新奠定了基础。

除了上述区域外，还有一些曲家零散分布于各地。如兰茂，祖籍河南洛阳，后来祖上迁居嵩明杨林（今云南曲靖）；杨慎，四川新都人，不过他长期在外，先任职于京城，后被贬云南；许潮，靖州（今湖南靖县）人；江楫，荆门（今湖北荆门）人。这些曲家与南方戏曲中心距离较远，受到的影响较弱，个人特点较为突出。如杨慎作品杂有川音，吴地王世贞对此颇有微词，"故多川调，不甚谐南北本腔也"②。

---

① 《古本戏曲丛刊》编辑委员会编：《古本戏曲丛刊·初集》（第十六册），国家图书馆出版社 2016 年版，第 7 页。

② （明）王世贞：《曲藻》，中国戏曲研究院编：《中国古典戏曲论著集成》（四），中国戏剧出版社 1959 年版，第 35 页。

从地理与文学的关系来看，明中期曲家基本处于戏曲地理文化的核心区，他们的创作具有浓厚的历史文化传统，也带有非常突出的地方特征。曲家生活轨迹的变迁，带动了各种地域戏曲文化的交流与融合，这对于明中期戏曲的丰富有积极意义。

◉ 一 曲家与传统主流文学作家的交往

明中期曲家在身份上已经与传统文人没有太大区别，甚至与主流士人的差距也不大。主流文学思潮对于曲家的影响更为突出，对戏曲创作的影响也更加明显。明中期文学主流思潮是以前七子、后七子为代表的复古主义思潮。前文已经说过，明中期曲家大多与复古主义思潮有联系，复古主义思潮对曲家产生了重要影响。因此，有必要先考察明中期曲家与复古主义作家的交流情况。

据徐朔方先生考订，嘉靖三十一年（1552），郑若庸应赵康王之聘北上彰德。① 彰德即今河南安阳。赵王府中吸收了很多像郑若庸这样的清客，复古派后七子之一的谢榛即在其中。郑若庸与谢榛交情甚好。潘之恒《亘史》外纪卷三十三艳部《贾扣传》记载："冬暮，（谢榛）过彰德。遣使抵郑君家，愿托宿度岁。郑大喜，宿于馆舍，明日，天大雪。二人不耐寥寂。郑谓谢，有密友颇负贤豪名，请修山人刺谒之。"② 可以看出谢、郑二人的交往比较密切，文学上的交流也应较为频繁。郑若庸与王世贞兄弟也有交往。郑若庸入赵王府之后，曾应征北行至京师。王世懋二十余岁时赴京赶考，恰逢郑若庸在京，曾与之见面。十余年后二人重逢，王世懋作诗以纪，诗名"郑山人年八十有五，曩与会于京邸，别来且廿载矣。邂逅清泉，视听襟度，宛若少壮。锐有菟裘之志，将以明春归耕具区旁。余嘉乃志，率尔投赠，并申从臾之意云"③。王世贞也有《赠郑老还赵》等诗描述二人的交往，其对郑若庸颇为尊重。不过王氏兄弟年岁较郑氏小了许多，当是前辈与后辈的交往。

---

① 徐朔方：《徐朔方集》卷二《晚明曲家年谱·苏州卷·郑若庸年谱》，浙江古籍出版社1993 年版，第 47 页。

② 引自徐朔方：《徐朔方集》卷二《晚明曲家年谱·苏州卷·郑若庸年谱》，浙江古籍出版社 1993 年版，第 87 页。

③ （明）王世懋：《王奉常集》诗卷九，四库全书存目丛书编纂委员会编：《四库全书存目丛书》集部第 133 册，齐鲁书社 1997 年版，第 127 页。

陆粲、陆采兄弟与复古主义文人的交往较少，略可注意者为陆采与黄省曾有过交往。黄省曾倾心于复古主义，《明史·文苑传二·李梦阳传》记："吴人黄省曾、越人周祚，千里致书，愿为弟子。"① 陆采《壬辰稿》有《谢黄子勉之佳篇》，《癸巳稿》有《柬黄子勉之四首》。《谢黄子勉之佳篇》是五言古体，与复古派的文风略近，说明陆采与黄省曾二人的文学交流是存在的。陆粲与王世贞早有往来，王世贞在《前工科给事中赠太常寺少卿贞山陆公墓碑》中说："晚年世贞以童子见。公饮之酒，曰：'是非凡儿也。'迨叨第进士，以书上公。公降辞报纳良至。"② 陆粲是王世贞的长辈，他们之间也属于前辈与后辈的交往。

郑若庸、陆采兄弟所生活的时间，处于前七子影响消退而后七子影响尚未强大的阶段，所以他们与复古主义思潮人物的交往并不频繁。但嘉靖年间以后的戏曲作家基本上都与王世贞等人有交往。王世贞是太仓人，嘉靖三十八年（1559）因家难而辞官家居，隆庆二年（1568）再次出仕后在吴越地区的浙江、南京等地任职。王世贞是当时文坛的领袖人物，对戏曲有很深的理解。他与明中期吴越地区曲家的交往十分频繁，这在明中期戏曲发展史上非常值得注意。

如梁辰鱼。王世贞在《贻梁伯龙序》中说："伯龙示我《南游篇》，奇哉。然多慷慨忧生之感。某薄有田庐，足以送日，而戚戚文罔，鲜复遗致。末路榛集，暗召未融，徒自苦耳。因成一章，聊以相广云。"③《南游篇》是梁氏青年时期南游之作，可见二人始以诗文定交。王世贞《嘲梁伯龙》云："吴阊白面游冶儿，争唱梁郎雪艳词。七尺昂藏心未保，异时翻欲傍要离。"④ 这说明他们的交往不尽拘于诗文，也有对戏曲创作与表演的讨论。王世贞还为梁辰鱼作了《古乐府序》。梁辰鱼与王世贞兄弟之间多有往来。如梁氏有《移舟松陵送王青州昆仲之长兴并寄徐子与使君》，"王青州昆仲"即王世贞兄弟，王世贞曾于青州任职，故云。王氏兄弟赠梁氏之作颇多，如王世贞《弇州四部稿》卷十九有《赠梁伯龙北游歌》、王世

---

① （清）张廷玉等：《明史·文苑传二》，中华书局 1974 年版，第 7348 页。

② （明）王世贞：《弇州续稿》卷一三四，《文渊阁四库全书》集部第 222 册，台湾商务印书馆 1986 年版，第 867 页。

③ （明）王世贞：《弇州四部稿》卷十三，《文渊阁四库全书》集部第 218 册，台湾商务印书馆 1986 年版，第 164 页。

④ （明）王世贞：《弇州四部稿》卷四十九，《文渊阁四库全书》集部第 218 册，台湾商务印书馆 1986 年版，第 625 页。

懋《王奉常集》诗卷三有《送梁伯龙壮游歌》等。梁氏与后七子另一关键人物——李攀龙也有交往，梁辰鱼《鹿城诗集》卷七有《赠李于鳞五首》、卷十五有《过李于鳞东庄草堂》、卷二十有《再赠李于鳞》，李氏《沧溟先生集》卷十则有《赠吴人梁辰鱼》，等等。

又如张凤翼。王世贞为张凤翼作《张伯起集序》，回忆二人交往情况："始余为郎奉使归吴里中，而伯起名声籍甚。……余所善彭年孔嘉每谓余：不恨伯起不识公，恨公不识伯起。然余卒卒竟无由识之。而又数年乃始定交。相得欢甚。"① 可见王世贞对当时享有盛名的张凤翼相当仰慕。王世贞因家难而居太仓后，张凤翼多次拜访，如张凤翼《处实堂集》卷三有诗《人日过王元美秋官小祇园》，据徐朔方先生考证，时为嘉靖四十年（1561）。② 王世懋与张氏也有交往，《王奉常集》卷四十七有《寄张伯起》一文，与张讨论文学创作的问题。张氏在京师参加科举之时与李攀龙结交，其《处实堂集》卷三有《李于鳞徐子与二使君相次北上饯之石湖》一诗。由于张凤翼与复古派文人交往频繁，其诗文创作也具有复古派的某些特征，王世贞甚至将其列入《四十咏》之内，视其为复古派的同人。

汪道昆是明中期少有的在政治上有所建树的曲家，他的文学观念与复古派很接近，所以他与复古派成员的交往相当频繁。汪道昆与王世贞为同年进士，交情甚好。王世贞《读汪襄阳作顾季狂诗叙有感》云："契阔几十年，闻颇豪于诗。矫矫汪襄阳，握手惠前绥。"③ 在浙御倭期间，汪氏与后七子诸人交往频繁，他在《沧州三会记》中说："及于鳞起浙江，元美待次，余既释闽事，则自浙而趋娄江。元敬应召北征，遇于鳞于浙，舳舻相望，胥命于吴。时元美治小祇园。吾两人以轻舟微服至，元美披褐而出，则二客皆羽衣。敬美犹摄衣冠，执士相见礼。"④ 李攀龙与汪氏来往甚密。李氏《沧溟诗集》卷十有诗《汪中丞台火，救者独以剑出，弹铗而歌，和以相吊》。汪道昆罢职后，曾写信请李攀龙为自己祖父母写墓铭，

---

① （明）王世贞：《弇州续稿》卷四十五，《文渊阁四库全书》集部第221册，台湾商务印书馆1986年版，第549页。

② 徐朔方：《徐朔方集》卷二《晚明曲家年谱·苏州卷·张凤翼年谱》，浙江古籍出版社1993年版，第188页。

③ （明）王世贞：《弇州四部稿》卷十五，《文渊阁四库全书》集部第218册，台湾商务印书馆1986年版，第189页。

④ （明）汪道昆：《太函集》卷七十六，四库全书存目丛书编纂委员会编：《四库全书存目丛书》集部第118册，齐鲁书社1997年版，第172页。

他说："仆留滞吴门，兹将复过元美，为布衣十日之饮。闻足下亦在行部，计当还武林。四月中旬或得把臂湖山间耳。……先大父母墓铭幸得卒业，已求贞石，购良工待之。"①

梅鼎祚与王世贞也有交往，他在《答王长公元美》中说："鼎祚宜以身事先生之日久矣。今日而始修谒先生，鼎祚非人哉。伏辱霁颜，启关赐接，沃以玄酒，假以霏谭，即没齿夫子之道尔。……马首既东，裴回五里……敢具薄蹄，留一骑以待命左右。"② 从书信中可看出，梅鼎祚非常尊重王世贞。

处于前七子与后七子时期之间的唐宋派也与这一时期的曲家有交往，最具典型意义的就是徐渭。徐渭虽然屡试不第，但因入胡宗宪幕府，得以交往当时的主流文学人物。汪道昆于嘉靖四十年（1561）升福建按察司副使，来到抗倭前线，很有可能在南直浙闽总督胡宗宪那里见到徐渭，可惜二人均无与此有关的文字记载存留。前文已经说过，徐渭对复古主义文学观甚为不满，然而他对唐宋派却有好感，他的文章也深得唐宋派文人的青睐。《徐文长三集》卷四有《壬子武进唐先生过会稽，论文舟中，复偕诸公送至柯桥而别，赋此》，此诗题下自注曰："时荆川公（唐顺之）有用世意，故来观海于明，射于越圃，而万总兵鹿园、谢御史狷斋、徐郎中龙川诸公与之偕西也，彭山龙溪两老师为之地主。荆公为两师言，自宗师薛公所见渭文，因招渭，渭过从之始也。"③ 可见唐顺之非常欣赏徐渭的诗文作品。徐渭《畸谱》也说："唐先生顺之之称不容口。无问时古，无不啧啧，甚至有不可举以自鸣者。"④ 徐渭《徐文长逸稿》卷四有《咏冰灯》，题下原注"荆川公韵二首"⑤，可见是和唐顺之之作。茅坤在担任福建副使时，驻扎福建以备倭，此时与徐渭也有交往。《徐文长逸稿》卷四有《严江茅大夫见赠赋答为别》，《徐文长三集》卷七又有《从少保公视师福建，抵严，宴眺北高峰，同茅大夫、沈嘉则》，可见徐渭

---

① （明）汪道昆：《太函集》卷九十七，四库全书存目丛书编纂委员会编：《四库全书存目丛书》集部第118册，齐鲁书社1997年版，第405页。

② （明）梅鼎祚：《鹿裘石室集》书牍卷三，四库禁毁书丛刊编纂委员会编：《四库禁毁书丛刊》集部第58册，北京出版社1997年版，第553-554页。

③ （明）徐渭：《徐渭集》（第一册），中华书局1983年版，第66页。

④ （明）徐渭：《畸谱》，续修四库全书编纂委员会编：《续修四库全书》集部第1355册，上海古籍出版社2002年版，第258页。

⑤ （明）徐渭：《徐渭集》（第三册），中华书局1983年版，第782页。

与唐宋派成员来往较为密切。

如上所述，明中期曲家多集中在吴越地区，因此吴越文化代表与明中期曲家的交往也值得注意。明中期吴越文人以"吴中四子"为代表。其中，徐祯卿由于科举北行，并接受了复古主义思想，成为吴中文化与复古主义南北文风交融的早期代表；文徵明、唐寅、祝允明三人长期生活在吴中地区，他们对吴中曲家产生的影响更大。沈龄与"吴中四子"有交往。故宫博物院藏唐寅书联句诗跋云："正德庚午仲冬廿有四日，嘉定沈寿卿、无锡吕叔通、苏州唐寅，邂逅文林舟次，酒阑率兴联句，皆无一字更定。"① 陆粲曾为祝允明作《承直郎应天府通判祝先生墓志铭》。文徵明对明中期曲家的影响，在"吴中四子"中最为显著。他不仅精通诗文、绘画、书法，于曲亦颇为在行，且高寿，吴中曲家受他的影响较其他三子要大。文徵明曾亲笔誊写魏良辅《南词引正》，为推广改良后的昆山腔新声推波助澜。《金陵琐事》记载文徵明为徐霖题画："乐府新传桃叶渡，彩毫遍写薛涛笺"②，说明他们也是曲坛之友。不过多数明中期曲家对于文徵明而言都是后辈。为庆祝文徵明八十寿诞，郑若庸特意撰写了《衡岳颂》："太史衡山先生跻大年耄，岁舍己酉仲冬六日，厥维弧辰。……往也，严君于先生有总角之好，被服风猷，不敢以疵贱废。"③ 可见二人很早就有交往。陆采与文徵明也有来往。陆采《癸巳稿》有《谢衡山先生选濠翁集》，濠翁乃陆采岳父都穆自号。梁辰鱼与文徵明的交往颇多，梁氏《鹿城诗集》卷九有《停云馆留别衡翁文太史》，据《苏州府志》卷二十七，"停云馆"为文徵明宅。文徵明在梁氏《鹿城集》编成后，为他作序说："伯龙今将游帝都，携此编以交天下士，则天下之士接其人玩其词者，人人知有伯龙矣……伯龙又云：'余此行，非专为毕吾明经事也。'盖远追子长芳轨，欲北走燕云，东游海岱，西历山陕，览观天下之大形胜，与天下豪杰士上下其议论、驰骋其文辞，以一吐胸中奇耳。一第何足为轻重哉！是亦足以豪矣。若予衰迈，裹足里门，跬步不出，视伯龙真若霄壤，是又不可

---

① 引自徐朔方：《徐朔方集》卷二《晚明曲家年谱·苏州卷·沈龄事实录存》，浙江古籍出版社 1993 年版，第 39 页。

② （明）周晖：《金陵琐事》卷二《曲品》，周光培编：《历代笔记小说集成·明代笔记小说》（第十册），河北教育出版社 1995 年版，第 243 页。

③ （明）郑若庸：《蜣蜋集》卷一，四库全书存目丛书编纂委员会编：《四库全书存目丛书》集部第 143 册，齐鲁书社 1997 年版，第 566 页。

以不序也，遂书以复伯龙。"① 二人可谓忘年之交。张凤翼与文徵明亦有来往，王世贞《张伯起集序》记载："文待诏一旦以属之伯起。待诏时犹老寿无恙，每伯起一造门，辄倒屣出迓，把臂促膝，尽尔汝之分，且复自叹以得尚伯起晚。"② 可见文徵明非常器重张凤翼，颇有相见恨晚之意。文徵明常常奖掖后辈，吴中曲家颇受其惠。此外，浙江曲家如王济也与文徵明等吴中文人有交往。王济的别墅横山堂落成后，他常于此宴请文人墨客，文徵明、祝允明等都曾是座上宾。唐之凤《横山堂铭》云："日与名流才士赋诗饮酒于其间，如文待诏、丰考功、祝京兆辈，无不流连旬月，称莫逆交。"③

　　除了"吴中四子"外，明中期曲家与其他吴中文人的交往也值得关注，如徐霖与储巏、顾璘、陈沂等人。储巏《储文懿公集》卷十一有《远游辞二首送子仁》，《柴墟集》卷十五有《与徐子仁》；顾璘《山中集》卷四有《以铁冠寿徐子仁》，卷一有《和徐子仁除夕》。《帝里明代人文略》记载："方髯仙之归也，石亭陈侍讲沂送之南还。序曰……"④ 可知在正德十六年（1521），徐霖离开北京南归时，陈沂为他写了赠行诗。又如梁辰鱼，他与南京周围的文人交往颇多。莫是龙《怀友七首》中有《梁伯龙》一诗，序云："丁卯秋，余游白下。与四方文学同志诸君结社于鹫峰禅寺。每集辄以觞咏共适，穷日乃罢。不异兰亭、洛水之致，甚乐也。"⑤ 汪道昆与梅鼎祚虽然是安徽人，但上文说过，他们与吴越文人有密切联系。汪道昆与吴中文人的交往相当活跃，他在《南屏社记》追忆了自己与吴越名士的中秋之会："往余由武林而趋吴会，即次西湖。四方之隽不期而集者十九人。于是乎有中秋之会。既而弇州闻其状，洒然快之。于时分韵赋诗，半以酒废。旦日星散，诗不成者什二三。主者愿载图志如兰亭，余谢未

　　① （明）梁辰鱼撰，吴书荫编集校点：《梁辰鱼集》，上海古籍出版社1998年版，第33页。

　　② （明）王世贞：《弇州续稿》卷四十五，《文渊阁四库全书》集部第221册，台湾商务印书馆1986年版，第594页。

　　③ （清）唐之凤：《天香阁文集》卷七，四库全书存目丛书编纂委员会编：《四库全书存目丛书》集部第284册，齐鲁书社1997年版，第177页。

　　④ （清）路鸿休：《帝里明代人文略》卷十五，清道光三十年（1850）活字印本，引自《徐朔方集》卷二，浙江古籍出版社1993年版，第25页。

　　⑤ （明）莫是龙：《石秀斋集》卷三，四库全书存目丛书编纂委员会编：《四库全书存目丛书》集部第188册，齐鲁书社1997年版，第423页。

暇。”[①] 据徐朔方先生考证，时任杭州知府的喻均时的《虎林稿》卷一《中秋后一夕奉枉汪南明司马昆季及吴越诸名士宴集湖上得冬字》作于此会[②]。青年求仕时期，梅鼎祚多次前往南京等地结交吴越文人。万历七年(1579)，梅鼎祚赴南京秋试，编成《南游集》，周光镐《南游集叙》云：“是帙则为《南游集》。盖南来眺三山，登双阙，顾瞻旧宫，引睇陵寝，探六代遗事于墟落榛莽间，定交诸名人作者，投契彼心，一时都人士，翕然倾焉。”[③]《鹿裘石室集》卷十一亦收《王敬美松陵舟中同周公瑕、王承甫、毛豹孙、汪子建、曹子念、武君扬言别》等作，说明梅鼎祚曾多次与吴越名士来往。

明中期曲家与当时主流文人交往，一方面可以使曲家进一步了解主流文学思潮，影响曲家的文学观念，进而影响曲家的戏曲创作；另一方面，在彼此的交往中，曲家可以将自己对戏曲的理解传递给主流文人，这对提高戏曲文学的社会地位具有积极的意义。在明中期曲家与主流文人的交流中，我们也可以发现，二者在心理与精神上是平等的，主流文人认可曲家的才华，甚至在戏曲创作上也能与曲家进行交流、切磋，这说明整个社会对曲家的理解与元代甚至明前期相比已经出现很大的不同。

三 曲家之间的交往

先看北方曲家的交往。康海、王九思同里、同官且同因刘瑾一案罢归，志趣相投，还结为儿女亲家。二人来往密切，康海《题紫阁山人子美游春传奇》就是为王九思《杜甫游春》而作。他们退居乡里之后，挟声伎酣饮，写作乐府歌曲，与当地文人一起推动了地方戏曲的发展。相对康、王二人而言，李开先属后进才学之士。嘉靖初年，李开先以户部主事饷军宁夏，路过关中，拜访康、王，三人赋诗度曲，酬唱流连，彼此惺惺相惜，相见恨晚。李开先在《词谑》中记载了他们交往的轶事：

---

① （明）汪道昆：《太函集》卷七十六，四库全书存目丛书编纂委员会编：《四库全书存目丛书》集部第118册，齐鲁书社1997年版，第178页。

② 徐朔方：《徐朔方集》卷四《晚明曲家年谱·皖赣卷·汪道昆年谱》，浙江古籍出版社1993年版，第71页。

③ 引自徐朔方：《徐朔方集》卷四《晚明曲家年谱·皖赣卷·梅鼎祚年谱》，浙江古籍出版社1993年版，第133页。

王渼陂养一外户，后乃谢绝。外户寄情不一。予因戏之以〔沉醉东风〕："设盟誓千生万死，但别离万想千思。曾交戊子年，顿改平生志。海神庙见放着言辞：只为王魁短道儿，这的是旁州样子。"已而喧传于长安。渼陂请予解之以词，遂口占〔朝天曲〕："泪流的眼干，手搓的面残，口嘶的团扇边儿绽。传情寄恨百千番，藕断丝难断。苦海无边，回头是岸，纵风流当自反。哄咱上竿，掇了梯儿看。"①

李开先以〔沉醉东风〕一曲嘲笑王九思窘态，后又以〔朝天曲〕解其尴尬，可见二人关系之亲密。但王、李交往，更多的是参研戏曲创作：

曩游鄠县，王渼陂使人歌一套商调词，试予评之。歌毕，又使反之。予曰："此不难评，可比'涎涎邓邓冷眼儿睃，杓杓答答热句儿浸'。"渼陂曰："君所指乃王元鼎嘲娟妇莘文秀者，以此拟彼，将以之为元词乎？"予曰："在元人之下，有燎花气味。"渼陂曰："是已，是已，此元末国初临清人也。"恐无人记之者，因全录于此。②

材料中王、李二人共赏散曲，志趣相投，体现了二人对元散曲的熟悉。其所提及的"商调词"为何、"元末国初临清人"是谁，虽然今天已经无法知晓，但从作者"恐无人记之"的态度来看，其保存戏曲史料的意图非常明显。又如：

渼陂设宴相邀，扮《游春记》。开场唱〔赏花时〕，予即驳之曰："'四海讴歌百姓欢，谁家数去酒杯宽'，两注脚韵走入桓欢韵。"因请予改作"安、干"二字，至"唐明皇走出益门镇"，予又驳之曰："平声用阴者犹不足取，况用'益'字去声乎？"复请改之。上句乃"太真妃葬在马嵬坡"，拘于地名，急无以为应；

---

① （明）李开先：《词谑》，中国戏曲研究院编：《中国古典戏曲论著集成》（三），中国戏剧出版社 1959 年版，第 275 页。

② （明）李开先：《词谑》，中国戏曲研究院编：《中国古典戏曲论著集成》（三），中国戏剧出版社 1959 年版，第 276 页。

若用"夷门",字倒好,争奈不曾由此去耳。因戏之曰:"非是王渼陂错做了词,原是唐明皇错走了路。"满座大笑,扮戏者亦笑,而散之门外。①

王九思让李开先观看《游春记》(即《杜甫游春》),精于北曲音律的李开先对王作的纰漏提出了中肯批评与改进意见,王九思欣然接受。可见明中期曲家之间的交往有助于戏曲作品的精益求精。明中期曲家相互切磋曲艺,对明中期戏曲发展功不可没。

关于南北曲家之间交往的记载,现存资料较少,但也有一些记录。北方的李开先、南方的梁辰鱼属于交往比较活跃的曲家。梁辰鱼《鹿城诗集》卷二十有《留别章丘李太常开先》等诗,说明李、梁二人交往密切。另外,梁辰鱼《鹿城诗集》卷二十二有《哭升庵杨太史》一诗,可见他与杨慎也有来往,而且感情颇深。但如上所述,明中期曲家在南北地域分布上很不均衡,导致北方曲家与南方曲家的交流比较薄弱。此时南北曲家交往状况冷热不均的特点,正昭示了明中期戏曲创作领域内南曲比北曲兴盛的事实。相对于明中期南北曲家彼此交往的萧条局面,同期南方曲家内部的交流更为频繁,影响也更大。

先从苏州地区说起。郑若庸、陆采、陆粲兄弟是这一地区的早期代表。因同窗关系,郑氏与陆氏兄弟早有交往;在陆粲辞官归田之后,彼此来往更密。郑若庸在《祭陆贞山文》中描述了他们之间的亲密关系:"君归悬车,余方浮湛里旅间,矮屋卑栖,亦时来款扉,坐语移日去。暇尝数数致(至)余家,无昏暮风雨为间,盖忧喜安危,鲜不相闻。"②

以梁辰鱼为代表的南方曲家非常注意彼此之间的戏曲交流。梁氏四十四岁时,赴浙江欲入胡宗宪幕府,但未果。③ 在这一段时间,他与诸多浙中文人相唱和,并结识了在胡宗宪幕中任职的徐渭,二人相处时间虽短,但徐渭《徐文长三集》卷六有《送梁君还昆山》,诗曰"送子返吴城,怜

① (明)李开先:《词谑》,中国戏曲研究院编:《中国古典戏曲论著集成》(三),中国戏剧出版社 1959 年版,第 278—279 页。

② (明)郑若庸:《蜻蜒集》卷四,四库全书存目丛书编纂委员会编:《四库全书存目丛书》集部第 143 册,齐鲁书社 1997 年版,第 631 页。

③ 参见徐朔方:《徐朔方集》卷二《晚明曲家年谱·苏州卷·梁辰鱼年谱》,浙江古籍出版社 1993 年版,第 148—149 页。

予亦远行，锦囊俱佩笔，青嶂独题名。被檄来何莫，治装去不停，翻嫌养鹦鹉，持赋似祢衡"①，梁辰鱼《鹿城诗集》卷十四亦有《寄山阴徐文长》，可见二人相处甚欢。值得注意的是，梁辰鱼与曲家的交往多涉及戏曲。如梁氏《鹿城诗集》卷二十八有《春夜高瑞南宅赏牡丹听歌姬次韵三首》，浙江曲家高濂号瑞南。梁氏与梅鼎祚亦有交往，梅鼎祚《与梁伯龙》云："《鹿城》佳草当已悬之国门，传诸同好。鼎祚往见其副耳，愿得而什袭藏焉。章台故事颇行乐部，闻吴中曾有谱者，倘不得伯龙一顾，误可知矣。苍头东首，率奉起居。薄有酒钱，为公杖头小费。秋中过虎丘石湖之间，寻九尺须眉苍者，把手一笑也。"② "章台故事"指梅氏传奇《玉合记》，可见二人交往中，戏曲是重要的交流内容。屠隆与梁辰鱼也有交往，屠隆在《鹿城集序》云："余自汝颍，税驾由拳，揽辔山冈，纡轸群彦，载喜载怖，如竦身罡风矣。昆阳盖有梁伯龙云。伯龙少时好为新声，是天下之绝丽，余闻而太息。"③ 是时屠氏任青浦知县，颇热心政治，故下文屠氏又云："以彼其才，令力追大雅，上可东阿、萧统，下不失为王江陵、李王孙，而胡乃自比都尉，侈为艳歌？"④ 按，此时的屠氏尚不能以公允态度对待戏曲，但他退职之后倾心于戏曲创作，前贤的影响不可忽视。梁辰鱼与顾大典早有来往，《鹿城诗集》卷十一有《顾比部道行自括苍归以雁山图见示赋赠》诗云："不见故人将十年，卒然遇之开素襟。"⑤

　　张凤翼与南方曲家交往非常频繁。他与梁辰鱼交情甚好，《处实堂集》卷四有《戏答梁伯龙》一首，可见二人关系相当密切。梁辰鱼的《江东白苎》清曲集由张凤翼作序，序称："吴中好事，编集成帙，题曰《江东白苎》。将梓以传，携以相示。予感夫知音者稀，而喜其予善之切，视彼甘包鱼而易家丘者不侔也。为之题其端而归之。"⑥ 张凤翼与汤显祖的关系也很密切。汤显祖有《金陵歌送张幼于兼问伯起》，幼于，凤翼弟献翼之字，汤显祖与张氏兄弟均是朋友。张凤翼《处实堂集》卷二有《闻题名后续赋

①　（明）徐渭：《徐渭集》（第一册），中华书局 1983 年版，第 176-177 页。

②　（明）梅鼎祚：《鹿裘石室集》书牍卷五，四库禁毁书丛刊编纂委员会编：《四库禁毁书丛刊》集部第 58 册，北京出版社 1997 年版，第 586 页。

③　（明）梁辰鱼撰，吴书荫编集校点：《梁辰鱼集》，上海古籍出版社 1998 年版，第 35 页。

④　（明）梁辰鱼撰，吴书荫编集校点：《梁辰鱼集》，上海古籍出版社 1998 年版，第 35 页。

⑤　（明）梁辰鱼撰，吴书荫编集校点：《梁辰鱼集》，上海古籍出版社 1998 年版，第 149-150 页。

⑥　（明）梁辰鱼撰，吴书荫编集校点：《梁辰鱼集》，上海古籍出版社 1998 年版，第 345 页。

志喜三首》，第二首即《汤义叔》，诗云：“忆昨蓟门踪，相看一转蓬。共怜才似海，况复气如虹。寒夜壶尊尽，春星剑珮雄。天人知有对，应入未央宫。”① 此诗作于万历十一年（1583）②，表达了张凤翼听说汤显祖举业已成的欣喜之情以及对汤显祖的殷切希望。此诗首联述万历五年（1577）春试二人在北京相会，颈联指正月汤显祖北上曾访张凤翼于吴门，当时有诗，见张凤翼《处实堂集》卷三《汤义叔过小园夜谈赠之，因寄声孟彀诸君》：“蓟门倾盖数年来，千里私车为我回。岁月应收和氏璧，风霜渐老豫章材。挑灯寒夜欢重卜，扫径经时喜一开。君去定逢胡孟辈，好因仲蔚说蒿莱。”③ 张凤翼是当时的著名曲家，他和其他曲家的交往经常涉及戏曲。如梅鼎祚《答张伯起》说：“足下最后出《祝发记》，曲终奏雅，乐且有仪，其殆《关雎》之乱乎。仆近传《章台》，尚不及请耳。”④ 信中所指传奇《祝发记》，乃张氏为张母八十大寿而作⑤；《章台》指梅鼎祚传奇《玉合记》。显然，二人常常交流戏曲创作心得，这样有益于提高彼此曲作的质量。此外，张凤翼还与当地善歌者有交往，他撰写了《彭生哀辞》缅怀当时著名的伶人彭光祖：“生而秀雅温润，擅绕梁之音。展喉则流莺辍啭，出吻而笙簧掩听。又好秦青之伎。予为酌调谐声，考谱正讹，生领会之疾，影响莫喻。遂以雅歌为吴中之冠。”⑥ 与伶人交往，可以及时获取他们对戏曲的反馈意见，有益于张凤翼的戏曲创作。张凤翼与顾大典来往甚密，张氏《处实堂续集》卷七有《顾道行学宪以豆生兰酒见寄，赋谢，并订入城之约》，同卷还有《顾学宪携声妓入城纵观连日作》。张凤翼《与顾学宪道行书》形象地刻画了二人相处甚欢的情形：“追陪连日，遂成年来

---

① （明）张凤翼：《处实堂集》卷二，四库全书存目丛书编纂委员会编：《四库全书存目丛书》集部第137册，齐鲁书社1997年版，第293页。

② 参见徐朔方：《徐朔方集》卷二《晚明曲家年谱·苏州卷·张凤翼年谱》，浙江古籍出版社1993年版，第217页。

③ （明）张凤翼：《处实堂集》卷三，四库全书存目丛书编纂委员会编：《四库全书存目丛书》集部第137册，齐鲁书社1997年版，第320页。

④ （明）梅鼎祚：《鹿裘石室集》书牍卷六，四库禁毁书丛刊编纂委员会编：《四库禁毁书丛刊》集部第58册，北京出版社1997年版，第590页。

⑤ （明）沈德符：《万历野获编》，中华书局1959年版，第644页。卷二十五《词曲》记：“（伯起）后以丙戌上太夫人寿作《祝发记》，则母已八旬，而身亦耳顺矣。”

⑥ （明）张凤翼：《处实堂续集》卷六，四库全书存目丛书编纂委员会编：《四库全书存目丛书》集部第137册，齐鲁书社1997年版，第532页。

第一场乐事，皆门下赐也。……银杯之贶，在门下为琼瑶报桃。"① 他们经常交流戏曲创作心得，相互切磋曲艺。张凤翼为顾大典传奇《青衫记》作序，说："中间有数字未协，僭为更定。非敢拟韩之以敲易推，亦欲望范之去德从风耳。君即欣然诺之，且属予序其端。是为序。"②

安徽曲家汪道昆的家乡徽州，各种声腔汇集交融，戏曲繁荣发展。汪氏本人精通戏曲创作，与其他曲家交往频繁。《明故征仕郎判忻州事高季公墓志铭》是他为浙江曲家高濂的父亲所作，文中记叙了汪氏与高濂的交往，"往余东游得高深甫"③，"深甫"乃高氏表字，二人很早就有交往。汪道昆与梅鼎祚交往甚密。梅鼎祚《奉汪司马》云："鼎祚自得通典谒，敢始称人矣。扫门之役，宁乏于左右。不佞鼎九牛一毛，益亡足比数，而长者殷殷盼睐，授之餐，又有以重贶，而车骑两临之。"④ 汪道昆有诗《席上观〈吴越春秋〉凡四首》，《浣纱记》一名《吴越春秋》，据徐朔方先生考证，此诗当作于嘉靖四十五年（1566）。⑤ 可见汪道昆对梁辰鱼的戏曲作品颇为欣赏。在后进诸曲家中，汪道昆与胡应麟、屠隆等人有交往。汪氏在《诗薮序》中表达了自己对胡应麟的欣赏："余既倾其橐于娄江，则信娴于诗矣。乘舟接席，相与扬榷古今，核本支，程殿最，且暮千古，以神遇之。我思古人，实获我心。斯人之谓也。"⑥ 他还为胡氏《少室山房续稿》作序。胡氏《少室山房类稿》卷三十亦有《白榆歌别司马汪公归婺中》。汪道昆与屠隆也有交往。《太函集》卷一一七有《喜屠长卿至》《招屠长卿入社》，卷一一二有《赠屠长卿五言四十韵》。

梅鼎祚与当时的曲家多有交往，且常常涉及戏曲创作。他曾与汪道昆讨论戏曲，他在《奉汪司马》中说："《章台传记》侘傺无聊，偶游戏于

① （明）张凤翼：《处实堂续集》卷八，四库全书存目丛书编纂委员会编：《四库全书存目丛书》集部第 137 册，齐鲁书社 1997 年版，第 560 页。
② （明）张凤翼：《处实堂续集》卷十，四库全书存目丛书编纂委员会编：《四库全书存目丛书》集部第 137 册，齐鲁书社 1997 年版，第 592 页。
③ （明）汪道昆：《太函集》卷四十七，四库全书存目丛书编纂委员会编：《四库全书存目丛书》集部第 117 册，齐鲁书社 1997 年版，第 576 页。
④ （明）梅鼎祚：《鹿裘石室集》书牍卷二，四库禁毁书丛刊编纂委员会编：《四库禁毁书丛刊》集部第 58 册，北京出版社 1997 年版，第 541 页。
⑤ 参见徐朔方：《徐朔方集》卷四《晚明曲家年谱·皖赣卷·汪道昆年谱》，浙江古籍出版社 1993 年版，第 35 页。
⑥ （明）汪道昆：《太函集》卷二十五，四库全书存目丛书编纂委员会编：《四库全书存目丛书》集部第 117 册，齐鲁书社 1997 年版，第 339 页。

肉谱，诔宕于俳优，开罪大雅，不摈斥幸厚矣。闻明公亦覆击节三叹，昌
歌屈芰，宁足偏嗜，或有厌大君子之腹耳。"① 他还写了《酬屠长卿序章台
传奇，因过新都寄汪司马》一诗。梅鼎祚与梁辰鱼、张凤翼交情深厚，他
在《长命缕记序》中高度评价了二人的戏曲创作："曩游吴，自度曲而工
审音，深为伯龙、伯起所嘅伏。道人（自指）亦谓梁之鸿邑，屈于用长；
张之精省，巧于用短。然终推重此两人也。"② 他与汤显祖的交往也值得注
意。万历四年（1576），汤显祖北上应试，与梅鼎祚相逢于宣城。梅鼎祚
《五君咏》记叙了此次相会："是五君者博雅不群，一时快士。岁舍丙丁，
先后来郡中，余并得托燕好。"③ 五君者，即蹇达、龙宗武、史元熙、姜奇
方、汤显祖；同书卷八还有《观复楼夜饮同汤义少》《同义少登开元寺塔》
《龙溪别龙郡丞身之、汤孝廉义少》《早夏送汤义少北上》《临川汤义少以
姜明府迎至》《子登席上同汤义少》《座有歌者为身之、义少夺去却寄》，
卷二十有《五日昭亭同龙使君汤义少泛舟暮别》诸作。汤显祖也有《寄宣
城梅禹金》《戏答宣城梅禹金四绝》。汤显祖万历五年（1577）科举失利，
梅鼎祚又作诗慰之："愿子葆贞素，终以栋王家。"④ 二人于戏曲创作也有
交流。梅鼎祚《与汤义仍太常》云："《玉合》刻竣，乃费我姬人金步摇
耳。吴越之间，盛行乐部，正缘大序关之以卖珠饰楼也。"⑤ 而汤氏《〈玉
合〉题词》则记："八月太常斋出，宛然梅生造焉……因出其所为《章
台柳记》若干章示余。……予观其词，视予所为《霍小玉传》（按，《紫
箫记》），并其沉丽之思，减其秾长之累。且予曲中乃有讥托，为部长吏
部抑止不行。"⑥ 汤显祖称赞"梅生工曲""《玉合记》足传于时"。二人在
戏曲创作上显然互相促进。梅鼎祚还与明中期后进曲家佘翘交情甚好，他

① （明）梅鼎祚：《鹿裘石室集》书牍卷七，四库禁毁书丛刊编纂委员会编：《四库禁毁书
丛刊》集部第 58 册，北京出版社 1997 年版，第 610 页。
② （明）梅鼎祚：《鹿裘石室集》文卷四，四库禁毁书丛刊编纂委员会编：《四库禁毁书丛
刊》集部第 58 册，北京出版社 1997 年版，第 224 页。
③ （明）梅鼎祚：《鹿裘石室集》诗卷三，四库禁毁书丛刊编纂委员会编：《四库禁毁书丛
刊》集部第 57 册，北京出版社 1997 年版，第 586 页。
④ （明）梅鼎祚：《鹿裘石室集》诗卷二，四库禁毁书丛刊编纂委员会编：《四库禁毁书丛
刊》集部第 57 册，北京出版社 1997 年版，第 582 页。
⑤ （明）梅鼎祚：《鹿裘石室集》书牍卷五，四库禁毁书丛刊编纂委员会编：《四库禁毁书
丛刊》集部第 58 册，北京出版社 1997 年版，第 578 页。
⑥ （明）汤显祖著，徐朔方笺校：《汤显祖全集》（二），北京古籍出版社 1999 年版，第
1152 页。

在《翠微集序》中说："己与聿云（佘翘）俱都试而南，识之汤义仍署斋。"① 他还有《秋浦佘聿云逢予金陵，一再同过汤义仍太常。别去，寄所撰〈谈隐〉及〈早春见怀〉之作，依韵答一首。时池皖间有兵事，而佘居尝好弯弧鸣剑，笑及之》一诗，记叙了梅鼎祚、佘翘与汤显祖的交往。梅鼎祚《答李临淮》说"剧饮臧晋叔斋中"②，可证他与臧懋循也有往来。梅鼎祚《与顾道行学使》云："新谱《青衫》，引泣千古。然胡不一润我耳，使随百兽率舞也。"③ 此时顾大典的《青衫记》刚出，梅鼎祚特意写信祝贺。梅鼎祚与屠隆在戏曲上的交往颇多。梅鼎祚《问君典东归三首》序言云："其东尝访王元美廷尉，因过屠明府长卿青浦，以吴姬还也，诗并及之。"④ 梅鼎祚《答屠长卿》描述了他收到屠隆《章台柳玉合记叙》时的狂喜之态："得大序，从枕上跃起。颂之，正如上清仙史携乌龙女子唱《朝元引》，虽极纤艳，寥寥泠泠，自当知为钧天乐部也。鼎祚腥膻之口，既作馋剧，尘土之耳，顿闻妙音。亦是遇真缘合耳。良幸！良幸！"⑤

　　明中期越中曲家的交往显然以徐渭为中心。徐渭与同时代的谢谠有密切交往。谢谠是上虞（今浙江绍兴）人，离会稽很近，他比徐渭年长九岁。徐渭与之早有来往。嘉靖四十三年（1564），徐渭被迫入京，谢谠作《送徐天池入京》，徐渭作《答谢太兴海门》。后徐渭因杀妻下狱，谢谠亲往探视，徐渭作《丁卯七夕谢兴化公孙海门偕浩上人胡子文饷予，以系得牛字》。后进之士多与徐渭有交往，并奉之为师。王骥德《曲律》曰："徐天池先生《四声猿》，故是天地间一种奇绝文字。……先生居，与余仅隔一垣，作时每了一剧，辄呼过斋头，朗歌一过，津津意得。余拈所警绝以复，则举大白以釂，赏为知音。"⑥ 史槃的戏曲创作也受到了徐渭深刻的影

① （明）梅鼎祚：《鹿裘石室集》文卷三，四库禁毁书丛刊编纂委员会编：《四库禁毁书丛刊》集部第 58 册，北京出版社 1997 年版，第 195 页。

② （明）梅鼎祚：《鹿裘石室集》书牍卷三，四库禁毁书丛刊编纂委员会编：《四库禁毁书丛刊》集部第 58 册，北京出版社 1997 年版，第 551 页。

③ （明）梅鼎祚：《鹿裘石室集》书牍卷九，四库禁毁书丛刊编纂委员会编：《四库禁毁书丛刊》集部第 58 册，北京出版社 1997 年版，第 635 页。

④ （明）梅鼎祚：《鹿裘石室集》诗卷十，四库禁毁书丛刊编纂委员会编：《四库禁毁书丛刊》集部第 57 册，北京出版社 1997 年版，第 683 页。

⑤ （明）梅鼎祚：《鹿裘石室集》书牍卷二，四库禁毁书丛刊编纂委员会编：《四库禁毁书丛刊》集部第 58 册，北京出版社 1997 年版，第 546-547 页。

⑥ （明）王骥德：《曲律》，中国戏曲研究院编：《中国古典戏曲论著集成》（四），中国戏剧出版社 1959 年版，第 167-168 页。

响，他们是同里之人，都困顿一生，且在个性上也有相通之处。二人常有往来。徐渭《徐文长三集》卷八有《送史叔考读书兵坑》等诗。《史叔考杀斋集叙》云："余尝见《合纱》《檀扇》《鹡钗》《双莺》《樱桃》诸词，惊曰：'世乃更有徐文长乎。'客曰：'此即文长之友史叔考也。'"① 徐渭与史槃的友谊源自二人个性的相近："叔考自少娴公车言。会江陵下沙汰之令，檄郡国录士上督学使，额无过十五，叔考叹曰：'寒书生岂能飞渡铁步障乎？'遂作《破瑟赋》以谢同仁，不应举。文长闻而喜曰：'史君赋使碎琴之陈子昂愧不能穴地遁去。'自是与叔考交甚欢。即南阡北陌，高山大泽之间，无不与叔考俱。而谈艺尤甚洽。"② 可见徐渭、史槃惺惺相惜，来往甚密，且常常谈论文学包括戏曲创作。万历二十一年（1593），史槃在《鹡钗记》中写道："彩笔淋漓醉墨香，醉墨香，都道鲥生也姓江，也姓江。频年兔毫堪成冢，只为梨园乐事日夜为他忙。可惜个知词宗匠宵来丧，从棘津流水下东洋。"徐朔方先生认为，"知词宗匠"当指徐渭③，史槃在此表达了自己对徐渭的哀悼之情。

目前并无材料证明徐渭与汤显祖有直接交往，但沈德符《万历野获编》卷二十三记载："文长自负高一世，少所许可。独注意汤义仍，寄诗与订交，推重甚至。"④ 万历八年（1580），徐渭在读汤氏《问棘邮草》后，作诗《读问棘堂集拟寄汤君》，拟寄而未遂；后又为文《与汤义仍》，云："某于客所读《问棘堂集》，自谓平生所未尝见，便作诗一首以道此怀，藏此久矣。顷值客有道出尊乡者，遂托以尘，兼呈鄙刻二种，用替倾盖之谈。《问棘》之外，别构必多，遇便倘能寄教耶？湘管四枝，将需洒藻。"⑤ 万历十六年（1588），汤氏亦有《秣陵寄徐天池渭》："《百渔》咏罢首重回，小景西征次第开。更乞天池半坳水，将公无死或能来？"⑥ 徐渭年长汤显祖二十九岁，二人虽素未谋面，但在诗文中相互表达倾慕之情，

① 引自徐朔方：《徐朔方集》卷三《晚明曲家年谱·浙江卷·史槃行实系年》，浙江古籍出版社 1993 年版，第 229 页。

② 引自徐朔方：《徐朔方集》卷三《晚明曲家年谱·浙江卷·史槃行实系年》，浙江古籍出版社 1993 年版，第 229 页。

③ 参见徐朔方：《徐朔方集》卷三《晚明曲家年谱·浙江卷·史槃行实系年》，浙江古籍出版社 1993 年版，第 232 页。

④ （明）沈德符：《万历野获编》卷二十三，中华书局 1959 年版，第 582 页。

⑤ （明）徐渭：《徐渭集》（第二册），中华书局 1983 年版，第 485 页。

⑥ （明）汤显祖著，徐朔方笺校：《汤显祖全集》（一），北京古籍出版社 1999 年版，第 407 页。

二人可谓文字交者。

由上面的考察可以看出，明中期曲家交往情况非常复杂。他们之间既有传统文学的交流，也有戏曲方面的切磋互动。曲家之间的交往极大地促进了明中期戏曲创作技巧的成熟、戏曲思想的完善以及戏曲体制的变革。

第三节　明中期复古主义对曲家创作的影响

在明代文学思潮发展过程中，关于前七子、后七子的复古主义运动在弘治末到万历中叶占据了主导地位。这一时期，恰好也是明中期戏曲发展的重要阶段。复古主义作为当时的主流文学思潮，不仅对诗歌、散文等传统文学产生了重大影响，而且对明中期的戏曲发展也有深刻的意义。

一　复古思潮对曲家主体意识复苏的影响

明初，知识界主体人格缺失的现象较为突出。但成化之后，知识分子主体精神逐渐复苏。《明史·徐溥传》记："溥承刘吉恣睢之后，镇以安静，务守成法，与同列刘健、李东阳、谢迁等协心辅治，事有不可，辄共争之。"[①] 徐溥等人不仅敢于相争，而且表现出集团出击的态势，说明了士人的群体精神、独立人格有所恢复。但是，李东阳等人在人格上远未达到独立，他所代表的"茶陵诗派"依然延续了"台阁体"的某些特征。特别是在与宦官刘瑾集团作斗争的过程中，李东阳不仅没有表现出应有的勇气，反而向刘瑾等人屈膝退让。他的表现激起了士人群体的不满，这直接导致了弘治、正德年间以前七子为代表的复古派的出现。而且弘治之后，明代社会重新出现混乱，文学依然处于靡弱状态，一批主体精神已经恢复的士人开始探讨如何从文化的角度纠正社会的弊病。以李梦阳、何景明为代表的前七子倡导诗学盛唐、文学秦汉。在文学上，他们希望与"茶陵诗派"划清界限；在政治文化上则希望以文化复兴带动政治复兴。所以前七子具有崇高的政治理想，也具有强烈的政治实践精神。如前七子的核心人

---

① （清）张廷玉等：《明史》，中华书局 1974 年版，第 4805 页。

物李梦阳"（弘治）十八年应诏上书，陈二病、三害、六渐，凡五千余言，极论得失"①，对于政坛弊病，非常大胆地与其展开斗争。对于文坛，他旗帜鲜明地反对以李东阳为代表的靡弱文风："弘治时，宰相李梦阳主文柄，天下翕然宗之，梦阳独讥其萎弱。"② 何景明、康海诸人亦多具此等气概。以前七子为代表的复古派能在较短的时间风靡全国并影响深远，文学本身的影响是其中一个原因，他们独立、崇高的人格精神所附带的号召力也是一个关键的因素。而嘉靖年间，明世宗荒淫残暴，朝政腐败黑暗。在文学上，针对唐宋派流弊，王世贞等人于嘉靖中期掀起了明代文学复古主义运动的第二次高潮。廖可斌先生认为，明代复古主义运动，实质上就是一场力图恢复古典审美理想及古典文学特别是古典诗歌的审美特征的文学运动③，而其背后是文人志士通过文学唤醒沉寂社会的努力。

复古主义运动所引发的士人主体精神复苏，对明中期曲家的影响非常深刻。因为当时很多曲家本身就是复古主义运动的参与者，如康海、王九思等，或者是复古主义运动的支持者，如汪道昆等。他们大多有较为强烈的功名意识，入仕之后积极有为、利国利民，即使参与到党争之中，也有恒定的政治理念。如陆粲"劲挺敢言"④，"张璁、桂萼并居政府，专擅朝事。事中孙应奎、王准发其私，帝犹温旨慰谕。粲不胜愤，上疏曰……"⑤在与权臣的斗争中，他们毫不退却，渴望在政治领域有所建树，渴望能够通过自己的努力实现政治清明、国家富强。康海、王九思也在当时的政治生活中体现出复古成员所具备的正直品质。这都与复古主义运动所引发的士人群体意识复苏有关。

但是复古主义运动的政治因素，对士人的政治生涯产生了反作用。很多人受到权臣的打击，政治生活被迫中断。这不仅影响了曲家的心态，也使他们对戏曲的态度有所改变。如李梦阳退居之后，"既家居，益跅弛负气，治园池，招宾客，日纵侠少年射猎繁台、晋丘间，自号空同子，名震海内"⑥。他一反往日积极有为的姿态，放纵自己，体会、追求真实性情。

---

① （清）张廷玉等：《明史》，中华书局1974年版，第7346页。
② （清）张廷玉等：《明史》，中华书局1974年版，第7348页。
③ 廖可斌：《复古派与明代文学思潮》，文津出版社1994年版，第184页。
④ （清）张廷玉等：《明史》，中华书局1974年版，第5448页。
⑤ （清）张廷玉等：《明史》，中华书局1974年版，第5449页。
⑥ （清）张廷玉等：《明史》，中华书局1974年版，第7347页。

对于文学，他也有不少反思，如其《诗集自叙》中提到"真诗乃在民间"①，说明他关注民间文学，而民间文学当然少不了戏曲。李梦阳创作过散曲甚至戏曲，王世贞《曲藻》云："北调如李空同……俱有乐府，而未之尽见。"②"乐府"实际是当时文人指称戏曲、散曲的一种说法。而复古主义另外两位主将康海、王九思退居之后亦嬉游于乡间，作曲以自娱遣怀。这种失意之后纵情嬉游而作戏曲的模式，在明中期士大夫的戏曲创作中最为普遍。如果从创作心理上看，这些曲家的情绪中明显带有一种因失意而起的反激情绪，他们希望能找到一种合理的发泄方式来减轻痛苦，而他们一致选择了嬉游自放，用一种与理想相反的手段来消解自己的愤懑。姜大成在《宝剑记后序》中说："古来抱大才者，若不得乘时柄用，非以乐事系其心，往往发狂病死。今借此坐消岁月，暗老豪杰，奚不可也？"③这道出了明中期曲家以戏曲作为消遣失意手段的缘由。明中期大多数曲家人生的曲折，迫使他们大多具有一种"狂"的特征（或行为）。在文学上，他们也一反正统文人对戏曲的敌视，有意提高其社会地位，甚至有意以一种欣赏的态度相互交流。如王九思《渼陂集·碧山续稿自序》："风情逸调，虽大雅君子有所不取，然谪仙、少陵之诗，亦往往有艳曲焉，或兴激而语谑，或托之以寄意，大抵顺于情性而已。"④《玉堂丛语》卷七记："王廷陈削秩归，益自放，达官贵人求见者，多蓬首垢足囚服应之。间衣红纻窄衫，跨马或骑牛，啸歌田野间，人多望而避者。"⑤又如李开先退居后，"乃辟亭馆召致四方宾客，时时以其抑郁不平之状发之于诗。尤好金元乐府，不经思索，顷刻千余言，酒酣与诸宾客倚歌相和，怡然乐也。……呜呼！古贤智之士，抱琬琰而就煨尘者……若公者，毋亦有所负而欲泄也欤！"⑥再如《四声猿引》："徐文长牢骚肮脏士，当其喜怒窘穷，怨恨思慕，酣醉无聊，有动于中，于诗文发之。第文规诗律，终不可逸辔

① （明）李梦阳：《诗集自叙》，《空同集》卷六十七，明万历三十年（1602）长洲邓云霄刻本。
② （明）王世贞：《曲藻》，中国戏曲研究院编：《中国古典戏曲论著集成》（四），中国戏剧出版社1959年版，第36页。
③ （明）李开先著，卜键笺校：《李开先全集》（中册），文化艺术出版社2004年版，第1034页。
④ （明）王九思：《渼陂集·碧山续稿自序》，台湾伟文图书出版社1976年版。
⑤ （明）焦竑：《玉堂丛语》卷七，上海古籍书店1981年版。
⑥ （清）黄宗羲辑：《明文海》卷四三六，上海古籍出版社1994年版。

旁出，于是调谑褒慢之词，入乐府殆尽。"① 明中期曲家在发泄自我内心的过程中，为明中期戏曲发展带来了绝佳的契机。民间文学、市民文学的兴起给他们的创作提供了题材、受众以及批评与改进的机会，戏曲也就从士大夫的遣怀之间走向了社会大众。

可以说，复杂的社会政治造成了社会思潮的丰富，也造成了明中期文人与政治之间对立的加剧。如果没有明中期戏曲作家精神上的裂变，戏曲依然很难从民间状态走进士大夫文学视野之中。所以廖可斌先生在谈到康海、王九思时，认为"康海、王九思等人戏曲创作的意义，主要不在它们本身，而在于它们标志着戏曲艺术一个新的历史时期的开端"②。如果我们不从复古思潮的角度来看这一问题，就很难发现曲家精神世界产生变化的根源。由此可见，明中期戏曲形态发生变化的确势不可挡。

一 复古主义影响了曲家的戏曲主题选择

明中期复古主义所引导的主体精神复苏直接影响了包括戏曲在内的文学发展。明前期的戏曲主题多是神仙度脱、伦理教化以及歌舞喜庆，所用的戏曲体制多是杂剧。在这些作品中，曲家的主体精神表现得并不明显，或者说曲家主要为了娱乐自己或他人而创作这些作品。但明中期戏曲主题的范围大大扩展，戏曲中文人主体意识的表达逐步增强。这是受到明中期复古主义思潮重视情感、强调文学反映现实等观念的影响。

复古派力图恢复主体与客体、情和理相统一的古典审美理想。因此，他们强调诗歌的抒情特征，即强调诗文必须表达真情实感。李梦阳在《梅月先生诗序》中指出：

> 情者，动乎遇者也……故遇者物也，物者情也。情动则会心，会则契神，契者音所谓随寓而发者也……故天下无不根之萌，君子无不根之情。忧乐潜之中而后感触应之外，故遇者因乎情，诗者形乎遇。③

---

① （明）徐渭：《徐渭集》附录，中华书局1983年版，第1356页。

② 廖可斌：《复古派与明代文学思潮》，文津出版社1994年版，第254页。

③ （明）李梦阳：《空同先生集》，台湾伟文图书出版社1976年版，第1446—1447页。

徐祯卿同样重视"情"在文学中的地位：

> 情者，心之精也。情无定位，触感而兴，既动于中，必形于声。故喜则为笑哑，忧则为吁歔，怒则为叱咤。然引而成音，气实为佐，引音成词，文实与功。盖因情以发气，因气以成声，因声而绘词，因词而定韵，此诗之源也。①

在诗文领域重视情感的影响下，王九思、康海主张戏曲创作也要抒写真情。王九思《答王德徵书》说："自归里舍，农事之暇，有所述作，间慕子美，拟为传奇（按，指《杜甫游春》剧），所以纾情畅志，终老而自乐之术也。不意亲朋指摘瑕颣，投诸馆阁，发怒起祸，幸以消沮。"② 王九思是借《杜甫游春》反映自己内心真实的情绪，康海在《题紫阁山人〈子美游春传奇〉序》中评论：

> 夫抉精抽思，尽理极情者，激之所使也；从容舒徐，不迫不露者，安之所应也。故杞妻善哀，阮生善啸，非异物也。情有所激，则声随而迁；事有所感，则性随而决，其分然也。③

康海在这里强调"情有所激，则声随而迁"，即认为戏曲应该以"情"之"激"为发端，用戏曲来表现丰富的情感变化，与王九思所说的"纾情畅志"是一致的。

重视情感的主张反映到明中期戏曲中，表现为出现了大量的风情剧与文人剧。明中期风情剧虽然也是以男女风情为主要内容，但已经不是以猎奇的眼光来描写风流韵事，而是以颂扬真挚爱情为主，展示了曲家对"情"的理解与追求。除了传统"才子合配佳人"的经典模式外，还出现了平民风情剧。陈铎《纳锦郎》关注妓女与教坊乐工的恋情，冯惟敏《僧尼共犯》则把目光投向僧尼相恋。曲家描写社会底层男女的恋情，突破传

---

① （明）徐祯卿：《谈艺录》，（清）何文焕辑：《历代诗话》，中华书局 1981 年版，第 763-771 页。
② （明）王九思：《渼陂集》，台湾伟文图书出版社 1976 年版，第 256 页。
③ 蔡毅编：《中国古典戏曲序跋汇编》，齐鲁书社 1989 年版，第 855 页。

统观念，表达了社会真情的普遍存在，具有一定的人性解放意义。① 明中期曲家在作品中描写情思对人心的撩动，与明中期复古主义强调真情的主张相互呼应。曲家对下层民众感情世界的关注，与李梦阳、何景明等人由衷赞美民歌的行为颇为相似。值得注意的是，如果说平民风情剧还是为他人代言的话，那么明中期文人剧较为直接地抒发了曲家内心深处的真实感受。在《杜甫游春》中，王九思以唐代李林甫暗指当朝李东阳，借此发泄自己内心的愤懑不平；徐渭在《狂鼓史》中借祢衡骂曹来宣泄怀才不遇、愤世嫉俗的情绪；王衡《郁轮袍》则借唐代王维的遭遇为自己泄愤。明中期戏曲对情感的表达丰富而且酣畅淋漓，曲家的主体意识鲜明地融入戏曲中，这种现象不可能出现在明前期。

　　明代复古主义运动虽然是一场文学运动，但它始终与明中期的政治斗争密切相连。前七子反对宦官刘瑾集团、后七子反对严嵩及其党羽。明代复古派成员大多积极参与了当时的政治斗争，具有崇高的政治追求，他们的文学理想与政治理想交融在一起。所以，除了主张文学要表现真情实感外，他们还特别重视文学作品的思想内容，要求文学反映重大的社会现实问题，文学创作必须有用于世。因此廖可斌先生说："在所谓'兴、观、群、怨'中，复古派作家尤其重视文学'怨'的功能。"② 如李攀龙在《送宗子相序》中说："诗可以怨。一有嗟叹，即有永歌，言危则性情峻洁，语深则意气激烈，能使人有孤臣孽子摒弃而不容之感，遁世绝俗之悲，泥而不滓，蝉蜕滋垢之外者，诗也。"③ 明中期政治剧的出现显然与这种文学观念有联系。同时需要注意的是，这些题材中绝大部分取自历史，而尤以汉、晋、唐、宋为主，而所取的人物又多以历史上著名的气节人物为主，如陶侃、王羲之、陶渊明、杜甫、张巡、许远、苏东坡等人。苏东坡身处党争之中而能以一种平和的态度来对待自己，体现了同样处于党争中的曲家真实的心态；张巡等带有忠奸对立色彩的历史人物，则明显具有明中期曲家个人情绪的因素。这些人物不仅是士人心目中的理想，也是他们借以表达自己情感的载体。此外，明代戏曲作家还有意识地把刚发生的

---

① 邓斯博：《从冯惟敏及其剧作〈僧尼共犯〉看晚明曲家嘲佛之风》，《南京航空航天大学学报》（社会科学版）2014 年第 1 期，第 77-81 页。

② 廖可斌：《复古派与明代文学思潮》，文津出版社 1994 年版，第 382 页。

③ （明）李攀龙：《沧溟先生集》（二）卷十五，台湾伟文图书出版社 1976 年版，第 725-726 页。

历史事件写入戏曲当中，具有关注现实政治的倾向。将戏曲与现实密切结合，这是明中期戏曲主题选择倾向所表现出的一大新意，也最为明显地体现出了复古主义关注现实政治的特征。无名氏的《鸣凤记》展示了夏言、杨继盛等人前仆后继抗争严嵩一党的悲壮过程。此剧是明中期较早的时事剧，通过及时反映现实政治斗争来展示曲家对现实生活的关注。这种主动干预现实生活的创作，对当时以及后世的戏曲都有深刻影响。明中期曲家关注现实生活的拳拳之心，不仅体现在对政治剧主题的挖掘上，而且渗透到其他主题的创作中。如康海的教化剧《王兰卿服信明贞烈》是依据真人真事改编的。朱期的风情剧《玉丸记》明言以嘉靖朝政为故事背景，剧中穿插了严嵩把政、倭寇犯边等时事内容。张瑀的《还金记》则是个人经历的自叙剧。可见明中期曲家在创作中具有积极反映现实的意识。这是明中期戏曲主题选择表现出的一大新变，其根源与复古主义有直接关系。

而寓言讽刺题材则将戏曲与抒情言志之诗文的距离拉近。明中期产生了数部以中山狼为题材的戏曲。虽然我们不能说每一部曲作都指向具体的人或事，但可以肯定地说，这些戏曲带有明显的讽喻内涵。这些情况的出现使明代中期戏曲有了非常浓厚的文人意识，文人借戏曲表达自己对社会的看法，表达自己的理想，宣泄自己的情绪。此时的戏曲具有了诗文的表达功能。可以说，明中期戏曲由于文人主体意识的参与，已经与明初期戏曲存在本质上的不同，明代戏曲真正具有自己的时代特征也正是从明中期开始的，而这一情况的出现与复古主义运动对士人群体精神的重塑有着直接的联系，这毫无疑问也是复古主义思潮的时代价值之一。

（二）复古主义影响了曲家的戏曲体制革新

对于复古派而言，在力图恢复中国古典审美理想的过程中，处理学古与创新的关系尤为重要。虽然复古派文学的实践效果多受后人诟病，但在某种意义上可以说，明代复古主义是以复古为名进行文学创新的一场运动。后七子复古派尤其反对文学剽窃模拟的弊病。王世贞说，"剽窃模拟，诗之大病"[1]，"乃至割缀古语，用文已漏，痕迹宛然……斯丑方极"[2]。谢

---

[1] （明）王世贞：《艺苑卮言》卷四，丁福保编：《历代诗话续编》，中华书局 1983 年版，第 1018 页。

[2] （明）王世贞：《艺苑卮言》卷四，丁福保编：《历代诗话续编》，中华书局 1983 年版，第 1019 页。

榛说："作诗最忌蹈袭。"① 因此，后七子多次通过评论杜甫新乐府诗的创作来强调文学创新的重要性。王世贞说："青莲拟古乐府，以己意己才发之，尚沿六朝旧习，不如少陵以时事创新题也。少陵自是卓识。"② 胡应麟说："少陵不效四言，不仿《离骚》，不用乐府旧题，是此老胸中壁立处。然《风》《骚》乐府遗意，杜往往深得之。太白以《百忧》等篇拟《风》《雅》，《鸣皋》等作拟《离骚》，俱相去悬远。"③

这种诗文力图创新的精神，还波及明中期戏曲创作领域，其表现就是曲家大胆融合不同戏剧的优势，推动了南杂剧的出现与传奇的定型。元末明初的杂剧，基本上延续了金元杂剧一本四折、北曲为主、一人主唱的体制特征。然而，明中期杂剧体制出现了大量新变。王九思另辟蹊径，以一折规模写作《中山狼院本》，打破了传统的一本四折体制，并掀起了明清两代一折剧的创作风潮。明代初年的朱有燉开始在杂剧中借用南曲；到了汪道昆《大雅堂杂剧》中，《五湖游》虽然仍是北套曲，但采用了生旦对唱的演唱方式；其余三种则纯是南曲。这些明显是杂剧南戏化的表现。此外，明中期曲家在整理、改编宋元和明初戏文的过程中，逐渐形成了体制创新意识，最终使传奇脱离母体——戏文，基本定型为一本两卷、分出标目、有下场诗等剧本体制。明中期南杂剧的诞生、传奇的定型，都是曲家创新意识的体现，这与复古主义文学思潮倡导文学创新的精神同声相应。

无论是前七子还是后七子，都非常注重文学作品的文采。上文已述，复古派强调文学以情为本，因此他们特别重视文学的形象性，强调必须具备良好的语言技巧。与前七子相比，后七子对文采的重视更胜一筹。前七子经历过弘治一朝的清明政治，他们大多有崇高的政治理想。相比后七子，前七子更加强调文学要反映重大的社会政治现实。而后七子所处的政治环境相对恶劣，他们少了几分政治激情，因此他们对文采的重视甚于前七子。后七子的成员大多集中于吴越地区，这里历来重视文采。而且，后七子是为纠正唐宋派而起，所以"要不要注重文采，成为复古派与唐宋派

①　（明）谢榛：《四溟诗话》卷二，丁福保编：《历代诗话续编》，中华书局 1983 年版，第 1173 页。

②　（明）王世贞：《艺苑卮言》卷四，丁福保编：《历代诗话续编》，中华书局 1983 年版，第 1007 页。

③　（明）胡应麟：《诗薮》内编卷二，上海古籍出版社 1958 年版，第 38 页。

争论的焦点"①。胡应麟说："诗之筋骨，犹木之根干也；肌肉，犹枝叶也；色泽神韵，犹花蕊也。筋骨立于中，肌肉荣于外，色泽神韵充溢其间，而后诗之美善备。犹木之根干苍然，枝叶蔚然，花蕊烂然，而后木之生意完。"② 这突出了文采对文学创作的重要意义。王世贞则认为众人自称重理而轻辞，实际上是学问空疏、缺乏文采与才情。他说："古之为辞者，理苞塞不喻，假之辞；今之为辞者，辞不胜，跳而匿诸理。"③ 王世贞主张戏曲语言也要有文采。他的著述《艺苑卮言》中有部分篇幅专论戏曲，后人辑为《曲藻》一书。在这本书中，王世贞对戏曲语言华美以及才情学问的特征表现出明显的认可倾向，他说"元人有咏指甲者：……，艳爽之极，又出王、关上矣"④，又评高明《琵琶记》"琢句之工，使事之美"⑤，还评陈铎散套"字句流丽"⑥、祝允明大套"富才情"⑦、唐寅"小词翩翩有致"⑧。显然，在他的戏曲观念中，戏曲语言的艺术形式非常重要，这实际与复古派追求文采之美相一致。

作为当时的主流文学思潮，复古主义深刻影响了明中期曲家。上文已述，明中期曲家大多与吴越文化关系密切。从宋元以来，吴越地区就有偏重文采的文学传统。同样注重文采的后七子领袖人物王世贞也是吴地人，他与吴中曲家梁辰鱼、张凤翼等来往密切，所以对吴地曲家影响甚深。王世贞对戏曲的态度以及后七子所代表的文学主张直接影响了当时的戏曲创作，凌濛初在《谭曲杂札》中说："曲始于胡元，大略贵当行不贵藻丽。……国朝如汤菊庄、冯海浮、陈秋碧辈，直闯其藩，虽无端本戏曲，而制作亦富，元派不绝也。自梁伯龙出，而始为工丽之滥觞，一时词名赫然。盖其生嘉、隆间，正七子雄长之会，崇尚华靡；弇州公以维桑之谊，盛为吹嘘……吴音一

---

① 廖可斌：《复古派与明代文学思潮》，文津出版社 1994 年版，第 386 页。

② （明）胡应麟：《诗薮》外编卷五，上海古籍出版社 1958 年版，第 206 页。

③ （明）王世贞：《弇州山人四部稿》，台湾伟文图书出版社 1976 年版，第 2808 页。

④ （明）王世贞：《曲藻》，中国戏曲研究院编：《中国古典戏曲论著集成》（四），中国戏剧出版社 1959 年版，第 30-31 页。

⑤ （明）王世贞：《曲藻》，中国戏曲研究院编：《中国古典戏曲论著集成》（四），中国戏剧出版社 1959 年版，第 33 页。

⑥ （明）王世贞：《曲藻》，中国戏曲研究院编：《中国古典戏曲论著集成》（四），中国戏剧出版社 1959 年版，第 36 页。

⑦ （明）王世贞：《曲藻》，中国戏曲研究院编：《中国古典戏曲论著集成》（四），中国戏剧出版社 1959 年版，第 37 页。

⑧ （明）王世贞：《曲藻》，中国戏曲研究院编：《中国古典戏曲论著集成》（四），中国戏剧出版社 1959 年版，第 37 页。

派，竟为剿袭靡词。"① 这段话指出了复古主义特别是以王世贞为代表的后七子，对明中期戏曲走向文采化之路的推动作用，但明显也有一些误解。后七子重视文词，但绝非崇尚华靡。而且，戏曲语言呈现文采化特征还有曲家自身的原因。明中期大多数曲家都失意于科举，治世之心无用武之地。他们如何向世人展示自己的才华？身处于一个崇尚文采的时代，曲家除了在戏曲中逞才露艺、炫耀文采外，还能有其他向世人证明自己的才华绝不逊于那些科举中第者的途径吗？所以，明中期戏曲语言文采化的出现，既受复古主义思潮的影响，也有内部主观因素，即曲家展示文采的创作心理。凌濛初把责任完全推给王世贞一人，似为不妥。这只能说明，明代复古主义尤其是后七子对明中期戏曲语言风格的形成产生了重要影响。在复古主义文学思潮的影响下，梁辰鱼等人在传奇中使事用典、铺张丽藻；而汪道昆《大雅堂杂剧》的语言则被臧懋循批为"纯作绮语"②，认为近于诗词，不够本色；流风所及，连被誉为晚明浪漫主义文学思潮巨匠的汤显祖在明中期所作的《紫箫记》，曲文也以堆砌华丽辞藻为能事；同样作于明中期的沈璟《红蕖记》，则被王骥德评为"蔚多藻语"。③

综上所述，明中期曲家在具体的社会历史环境中，受到了复古主义文学思潮的深刻影响。他们在思想与创作上与文坛主流保持了高度一致，作品也在思想和艺术上与明中期文坛文风主题逐渐靠近。复古思潮的影响让明中期戏曲在自我特色建设的道路上有了独立的时代思想支撑。

小　结

通过考察明中期曲家的文化背景、对待传统主流文学的态度以及对待通俗戏曲的态度，可以看出明中期戏曲的发展具备了良好的文化氛围，这是戏曲发展必不可少的前提。首先，曲家的文化背景和文化心态与主流文

① （明）凌濛初：《谭曲杂札》，中国戏曲研究院编：《中国古典戏曲论著集成》（四），中国戏剧出版社 1959 年版，第 253 页。

② （明）臧懋循：《元曲选序》，《元曲选》（第一册），中华书局 1958 年版，第 4 页。

③ （明）王骥德：《曲律》，中国戏曲研究院编：《中国古典戏曲论著集成》（四），中国戏剧出版社 1959 年版，第 164 页。

人之间的差异已经非常小，其戏曲观念既保留了戏曲本身的特性，也糅合了传统诗文的文学内涵。曲家的主体文学特征与元杂剧以及明初曲家有本质的不同。其次，从曲家地域分布及流动性来看，明中期曲家具有分布集中、流动性不强的特征，这实际上有利于明中期曲家的内部交流；曲家群体关系密切，且与主流文人来往紧密，形成了较为紧密的交流场域，这种交流对戏曲文学的发展及曲家戏曲观念的形成都有直接影响。最后，明中期曲家受复古主义思潮影响深刻，他们对待复古主义思潮的态度并不一致，但主流的文学思潮对他们的戏曲主题选择与体制革新都产生了深刻影响。

第二章　主题论

任何一个时代的文学，都在某种程度上折射出特定时期的社会生活与思想感情，明中期戏曲的主题选择也反映了明中期曲家对现实世界的感受以及曲家的内心世界。较之于元代与明前期戏曲，明中期戏曲的主题更加丰富，对现实的反映更加直接。

第一节　教化剧

所谓教化剧，就是戏曲作品的主旨在于劝善教化。在宗教剧中，往往也会有劝善内容，但宗教剧主要目的是宣传宗教思想，教化是传递宗教观念的一种手段，其本质是以宗教为核心、以儒家思想为枝叶。教化剧则是通过故事叙述，传达教化主旨，宣扬忠、孝、节、义等伦理观念，其与宗教剧在特定剧作中存在一定交叉，但主导倾向不同。教化剧在明中期的表现相当复杂，有的作品在一剧中表达多重伦理观念，本书称之为复合型教化剧；有的作品仅仅表现一种伦理道德，本书称之为单一型教化剧。

复合型教化剧

复合型教化剧以《伍伦全备记》《香囊记》《双珠记》《薛平辽金貂记》《投笔记》《虎符记》《双忠记》等为代表。它们均在一剧中囊括了臣忠、子孝、妇节、友义等方面，全面反映了三纲五常的伦理观念，即以儒家伦理思想为剧作思想内核，故事主要阐释曲家对儒家伦理的理解。

《伍伦全备记》在教化剧中的地位最为显著。前人多把《伍伦全备记》著作权归入邱濬名下，但徐朔方先生1993年10月在《韩国研究》上发表的《奎章阁藏本〈伍伦全备记〉对中国戏曲史研究的启发》一文中，通过校勘世德堂本《新刊重订附释标注出相伍伦全备忠孝记》与奎章阁所藏朝鲜教诲厅刊印本《新编劝化风俗南北雅曲伍伦全备记》（复印件），否定了"邱濬作《伍伦全备记》"说①。徐先生的反驳论证合理、论据充分、论点可信，因此笔者在本书论述中采用徐先生的观点，认为《伍伦全备记》出于无名的书会才人之手。此剧叙述伍伦全一家人人都是伦理楷模：慈母、孝子、忠臣、节妇，兄弟友爱、朋友信义、妯娌互敬、师生恩义。应该说，《伍伦全备记》作者的意图明显是全面展示封建伦理纲常，以虚构的剧情图解伦理观念，所以《曲海总目提要》卷二十九评云："集众善以归之一家示风劝也。"②从文学的角度看，生硬地将儒家伦理灌注于故事中，对塑造人物、构建故事冲突并不有利。不少论者对《伍伦全备记》评价甚低，但有一点不得不承认，此剧的影响力不小。在舞台演出方面，它被社会广为接受，甚至流传朝鲜等地。在戏剧创作上，它对其他作家的启发也非常明显。《香囊记》第一出〔沁园春〕中，作者邵灿自叙创作起源与动机："闲披汗简芸窗，漫把前修发否臧。有伯奇孝行，左儒死友，爱兄王览，骂贼睢阳。孟母贤慈，共姜节义，万古名垂有耿光。因续取《伍伦新传》，标记《紫香囊》。"换言之，邵灿受了《伍伦全备记》的影响与启发，非常关注慈母、孝子、忠臣、节妇、朋友、兄弟等人伦善行，因此要作《紫香囊》为《伍伦全备记》续作，所以此剧另名《伍伦传紫香囊》。此剧叙述了张九成一家的悲欢离合，以此表彰忠孝节义的行为。与《伍伦全备记》相比，《香囊记》注重情节的雕琢，以小物件"紫香囊"关合大情节，以"紫香囊"见证主人公的悲欢离合。虽然人物比《伍伦全备记》可亲、情节比《伍伦全备记》可信，但主旨模式依然不脱离"五伦齐全"的框架，因此第四十二出《褒封》〔余文〕说："人间善恶宜惩劝，管取紫香囊五伦新传，万古丹心照简编。"

《薛平辽金貂记》也以"忠、孝、节、义"相标，第一折《本传纲

---

① 徐朔方：《徐朔方说戏曲》，上海古籍出版社2000年版，第97-99页。
② 董康辑：《曲海总目提要》，人民文学出版社1959年版，第1401页。

领》下场诗曰："翠屏女矢心尽节，丁山子全孝克戎。尉迟恭归田仗义，薛仁贵报国精忠。"此剧作为复合型的教化人伦剧，新意在于代表忠孝节义的人物已突破一家人的限制，突破仙凡界限，别具一格。剧中翠屏女原为民间平民女子，因被皇叔李道宗和御史张杰逼婚，她守节自尽，后为孝真仙女，赐薛丁山辟邪宝剑，以解父亲薛仁贵之围。作者让遵守忠孝节义人伦道德的主人公不仅在人间得到褒奖，在天庭也有赏赐，进一步突出了人伦道德的价值。《投笔记》讲述班超投笔从戎的故事，却标榜忠孝节义。第一出下场诗曰："邓二娘力行孝道，徐克振义重交游。曹大家为嫂上表，班仲升投笔封侯。"为了表达伦理观念、突出教化主题，作者改动了正史的某些叙述。如为了突出"孝"，特意写班母高寿。班超出使西域三十余年，其母按理不可能如此高寿，所以《曲海总目提要》评论："其班超之母，本传亦未载，超在西域三十余年，不应其母尚存。"[1] 为了表彰班超妻子邓二娘的孝行，增加"邓氏割股奉姑"一段情节，略显多余。可见，与《伍伦全备记》一样，为了表达伦理内容，作者不惜虚构许多无关紧要的情节。张凤翼《虎符记》全称《忠孝节义花将军虎符记》，题材来自《明史·花云传》。张凤翼大胆改编了《明史》对明初花云事迹的记载，赞扬花云的忠、妻子郜氏的节义，剧末下场诗云"妻贞子孝立纲常，君义臣忠有耿光。万古垂衣名姓重，千年阴府骨头香"，实际是通过戏曲展示忠孝节义。

在众多复合型教化剧中，沈鲸《双珠记》写得最成功。它不以忠孝节义相旌，而以忠孝贤贞称之。受《伍伦全备记》影响，《双珠记》每一脚色都为人伦所系，担当一定伦理观念的图解。剧述王楫一家的遭遇，以两颗明珠为串联故事的关键。王楫被征入军籍，妻子郭氏被上司所谋，王楫被监，郭氏守节不从；王楫之妹王慧姬被征为宫女，因"纩衣寄诗"而得夫君；后来王楫儿子王九龄中举为官，王楫立军功受封，最终夫妻团圆、母子重逢、兄妹相见。该剧在逻辑性上较《伍伦全备记》等剧要合理，故事情节也更加紧凑，剧中人物人生遭际厄难重重，也更能以苦情打动人，所以吕天成评云："情节极苦，串合最巧，观之惨然。"[2]在情感表达上，此剧在一众教化剧中非常出彩，"纩衣寄诗"一节则为该剧的沉重色彩增添

---

[1] 董康辑：《曲海总目提要》，人民文学出版社 1959 年版，第 1972 页。

[2] （明）吕天成：《曲品》，中国戏曲研究院编：《中国古典戏曲论著集成》（六），中国戏剧出版社 1959 年版，第 238 页。

了几分浪漫情调。

复合型教化剧因为容纳了过多的道德内涵，导致作品在结构上较为庞大。作者为了表达不同的伦理内容，不得不增加很多与主题关联并不密切的情节，因此从艺术的角度而言，往往存在拖沓、烦冗的缺点。然而，复合型教化剧为实现其教化功能，语言上以通俗简易为主，情节上则多用悲欢离合以及强烈的冲突来表达人伦内容，容易吸引、打动观众。所以，此类作品虽然无法得到文人的推许，却在民间极受欢迎。

单一型教化剧

与复合型教化剧不同，有的剧作仅仅表现一种伦理道德，可以称为单一型教化剧。此类作品因为内容相对集中，情节处理较之复合型教化剧有很大进步。而在创作思想上，求真、写真成为单一型教化剧的主流。

单一型教化剧根据表现伦理内容的不同可以分为若干小类。如孝型教化剧主要是展示子孝母。如果说复合型教化剧中还有儿子孝顺父亲的情节的话（如《薛平辽金貂记》《虎符记》等），那么孝型教化剧主要突出儿子孝顺母亲，以陈罴斋《姜诗跃鲤记》、郑国轩《刘汉卿白蛇记》、张凤翼《祝发记》等为代表。《姜诗跃鲤记》乃陈罴斋有感而作，《曲海总目提要》卷十四云："相传吴中有妇颇孝，为姑所诬，其夫不得已遣出之，愤恨而死。时人伤其志，故作此记。见其事颇相类，而不知姜诗妻之离而复合也。"[1] 此剧述姜诗夫妻二人事母甚孝，但姜母受邻母秋娘挑唆，休姜妻，但二人依然孝顺，后感动玉皇，下令在其舍侧出泉，日跃二鲤。此剧以"孝"为中心，姜诗孝母，姜妻敬姑，姜诗之子姜安安孝母，一家均以孝立名。可以说，此剧把"行孝"一义发挥到极致。张凤翼撰写《祝发记》以贺母亲寿诞，据《顾曲杂言》记载："后以丙戌上太夫人寿，作《祝发记》，则母已八旬，而身亦耳顺矣。"[2] 吕天成评云："伯起以之寿母，境趣凄楚逼真。布置安插，段段恰好，柳城称为七传之最。但事情非人所乐谈耳。"[3] 南朝梁代，河南王侯景叛变，国子博士徐孝克家中断粮，

---

① 董康辑：《曲海总目提要》，人民文学出版社 1959 年版，第 673 页。
② （明）沈德符：《顾曲杂言》，中国戏曲研究院编：《中国古典戏曲论著集成》（四），中国戏剧出版社 1959 年版，第 208 页。
③ （明）吕天成：《曲品》，中国戏曲研究院编：《中国古典戏曲论著集成》（六），中国戏剧出版社 1959 年版，第 231 页。

不得已将妻臧氏易米以孝母。后徐母知情，让徐祝发以谢妻。臧氏因婚礼未终，得以守节。王僧辩进兵解围，夫妻复合团圆。此剧表明为了行孝，儿子自愿典妻，儿媳情愿卖身。此剧的演出颇为盛行。《曲海总目提要》卷十三评《鲛绡记》时说："闻明中叶间，苏州上三班相传曰申《鲛绡》，范《祝发》。申谓大学士申时行家乐。"①

信义型教化剧以张瑀《还金记》为代表。卷首载作者自序："记也事皆实录，穷巷悉知。惟石麟诞瑞，玉诏颁恩，颇涉虚伪，然非此无以劝也。况天道福善，君道彰善，亦理之常，虽虚而同归实参矣。呜呼！文胜质则史，在秉彤管者且然，词人盖无嫌于藻绘，余复托此以自逭，大雅君子，幸垂谅焉。"可见此剧是自叙传。剧写张瑀父亲生前，将百两白金悄悄托与亲戚梁相照管。张瑀七赴考场皆未中。最后一次下第归来，大雪纷飞，家徒四壁。此时，梁相交还寄存了二十八年之久的白金。剧终玉帝赐生石麒麟，使梁相又添一子；人间朝廷知其大义还金，亦差御史旌表。

贞节型教化剧以康海《王兰卿服信明贞烈》、无名氏《商辂三元记》、李开先《断发记》等为代表。在明中期教化剧中，只有一本是杂剧作品，即康海所撰《王兰卿服信明贞烈》，一本四折，为旦本。剧写妓女王兰卿与举人张于鹏相爱后，拒不接客，后嫁给张做侧室，恪守妇道，奉养舅姑。张不幸病逝，王决心守节，不再婚嫁。无奈富家郎逼婚，王唯有吞食信石（即砒霜）以表守节。王季烈先生在《孤本元明杂剧提要》中认为此剧中出现的王学士即王九思。②第四折中，王学士敬慕王兰卿贞烈之行，作《南吕一枝花》以为祭文，此散套存于王九思《碧山乐府》内，题为《歌儿王兰卿侍爰泉张子，张子死，乃亦饮药死。予闻而异之，为词传焉》③，此剧亦是王九思有感而作。王兰卿是康海家乡的一个真实人物。明人梅鼎祚《青泥莲花记》卷六记载："关中歌妓王兰卿，侍爰泉张子，张子死，乃饮药死。渼陂王太史九思，闻而异之，为词传焉。"④又说："尝记正德中陕西鳌屋县一娼死节，康太史海亦为传奇。"⑤《商辂三元记》也

① 董康辑：《曲海总目提要》，人民文学出版社1959年版，第628页。
② 王季烈：《孤本元明杂剧提要》，商务印书馆1941年版，第21页。
③ 谢伯阳编：《全明散曲》（第一册），齐鲁书社1993年版，第952页。
④ （明）梅鼎祚：《青泥莲花记》卷六，周光培编：《历代笔记小说集成·明代笔记小说》（第十五册），河北教育出版社1995年版，第196页。
⑤ （明）梅鼎祚：《青泥莲花记》卷六，周光培编：《历代笔记小说集成·明代笔记小说》（第十五册），河北教育出版社1995年版，第198页。

有所依据，《曲海总目提要》卷十六《断机记》提要曰："亦名《三元记》，演淳安商辂事，明成化间人作。"① 商辂，《明史》卷一百七十六有传，乡试、会试、廷试皆第一。但剧中所叙，除连中三元外，全不符合《明史》记载。剧中所叙事实，与明朝章纶事迹颇为相似，详见《温州府志》《情史》《名山藏》诸书。章纶与商辂为同时人，也许作者移花接木，混二人之事为一剧。剧述浙西淳安人商霖聘妻秦雪梅，未婚而亡，其妾鲁氏生遗腹子商辂，秦氏至商家守节，与妾共养其子，严格督责，自断织机以教子，后商辂连中三元，封赠二母，并造五凤牌坊。《王兰卿服信明贞烈》是夫亡而妾殉命、拒婚以守贞烈之节，《商辂三元记》则是秦氏未婚而寡、守节养子成才。一妾一妻，一死一生，一烈一节，都表现了封建伦理中的妇德。李开先《断发记》大力表彰了李德武妻裴淑英的节烈，全剧收场诗曰："节孝忠贞备，真堪作范模。芳名应不泯，长与□□□。"剧中，贵公子柳直贪裴氏与李妹之色，陷害李德武，使其被判从军；裴父上表离婚，裴氏却引刀割耳自誓，后误传李死信，裴氏亦不改嫁，且断发明志，最后夫妇团圆。《断发记》情节与明初大臣胡广女儿的事迹相似，因此《曲海总目提要》卷十三说："为此记者，必系明初人闻胡广女事而作，其事绝相类。"② 可见现实生活的真人真事启发了曲家的创作。

与上述诸作均以人伦教化为主不同，在明中期教化剧中，还有一类以善积阴德作为教化内容，以《冯京三元记》《裴度还带记》为代表。《冯京三元记》叙述冯商四十岁仍无子嗣，因赈饥、遣妾、还金、拒绝他人以侍寝报恩等事，累积阴功以致获上天嘉奖，命文曲星降生为其子，后来儿子冯京连中三元。此剧第一出《开宗》〔西江月〕："阴德重皇天鉴之，深荷苍穹昭报，赐产佳儿，年少三元高捷，旌誉振乡闾。"第三十六出《团圆》〔尾声〕："想当初阴德事，一念能感天和地，锡福瀼瀼知未替。"这道出了剧本主旨。虽然把这么多的善事都累积在冯商一人头上，显得失实不真，但这表达了老百姓的良好愿望：人有善愿，天必从之。《曲海总目提要》卷十八说："后世艳称科目之盛，以为必有阴德致之，故举厚德卓行，悉归京父，不尽实也。"③ 换言之，人们认为能有连中三元这样的殊荣，必定是阴德所致，这是一种民族集体无意识的反映。《裴度还带记》

---

① 董康辑：《曲海总目提要》，人民文学出版社1959年版，第788页。
② 董康辑：《曲海总目提要》，人民文学出版社1959年版，第615页。
③ 董康辑：《曲海总目提要》，人民文学出版社1959年版，第879-880页。

与《冯京三元记》的情节有同有异，同者均为主人公以阴德致福，异者是《裴度还带记》中裴度只因"还带"一节就改变骨骼、转变命运，而《冯京三元记》则是累积阴德。《裴度还带记》第一出《副末开场》云："裴度字中立，河东闻喜人，貌不入相，科场累屈，夫妇乐清贫。香山拾带，付还周氏，赎罪出其亲。些须阴德能斡旋造化，顿异风神，擢高科，登显宦。"贫苦之士裴度原本骨骼平庸，断无中举之貌，只因"还带"的"些须阴德"，从此改变造化，高中为相。因此对观众而言，《裴度还带记》比《冯京三元记》更有吸引力。冯商是财主员外，他有财力，乐善好施、扶贫济困，但更多的观众像裴度一样家无余资、生活清贫，于是"阴功一点感动天，天教富贵多荣显"就更具诱惑力，只要做一次好事就能累积阴德，何乐而不为？而且，《冯京三元记》中冯商是父凭子贵，《裴度还带记》中裴度则是当世改变自身命运，一慢一快，一人一己，效果明显不同。总的来说，阴德类教化剧就是劝导世人谨守善念，因为一念之间也许就决定或改变了一个人一生的命运。《冯京三元记》卷末曰："子擢三元父受封，皇天有意表阴功。须知万里前程事，只在方寸一寸中。"而《裴度还带记》则曰："当年还带一阴功，爵位崇高德业隆。分付时人须要识，前程万里存心中。"这说的是同一个道理。

阴德类教化剧的出现突出反映了明中期教化剧与宗教剧的交叉与重叠，实际上教化剧大多有神灵相助的情节。阴德类教化剧固然有神灵相助，而人伦类教化剧也屡屡出现神灵。在主角遇险或自尽时，神灵都要显灵救命，以传达劝善惩恶的天意。如在《双珠记》中，玉虚师相玄天上帝派马、赵、温、关四将救活郭氏，并以法力将郭氏送到千里之外与婆婆盛氏相会。《薛平辽金貂记》中的神灵由孝真仙女担当，《姜诗跃鲤记》中太白金星下凡救人，等等。神灵相助的情节反映了曲家对于道德社会价值的理解超越了世俗界限，神灵肯定道德的价值，也肯定固守道德的人，儒、释合一的观念非常明显。曲家希望通过多种途径达到劝善的目的。张瑀《还金记自序》："惟石麟诞瑞，玉诏颁恩，颇涉虚伪，然非此无以劝世。"这说明教化剧设置神灵相助或因果报应情节是劝导世人向善的一种艺术手段，以证好人有好报，种善因有善果。他还认为，"况天道福善，君道彰善，亦理之常，虽虚而同归实参矣"，即"天道福善"与"君道彰善"殊途同归，这解释了教化剧中上界玉帝嘉奖与人间皇权封赠共同出现的缘由。这既反映了"人有善愿，天必从之"的民族集体无意识，也反映了观众渴盼统治阶级嘉奖忠孝节义等伦理道德的思想。虽然神灵救人缺乏真实性，但在舞台演出上，迎合了广大民众的欣赏趣味，因为因果报应、劝善惩恶、天佑善人等观念最容易被广大民众接受。

明中期教化剧主要集中在传奇创作上，只有一本杂剧《王兰卿服信明贞烈》展示了教化主题。这里有两个原因：第一，戏文、传奇历来重视教化功能。《琵琶记》"不关风化体，纵好也徒然"的创作主旨深深影响了后世的传奇创作。第二，教化主题必然要展示众多的人伦关系，要放在一个广大的时空背景中去展示，同时需要矛盾冲突的激化过程，因此剧本体制规模不可能太小，一本四折的杂剧体制显然难以适应这样纷繁的内容，而传奇的鸿篇巨制恰好能够满足这种要求。这是戏曲体制对戏曲主题的适应。

明中期教化剧的出现与明中期的社会氛围有关。自明代初年，统治者对戏曲虽多有打压，但对于戏曲的教化引导功能一直很重视。来自民间的朱元璋，十分重视戏曲的教化引导功能，徐渭《南词叙录》记载："时有以《琵琶记》进呈者，高皇笑曰：'五经、四书，布、帛、菽、粟也，家家皆有；高明《琵琶记》，如山珍、海错，富贵家不可无。'"① 朱元璋将《琵琶记》与五经、四书并列，是因为《琵琶记》鲜明的教化主题得到了他的关注。"家家皆有"的伦理道德应为社会所有人所遵从，而"富贵家不可无"则指向于风化，朱元璋强调的是富贵之家在风化上的引领示范作用，统治者容易接受带有教化内容的作品，这对于明代戏曲而言也算是一种来自政治的支持。从戏曲发展角度看，南戏有展示悲欢离合主题的传统，在人物的悲欢离合当中最能展示人伦关系与道德矛盾的冲突。经过长期的发展，文人已经接受了南戏，他们也开始用这种艺术形式表现现实生活中具有伦理意义的事件，表彰社会中美好的人或事，抨击社会丑恶的一面。自明代初年朱有燉以社会事件为题材创作戏曲②，明中期曲家也经常

---

① （明）徐渭：《南词叙录》，中国戏曲研究院编：《中国古典戏曲论著集成》（三），中国戏剧出版社 1959 年版，第 240 页。

② 朱有燉的戏曲创作非常关注题材是否真实可信以及是否具有风教内涵，如《刘盼春守志香囊怨引》云："近来山东卒伍中有妇人死节于其夫，予喜新闻之事，乃为之作传奇一帙，表其行操。"又如《美姻缘风月桃源景传奇引》云："予闻执事者尝言：老妪臧氏，河南武涉之人也。其女名桃源景，流落于伎籍，……遂从良于一举子。及其试中，授职知县，未几责为卒伍，既而复还前职。荣辱交至。臧氏之女未尝失节，可嘉也矣。"分见廖立、廖奔：《朱有燉杂剧集校注》，黄山书社 2017 年版，第 565、410 页。

把明朝人的真实事迹融入教化剧中，如《王兰卿服信明贞烈》《商辂三元记》《还金记》等，还有受到真人真事启发而创作，如《姜诗跃鲤记》《断发记》等。这是教化主题在明中期的新变，反映了曲家对现实生活的关注。曲家取材的真实性，意在突出其作品所附带思想内涵的可信度，期望让观众理解、认同其中的风教内涵。而曲家对现实题材的重视，说明曲家已经将杂剧从"传奇"转变为生活记录，这恰恰有利于作品的社会传播，"那些包罗甚广的写实内容总会给观众带来极大乐趣"①。由此可见明中期复古主义思潮对戏曲主题的影响。

第二节　风情剧

明中期曲家非常热衷于创作风情剧。元代以来，儒家思想对社会的束缚逐渐松弛，杂剧因为面向民间，更倾向于普通百姓的悲欢离合，引导了"情"逐渐回归到文学。曲家对个人情感乃至社会普通情感的关注，逐渐突破传统"诗言志"的藩篱，戏曲则让"缘情"与叙事文学达到了更加完美的结合。与之前描写男女风情的剧作相比，明中期的风情剧更加重视对爱情的描写。如汤显祖《紫钗记》首曲〔西江月〕："点缀红泉旧本，标题玉茗新词，人间何处说相思，我辈钟情似此。"在说明改编自旧本的同时，表达作者本人对风情剧的热爱。陆采的创作也体现了这一点，他撰有《明珠记》《南西厢记》《怀香记》等，全是才子佳人风情剧，其情甚艳。而这类作品在社会中又有广泛的受众，不仅普通市井百姓喜闻乐见，士大夫群体也乐于接受，因此明中期风情剧数量很多。从内容上看，大体可分为才子风情剧与平民风情剧两大类。

才子风情剧又以才子与佳人"双美"的模式居多，受元杂剧《西厢记》影响深刻，以李日华《南西厢记》、陆采《南西厢记》《明珠记》《怀香记》、朱期《玉丸记》、孙柚《琴心记》、汤显祖《紫箫记》《紫钗记》、沈璟《红蕖记》等为代表。这一类作品的主人公大多是才华横溢的书生与

---

① 〔美〕孙康宜、宇文所安主编，刘倩译：《剑桥中国文学史》，生活·读书·新知三联书店 2013 年版，第 33 页。

富贵人家的大家闺秀。翻开这些作品，扑面而来的就是才子风流、佳人情怀，让人遐想不已：襄阳书生王仙客、户部尚书千金刘无双（《明珠记》）；西洛书生张君瑞、相国尚书千金崔莺莺（《南西厢记》）；南阳书生韩寿、司空千金贾午姐（《怀香记》）；上虞书生朱其、太师千金云娟（《玉丸记》）；陇西书生李益、霍王之女霍小玉（《紫箫记》《紫钗记》）；成都才子司马相如、富室千金卓文君（《琴心记》）。这些作品特别突出才子的才情，几乎每一剧都有才子作诗或者才子佳人联诗的情节。最突出的是《玉丸记》，此剧着重展示了文人才学。剧中，朱生游览云太师府的萃春园，一一和韵云家二位小姐诗作；大小姐云娟许诺，朱生若能和《藏春亭弄丸八咏》，则以身相许，朱生不仅当场作诗题咏，并作《藏春弄丸》回文诗赠之，剧本竟然把回文诗的图样一一描绘出来，曲家沾沾自喜的心态可见一斑。这些展示文人才学的情节，对晚明清初才子佳人戏曲小说颇有影响，佳人诗试才子、才子炫才联诗的情节几乎成为套路。从这个意义上看，这部风情剧在明中期别具一格。

有时曲家为了突出才子佳人的"双美"模式，有意改变女主角的身份。如孙柚《琴心记》为了突出才子佳人身份的般配，特意把史传中守寡归家的卓文君改为剧中未婚而寡的佳人。又如在元杂剧中，陈妙常原是做头巾生意的小商人女儿，但高濂《玉簪记》把她改成府丞千金。与此相似的还有童养中《胭脂记》，把元杂剧中开胭脂铺的王月英改为户部尚书千金。这实际也是明传奇文人化的一种表现，因为这些女主角身份的改动，都是为了符合才子配佳人的模式，使得才子佳人佳偶天成，正如陆采在《怀香记》卷末收场诗中所说"才子佳人并美难，情钟青琐一窥间。聊成离合悲欢调，留与风流醉笑看"，这反映了明中期曲家内心深处对佳人知音的渴望。需要说明的是，虽然表面上看，《玉簪记》写的是才子与尼姑之恋，但"尼姑"身份是官家小姐在战乱之中以求保命的权宜之计，依然没有改变佳人的出身。曲家固执于才子佳人的身份，其原因则是自我主体地位的回归。从创作心理上看，"才子"是曲家自我的精神投射。元杂剧作家多是底层文人，身份尴尬，为了生存他们接受了市井阶层的"佳人"。但明中期的曲家已经在自我身份上回归到传统士人，他们在精神世界里对"佳人"的要求自然开始提高，"佳人"回归到才貌双全、家世清白是一种必然。

有两部风情剧值得一提。谢谠《四喜记》卷末收场诗表明了作者的创作意图："父能教子子扬名，兄弟情怡友难拯。道合君臣夫妇乐，纲常风月两堪称。"这说明《四喜记》把教化与风情结合在一起，既写阴德造化使大宋中举，又写小宋风流艳事：先与名妓董青霞定情，后因〔鹧鸪天〕一词得赐宫中内人、蔡州参政千金郑琼英，一妻一妾，享齐人之福。可见明中期的风情剧与教化剧已有合流趋势。这启发了晚明清初才子佳人戏曲的创作，李渔"名教兼具风流"的创作主旨明显受到了此剧的影响。另外值得一提的是汪道昆《洛水悲》，此剧写曹植在洛水偶遇甄后，彼此伤感，互赠信物。与其他风情剧不同，此剧没有采用一贯的大团圆结局，而是弥漫着幽幽的伤感，表达了文人对"佳偶不谐"的淡淡哀愁。祁彪佳评云："陈思王觌面晤言，却有一水相望之意，正乃巧于传情处，只此朗朗数语，摆脱多少浓盐赤酱之病。"① 王世懋评曰："出调凄以清，写意婉而切，读未终而感伤情思已在咽喉间矣。文生于情耶？情生于文耶？"② 曲词清丽脱俗、深情款款，已有风情剧与文人剧合流的倾向。

随着市民经济的繁荣，明中期才子风情剧开始渐渐突破书生与官宦小姐的模式，佳人身份趋向平民化。首先出现了才子与妓女的风情剧，如徐霖《绣襦记》、谢谠《四喜记》、顾大典《青衫记》、梅鼎祚《玉合记》等。《绣襦记》写郑元和与妓女李亚仙的爱情故事。二人情投意合，当郑钱财散尽时，鸨母设计拆散他们，郑被迫流落。二人重逢后，李亚仙自刺一目以激励郑元和发愤，其最终功成名就。其次出现了才子与平民女子的风情剧。明中期商业文化逐渐发达，在明中期后半段即嘉隆年间以后，渐趋浓厚的市民文化影响了曲家创作。沈璟《红蕖记》用才子与商人之女取代了才子与佳人的传统模式，体现了商业文化对明中期戏曲的影响。又如潮州戏文《荔镜记》和《荔枝记》，男主角虽然是泉州书生陈伯卿，女主角黄五娘却是平民女子，因此两剧并不凸显才子佳人的富贵气，更有平民色彩。剧中手抛荔枝帕、卖身为仆等都是晚明市民话本小说以及晚明风情剧中常见的叙事技巧。二人私订终身、偷偷欢会，但不像《玉簪记》故意设置指腹为婚的情节，教化色彩淡化，更见平民气息。《青衫记》将白居易《琵琶行》演绎为爱情故事，以"青衫"为关目，串联整个故事，展现

---

① （明）祁彪佳：《远山堂剧品》，中国戏曲研究院编：《中国古典戏曲论著集成》（六），中国戏剧出版社1959年版，第154页。

② （明）沈泰编：《盛明杂剧·初集》卷四，北京中国书店影印董氏诵芬室重刻本1981年版，第4页。

了士人、商人、妓女的情感纠葛。这类戏剧昭示了市民经济的强大，与曲家的经历、思想也密不可分。明代中期以后，帝王一方面以理学为旗帜，另一方面以私欲驭下，士人对于朝廷的心态，疏离感更加明显①，加之市民经济兴起，朝廷之中激烈的党争，让部分文人无法实现自己的政治抱负，他们厌恶、痛恨身处高位者的虚伪、冷酷，渴望纯粹与正义，他们无法进入社会权力场，开始徘徊于入仕与世俗之间，然而社会风气对他们影响深刻，"其审美情趣与他们的生活趣味一样，带着世俗的倾向"②。可以说，上述曲家与典型的传统文人存在一些区别，他们对社会的商业经济并不敌视，甚至参与其中，其世俗化的审美倾向来自他们自己的生活。

杂剧领域内的风情剧大都是平民风情，甚至可以说是另类风情，这与传奇的才子佳人风情很不相同。杂剧作家关注普通民众的情感世界，如陈铎《纳锦郎》描述金陵妓女惜春与教坊司乐工贾中私相幽会、大胆相恋的故事。冯惟敏《僧尼共犯》写僧人明进与尼姑惠郎相好，被人发现后送至官府，辖司成人之美，让僧尼二人还俗结为夫妇。此剧幽默风趣，是典型的轻松喜剧。如第一折：

> 〔混江龙〕都一般成人长大，俺也是爷生娘养好根芽。又不
> 是不通人性，止不过自幼出家，一会价把不住春心垂玉箸，一会
> 价盼不成配偶咬银牙。正讽经数声叹息，刚顶礼几度嗟呀。

佛堂禁锢了人的活动，却禁锢不了人的一丝丝春心。"正讽经数声叹息，刚顶礼几度嗟呀"，念诵佛经与春心飘荡交织在一起，辛辣地讽刺了佛教徒的虚伪，也肯定了人性正常欲望的合理性，展示了情理冲突。杂剧《僧尼共犯》与《纳锦郎》的市民风情与传奇才子、佳人风情意趣迥异。这两剧既无才子，亦无佳人，曲家关注下层民众的感情世界，充满了民间性审美趣味，不同于明中期才子佳人风情剧的典雅化、文人化。但是，这些充满世俗气息的作品，也带有曲家戏谑的创作心态，辛辣的讽刺与玩世不恭的情绪共存，对于底层人的感情理解并不深刻，也缺乏认真的态度。

明中期风情剧并不纯粹是曲家自娱自乐、展示才情的产物，其中蕴含

---

① 参见左东岭：《王学与中晚明士人心态》，人民文学出版社 2000 年版，第 272-335 页。
② 罗宗强：《明代文学思想史》，中华书局 2013 年版，第 603 页。

的文人心态值得思考。这一时期很多风情剧用到了"琴"这一道具,如《琴心记》《玉簪记》等,表面上琴是情节发展的重要组成部分,实际上彰显了曲家内心的渴望与追求。如孙柚在《琴心记》卷末收场诗中自述创作意图:"才子文章冠今古,佳人倾国更知音。花间每忆相思调,月下常追隔壁琴。分散莫嫌清夜怨,团圆须记《白头吟》。谁人为写云和曲,落魄孙生万古心。"才子有才而苦无知音,琴在剧中是沟通风流才子与知音佳人的工具,"琴挑"即"情挑"。这实际揭示了曲家的创作心理:现实中并无知音,而在虚幻的戏曲情节中可以找到。明中期曲家除了少数能在政治上有所建树外,多数郁郁不得志。在传统文化熏陶中成长起来的曲家,最初对自己的理想定位不是混迹于歌台柳巷、沉迷声色,而是希望得到统治者的认可,建立功业。但是,现实没有让他们实现自己的理想。他们只好用一种虚幻的方式来表达对知音的渴慕。所以,在才子风情剧中,才子常常是普通出身却才华横溢,佳人则多有政治背景(官宦小姐),但曲家在创作中并不存在高攀的心理,而是让才子用才学得到佳人的垂青。这显然隐含了一种困境中的自信与渴望。需要指出的是,风情剧中除了少量作品外,男主人公都是文人书生形象。这与创作主体的身份地位以及他们的价值观有密切联系。明中期曲家大多受过良好的传统教育,他们在创作中认同的是与自己同属一个阶层的文人书生。即使"佳人"身份可以变为商人之女、平民之女,但男主人公的书生形象不变,这说明在风情剧中曲家关注的焦点始终是文人命运。

总体而言,明中期风情剧在思想境界上并未取得质的突破。即使汤显祖《紫钗记》比《紫箫记》更进了一步,但《紫钗记》仍是普通的才子风情剧,远未上升到明晚期《牡丹亭》的"至情境界":"如丽娘者,乃可谓之有情人耳。情不知所起,一往而深。生者可以死,死可以生。生而不可与死,死而不可复生者,皆非情之至也。"① 只有明晚期浪漫主义文学思潮与戏曲主题相激荡,才会出现如此震撼人心的作品。

---

① (明)汤显祖著,徐朔方笺校:《汤显祖全集》(二),北京古籍出版社 1999 年版,第1153 页。

第三节　政治剧

在元代以及明前期，政治并不被戏曲关注，甚至戏曲还成为逃离政治的手段。然而，明中期曲家受复古文学思潮影响，诗文等传统文学创作理念渗透于戏曲创作之中，曲家在戏剧中开始关注现实，对政治题材多有发掘。他们或者直接从现实生活中选取突出的政治事件，或者从历史中寻找政治素材，体现了曲家对现实政治的关注。

时事题材以无名氏《鸣凤记》为代表。关于《鸣凤记》的创作年代，历来定于嘉靖末年，依据是清代焦循《剧说》卷三的记载：

> 相传：《鸣凤》传奇，弇州门人作，唯《法场》一折，是弇州自填。词初成时，命优人演之，邀县令同观。令变色起谢，欲亟去。弇州徐出邸抄示之曰："嵩父子已败矣。"乃终宴。①

但据张军德先生《〈鸣凤记〉创作年代初探》的考证，此剧的创作时间实际上不应该早于万历元年（1573）。②

《鸣凤记》第一出《家门大意》〔西江月〕旗帜鲜明地表达了对时事的关注："秋月春花易老，赏心乐事难凭。蝇头蜗角总非真，唯有纲常一定。四友三仁作古，双忠八义齐名。龙飞嘉靖圣明君，忠义贤良可庆。"全剧以夏言、杨继盛等人与严嵩一党的斗争为主要内容，充满了悲壮激烈气氛，表彰了夏言、杨继盛等人的忠诚与牺牲精神，批判了严嵩的贪婪、残暴。根据《明史·夏言传》，夏言为官颇正直，开始亦得世宗赏识，又能折节下士。后因对抗严嵩，被构陷而死。他死后，"嵩祸及天下，久乃多惜言者"③。杨继盛是明代著名的刚烈之士，《明史·杨继盛传》记："当是时，严嵩最用事。恨（仇）鸾凌己，心善继盛首攻鸾，欲骤贵之，

---

① （清）焦循：《剧说》，中国戏曲研究院编：《中国古典戏曲论著集成》（八），中国戏剧出版社 1959 年版，第 136 页。

② 参见张军德：《〈鸣凤记〉创作年代初探》，《文学遗产》1986 年第 6 期，第 50-51 页。

③ （清）张廷玉等：《明史》，中华书局 1974 年版，第 5198 页。

复改兵部武选司。而继盛恶嵩甚于鸾。且念起谪籍，一岁四迁官，思所以报国。抵任甫一月，草奏劾嵩。"① 杨继盛以拳拳报国之心，不畏险恶，被严嵩陷害致死，剧作也因此充满了悲剧气氛。茅盾先生高度评价了此剧，他说："《鸣凤记》写两个对外矛盾：收复河套问题和倭寇问题，这两个对外矛盾反映在明朝统治阶级的内部矛盾并且和内部矛盾纠缠在一起。在这里，《鸣凤记》的作者表现了他（他们）视野的宽阔；它并不局限于杨继盛等冒死弹劾严嵩父子的历史事件的狭隘范围内，原是把更大的历史事件（对外问题）作为背景。……这就说明了他（他们）取舍史实的眼光是照顾到全局的"②，"像《鸣凤记》……那样的谨守史范，不妄添一角，不乱拉陪客，在古典历史剧中，是比较少见的"③。此剧在当时就产生了很大影响，吕天成《曲品》云："纪诸事甚悉，令人有手刃贼嵩之意。"④ 焦循《剧说》卷六则记载了《鸣凤记》上演的轶事：

> 海盐有优者金凤，少以色幸于严东楼，昼非金不食，夜非金
> 不寝也。严败，金亦衰老，食贫里中。比有所谓《鸣凤记》，金
> 又涂粉墨身扮东楼矣。⑤

清代周亮工《书影》、清代褚人获《坚瓠集》广集卷三也有类似记载，可见此剧流传甚广。

《鸣凤记》是中国古代戏曲史上较早表现当代重大政治事件的作品，对后世的影响巨大。"传奇写惯了的是儿女英雄，悲欢离合，至于用来写国家大事，政治消息，则《鸣凤》实为嚆矢。"⑥ 在《鸣凤记》的影响下，明中期出现了许多反映现实的戏曲作品，《曲品》在《鸣凤记》条下记载："江陵时亦有编《鸾笔记》，即此意也。"⑦ 江陵指张居正，万历初年宰相，

---

① （清）张廷玉等：《明史》，中华书局 1974 年版，第 5538 页。
② 茅盾：《关于历史和历史剧》，作家出版社 1962 年版，第 105-106 页。
③ 茅盾：《关于历史和历史剧》，作家出版社 1962 年版，第 108 页。
④ （明）吕天成：《曲品》，中国戏曲研究院编：《中国古典戏曲论著集成》（六），中国戏剧出版社 1959 年版，第 249 页。
⑤ （清）焦循：《剧说》，中国戏曲研究院编：《中国古典戏曲论著集成》（八），中国戏剧出版社 1959 年版，第 201 页。
⑥ 郑振铎：《插图本中国文学史》（第四册），作家出版社 1957 年版，第 847 页。
⑦ （明）吕天成：《曲品》，中国戏曲研究院编：《中国古典戏曲论著集成》（六），中国戏剧出版社 1959 年版，第 249 页。

卒于万历十年（1582）。可知在《鸣凤记》后不久即有《鸾笔记》，描述时人反对张居正的情况。题材与《鸣凤记》类似，还有一本《犀轴记》，写沈炼（青霞）与严嵩、严世藩父子斗争的故事。其后，类似《鸣凤记》的政治时事剧大量涌现，据祁彪佳《远山堂曲品》收录有四十多本，其中揭露明代另一大权奸魏忠贤的传奇，有剧名可考者至少达十一种，如范世彦的《磨忠记》、清啸生的《喜逢春》和李玉的《清忠谱》，至今还有存本流传。《鸣凤记》因其首创之功，后世最为重视。如孔尚任《桃花扇》第四十二出，引用了《鸣凤记》的部分情节；丁耀亢《表忠记》（一名《蚺蛇胆》），其中《修本》《后疏》诸出，均采自《鸣凤记》；又据《曲海总目提要》，无名氏《凤和鸣》和《丹心照》，都参考过《鸣凤记》。①

　　借用历史故事表达自己对现实政治的看法的戏曲，以《宝剑记》《金丸记》为代表。李开先《宝剑记》写林冲两次劾奸，为奸臣高俅、童贯所嫉恨，于是他们屡次设计谋害林冲，林冲被迫反上梁山，后受朝廷招安，林冲杀奸报仇，夫妻团圆。为了突出忠奸斗争主题，李开先对小说《水浒传》中林冲的故事进行了多处改动。最重要的一处是，改动了林冲与高俅的矛盾起因。小说中，二人矛盾源于高俅之子高朋谋夺林妻；戏曲中，矛盾改为林冲因见高俅等宵小弄权，致使百姓流离、干戈扰攘，所以两次上劾，由此与高俅等人结怨。这样的改动，就把私人恩怨上升到政治领域中忠良与奸佞的矛盾冲突，在立意上显得高出一筹。作者在第一出以〔鹧鸪天〕自述创作意图："诛谗佞，表忠良，提真作假振纲常。古今得失兴亡事，眼底分明梦　场。"这表明了作者反映忠奸斗争的立场。雪蓑隐者《宝剑记序》曰："往往有所托焉，以发其悲涕慷慨抑郁不平之衷。"② 可见这是有感而发。沈德符《顾曲杂言》说："填词出才人余技，本游戏笔墨间耳，然亦有寓意讥讪者。如……李中麓之《宝剑记》，则指分宜父子。"③《曲海总目提要》卷五《宝剑记》提要亦云："开先特借以诋严嵩父子耳。"④ 但所说有误，应是夏言内阁。嘉靖二十年（1541），李开先罢

---

　　① 参见徐扶明：《试论〈鸣凤记〉的艺术构思》，《元明清戏曲探索》，浙江古籍出版社 1986 年版，第 91－103 页。

　　② （明）李开先著，卜键笺校：《李开先全集》（中册），文化艺术出版社 2004 年版，第 928 页。

　　③ （明）沈德符：《顾曲杂言》，中国戏曲研究院编：《中国古典戏曲论著集成》（四），中国戏剧出版社 1959 年版，第 207 页。

　　④ 董康辑：《曲海总目提要》，人民文学出版社 1959 年版，第 226 页。

官归家。李开先《闲居集》文之九《亡妻张宜人散传》云："庙灾上疏乞休，夏相拟旨如疏。"可见其因抨击夏言内阁而罢归。看来《顾曲杂言》《曲海总目提要》的说法实系后人附会。

　　无名氏《金丸记》写宋朝刘皇后毒害李妃，宫女寇承御与太监陈琳救护太子之事。此剧约撰于明成化十一年至二十三年间（1475—1487）。《曲海总目提要》卷三十九云，剧中所叙宋代李宸妃之事，"与明代纪太后事相类，或作者借宋事以寓意耳"①。根据《明史》卷一百○三《纪太后传》所载，万贵妃专宠而妒，后宫有娠者，皆治使堕之；得知纪妃有孕，万贵妃恨甚，设计谋害；幸得宫女、太监张敏保护太子。因此《曲品》说："此词出在成化年，曾感动宫闱。"②《远山堂曲品》亦云："闻作此于成化年间，曾感动宫闱。"③ 可见这也是明中期政治时事影响下所产生的戏曲创作。

　　其他如王济《连环记》写东汉末年王允巧用连环记诛杀奸臣董卓；姚茂良《双忠记》写唐朝张巡、许远同守睢阳，尽节殉国，后变为厉鬼擒拿叛军首领安庆绪，平定叛乱；周礼《东窗记》写南宋秦桧夫妇东窗密谋毒害岳飞，后来岳飞一家均受天职，将秦桧夫妇鬼魂打入万劫不复的地狱，都不同程度地反映了政治领域内的忠奸斗争。

　　明中期政治斗争题材剧作的大量出现，显然与当时的社会政治情况有关。这一时期纷繁复杂的政治斗争不仅直接影响了曲家的人生，也给他们提供了良好的创作素材。使用戏曲形式表现社会政治生活的艺术表现手法影响了后世的戏曲创作。《鸣凤记》尊重史实，《宝剑记》等作品影射现实，都是非常典型的以戏曲写历史的创作模式，这也折射出明代曲家对于戏曲独特的文体认知。高儒的《百川书志》在史部的"野史"中收录的《三国演义》《水浒传》，在"外史"中收录了《西厢记》等戏曲作品④，这说明明代文人有用"史"的眼光看待通俗文学的倾向，充分体现了明代文人对戏曲等通俗文学作品能够充分反映现实这一文体功能的理解。

---

　　① 董康辑：《曲海总目提要》，人民文学出版社 1959 年版，第 1816 页。

　　② （明）吕天成：《曲品》，中国戏曲研究院编：《中国古典戏曲论著集成》（六），中国戏剧出版社 1959 年版，第 227 页。

　　③ （明）祁彪佳：《远山堂曲品》，中国戏曲研究院编：《中国古典戏曲论著集成》（六），中国戏剧出版社 1959 年版，第 25 页。

　　④ （明）高儒：《百川书志》卷六，东武刘氏嘉荫簃清道光二十八年（1848）抄本。

第四节　宗教剧

宗教剧以宣扬宗教玄理为旨归，以宗教皈依为目的。明中期宗教剧受元代及明代初年宗教剧的影响，但也有自己的特色。这一时期出现的剧作包括郑之珍《目连救母劝善记》、兰茂《性天风月通玄记》、杨慎《洞天玄记》、陈自得《太平仙记》、陈沂《善知识苦海回头》、许潮《武陵春》等。

明中期宗教剧中，最引人注目的是《目连救母劝善记》。此剧规模宏大，分上、中、下三卷。关于具体出数，存有争议。祁彪佳《远山堂曲品》中说："凡百有九折。"① 郭英德《明清传奇综录》②、李修生《古本戏曲剧目提要》③ 均标为一〇二出。但从现存版本看，目录标明上卷三十二出，实际三十三出；标明中卷三十四出，实际三十六出；标明下卷三十四出，实际亦是三十四出，所以总数应为一〇三出。《目连救母劝善记》以民间目连故事为蓝本，讲述了目连千辛万苦救母出地狱，最终全家得以超脱，受到玉帝褒奖册封的故事。此剧所讲故事在民间流传甚广，重在劝人向善，尤其偏重孝道，故而剧作重在故事叙述，以情节曲折、内容丰富而吸引观众，曲词通俗、宾白浅显，适合舞台演出。

《性天风月通玄记》是二十出的传奇体制，《洞天玄记》《太平仙记》是一本四折的杂剧体制。《性天风月通玄记》《洞天玄记》《太平仙记》名为三剧，其实故事情节非常相似。《性天风月通玄记》叙述道人风月子归隐山林，修身悟道，在西山炼丹时降伏了口、耳、眼、鼻、心猿、意马六贼。风月子在峨眉山下大战西山母大虫，大获全胜，得以匹配姹女、婴儿。天庭得悉风月子降龙伏虎，斩三尸降六贼，用黄婆配婴儿、姹女，于是派八仙迎接他直上蓬莱仙境。《洞天玄记》叙述形山道人无名子在昆仑山下，向袁忠、马志（喻指心猿意马）等六贼阐释易卦、炼丹、降龙、伏

---

① （明）祁彪佳：《远山堂曲品》，中国戏曲研究院编：《中国古典戏曲论著集成》（六），中国戏剧出版社1959年版，第114页。

② 郭英德编著：《明清传奇综录》（上册），河北教育出版社1997年版，第53页。

③ 李修生主编：《古本戏曲剧目提要》，文化艺术出版社1997年版，第240页。

虎等玄机妙道，使六贼心悦诚服并拜无名子为师修道。无名子先后收服东蛟老龙、西山怪虎，夺得姹女婴儿，功德圆满，得以升天。《太平仙记》所叙事迹与《洞天玄记》相同。可见三剧都采用寓言手段、拟人手法阐述道教玄理。如把心、意、眼、口、耳、鼻喻为山中作乱的六贼；把道人内修过程喻为降伏六贼；把汞、铅相配喻为姹女、婴儿在媒人黄婆（喻指意念）撮合下成亲（炼丹）。因此，如果不熟悉道教术语与典故，就无法理解这三剧的真正内涵。三剧在展示道人内外兼修的过程中，不像《目连救母劝善记》一样重视故事叙述、注重舞台演出，而是侧重玄理探究。

一本四折的《善知识苦海回头》也属于宗教剧。与《目连救母劝善记》一样，此剧以演说佛理为主，但不同于《性天风月通玄记》等三剧以宣扬道教为主。此剧不像《目连救母劝善记》以故事性取胜，也不像《性天风月通玄记》等三剧以玄理探究见长，它颇有自己的特色，侧重于表达失意文人寻找精神寄托的心路历程。剧中主人公胡仲渊经历了多次科场失意，终于得举为官，却很快因小人作梗而被贬雷州。荒僻之乡的经历使他参透了佛理，于是明白宦海即苦海，决定"回头是岸"，于是飘然弃职，主动皈依佛门，最终修成正果。该剧体系体现出在现实生活的重重压力下，曲家找不到人生出路，彷徨无依，只能以虚妄的方式逃避到宗教中。

《武陵春》为一折杂剧，讲述以捕鱼为业的武陵人黄道真，自幼学得仙经道箓，留心寻访仙迹。某日因缘巧合得入桃源仙境，遇君山父老、沧浪渔父、太上隐君、清溪道士诸仙以及与刘晨、阮肇有宿世姻缘的天台二仙女，在仙境盘桓七日始出。

通过对上述几剧的分析，可以看出明中期宗教剧的一般特点。第一，与明前期宗教剧相比，佛道度脱剧在明中期逐渐消退。朱有燉、贾仲明等人创作的明前期佛道度脱剧，虽然有所新变，增添了热闹华丽的歌舞演出，具有华丽富贵的特征，但整体而言依然继承了元末度脱剧之风，以度脱为主要情节。然而，明中期的宗教剧不再以度脱情节为重心。度脱情节的核心是仙佛菩萨，他们主动度脱凡人，是一种自上而下的宗教关怀。明中期宗教剧的关怀焦点转为关注凡人自身的宗教情结。如《目连救母劝善记》叙述人世间一个平凡的孝子傅罗卜，因为要免除母亲的地狱之厄，主动向佛向善，最终凭借个人的努力救母出生天，全家都受到玉皇大帝的封赠。《性天风月通玄记》等三剧展示道人如何依靠自己的苦练，兼修内外丹，以至得道飞仙的过程。《善知识苦海回头》展示了人世间一名普通官员胡仲渊皈依佛法、回头是岸的心路历程。《武陵春》以轻松的笔调叙述凡人黄道真主动寻访仙人仙迹的过程，剧中黄道真与仙人之间关系平等，他甚至得到仙女的信任而担当其信使，全剧表达了一种乘兴访仙、尽兴而归的文人情绪。明中期宗教剧不再用仙佛自上而下、主动点化凡人的俯视视角，而用凡人自下而上、主动寻找宗教皈依的仰视视角。这正是明中期文人主体性开始复苏在宗教剧中的艺术表现。人们不再像以往那样等待上界的眷恋、拯救，而是主动地、自觉地寻找精神归依。

第二，与元末、明前期相比，明中期宗教剧更加侧重个人体悟。元末、明前期的度脱剧重在营造情节，通过仙家或菩萨设置一个个"幻境"使被度脱之人感到当头棒喝、醍醐灌顶。在很多时候，被度脱之人往往没有经过个人体悟玄理真义的心理历程，而是被"幻境"震慑住了，或者说是不情不愿地被迫出家修道。但是明中期宗教剧的情况大不一样。除了《目连救母劝善记》注意以故事叙述、情节设置吸引观众外，其他剧作都把大量篇幅花在了描述主人公对佛理、玄理的体悟上。《性天风月通玄记》第十出《问答玄机》：

〔驻云飞〕（心）奉告尊师，说起心猿人不知。曾向西天去，曾赴蟠桃会。师，弟子本无私，不住奔忙为想长生计。道在心头无处施。〔前腔〕（生）说与心猿，道在心头莫妄言。休把心肠乱，莫教心机变。猿，守定在心前。养得驯和，存在吾身伴，一点真心最要坚。〔前腔〕（意）奉告尊师，意马从来不妄驰。恍惚多忧虑，展转常犹豫。师，颠倒费神静里工夫。恐致空劳力，特请尊师一动之。〔前腔〕（生）意马听之，性贵驯良莫妄思。拗劣遭拴系。性急多伤气。知，心意莫相违，一念差池，尽把工夫弃。吩咐东君好护持。〔前腔〕（口）奉告尊师，满腹丹书不疗饥。谁识盘中趣，谁识珍馐味。知，熊掌与驼蹄、美味佳肴，尽可充肠胃，特请尊师去宴之。〔前腔〕（生）口外休开，说甚驼蹄与豹胎，百味休贪爱。口内乾坤太。才，玉液口中来。妙在华池，至理全不解，吞得些儿占上台。〔前腔〕（眼）奉告尊师，眼底风光世罕稀，见个胭花妓，生得多标致。思，正好会佳期。眼去眉来，笑里传心事，特请尊师去看之。〔前腔〕（生）眼净听知，色不迷人人自迷。色是胭花蒂，采摘非容易。知，说破泄天机。三日看经，谁识其中趣，莫纵邪淫错认题。〔前腔〕（耳）奉告尊师，弟子街前游玩时，一派笙歌至，节奏声嘹呖。知，耳听好消息，歌娇声中，字字深藏意。特请尊师去听之。〔前腔〕（生）耳末无闻，两耳虽聪戒不鸣。莫听音和韵，乱了心和性。真，耳不听淫声。塞闭三关期，必希贤圣洗，耳闻风听好音。〔前腔〕（鼻）奉告尊师，鼻丑常将刻漏思。上下通天地，内外调真息。知，香喷在肤肌。身着单纱，透出胭花气，特请尊师去嗅之。〔前腔〕（生）鼻丑无知，刻漏之功全在你。何必闻香秽，自有先天气。知，须记一阳时，调息绵绵，定数均呼吸，莫向闲常妄作为。

这里实际在说风月子道人如何自觉抵御五色、五声、五味、五嗅等声色的诱惑。修道之人只有做到"目不视而魂在肝，鼻不闻而魂在肺，口不声而神在心，耳不听而精在肾，四肢不动而意在脾，五脏和而元气固，元气固则百病不生"，方能安神养性，静修玄道。

《洞天玄记》也有许多类似谈论修道的大段曲词，如第一折：

〔混江龙〕若说道先天之道，《参同契》里尽含包。因乾坤辟阖，感二气相交，生震龙兑虎，分老少之爻。指巽辛艮丙，续男女之苗，产坎离日月，使匡廓周遭。乾为天，卫虚阳老。坤为地，交动阴娇。阴有真铅阳有汞，龙无鳞甲虎无毛。屯蒙为候，洞晓昏朝。终于既未，阳长阴消。叮咛说与道门人，休只看做铜钱兆。两弦会花开上苑，一阳动漏永中宵。

形山道人先谈周易卦爻象，述说阴阳消长，次说"花开上苑、漏永中宵"以隐喻无孔箫吹、无弦琴抚，以此言明入众妙之门、得无为之道的方法。其实，就算是注重情节设置的《目连救母劝善记》也有许多篇幅描述主人公对佛理的参透。下卷第二出《师友讲道》：

〔金字经〕菩提萨埵心无挂碍，色即是空，空即色，无至亦无得离，颠倒度一切苦厄。（尾）羯帝波罗，羯帝波罗僧，羯帝菩提娑婆诃。十万、佛九万、僧诚心斋念妙沙经。谢天地，报答父母恩，生增寿，过去早超升。（尾）南无天上地下日月星辰，

有人持念妙沙经。天下神鬼不敢侵，一切众生离地狱，奈何桥上
看分明。诸大菩萨摩诃萨摩诃，不惹波罗蜜。

　　这里阐述的是佛教《心经》和《妙沙经》的经义。由上可见，明中期
宗教剧大多侧重对佛理、玄理的探讨。

　　第三，明中期宗教剧呈现鲜明的文人性。《目连救母劝善记》虽是由
文人郑之珍改编而成，但由于受题材所囿，民间审美趣味压倒了文人审美
趣味（当然，文人也可以接受剧中的思想）。但在其余的宗教剧中，文人
审美趣味非常鲜明。民间老百姓虽也信仰道教，但他们信奉的多是辟邪去
灾、风水治病等与日常民生密切相关的方面；而文人士大夫关注的往往是
修身炼丹、房中术、长生不老以及人性的终极关怀等层面。因此《性天风
月通玄记》等三剧才会乐此不疲地对同一故事进行不厌其烦的叙说，重主
体抒怀，不重舞台演出，这正是文人性的鲜明表现。《善知识苦海回头》
的作者陈沂在嘉靖年间忤逆大学士张璁，后杜门著书、绝意世务，因此
"剧中主人公胡仲渊似作者自况"①。在明中期宗教剧中，此剧直接描写了
在宦海中沉浮的士人，面对出处、仕隐、用舍、行藏、功名与生命等选择
时的矛盾心态。第一折，胡仲渊累次落第的伤感叹息实则是对出仕的渴
盼；第二折，得官后于宴会中不慎失言得罪小人，实则是宦海险恶、动辄
得咎的写照；第三折，被贬离京，实则是在名利场中斗争失败后的失意描
绘，"世事不由人，万般都是命"，不得不认命；第四折，获赦复职，实则
是给处于黑暗中的士人一丝光明与继续奋斗拼搏的希望与勇气。但是，无
法把握的命运终于让胡仲渊明白：不能留恋宦海仕途，只能"惜命爱身"。
胡仲渊说："俺待罪万死之余，怎敢望朝廷还？且远窜者，生还几人？谈
虎者，鲜不色变。今得生还，足矣。岂敢又望做官？望使臣与我善奏朝
廷，放归田里，感恩之报，惟有结草而已。"所以他毅然抛弃尘世俗念、
世间富贵功名而投入佛门。〔朝天子〕："绝了这六根，断了这六尘，四大
缘无分，只为带水沾泥，凡胎未褪，险些儿苦海无穷尽。""苦海无边、回
头是岸"，这也许正是剧名《善知识苦海回头》最贴切的注脚。与《目连
救母劝善记》上天入地的虚幻场面、《性天风月通玄记》玄理自悟的静妙
境界、《洞天玄记》《太平仙记》神通仙术的展示不同，《善知识苦海回

　　① 李修生主编：《古本戏曲剧目提要》，文化艺术出版社 1997 年版，第 178 页。

头》从人与社会现实的角度，平实无华地展示了一个士人如何弃儒从禅的真实历程。

联系明中期的政治生活，结合陈沂的自身经历与王九思、康海、李开先、杨慎等人的政治仕途遭遇，就不难理解他们或者要归禅入道，或者要放情山水，或者要纵情乐府的举动。一言以蔽之，宗教剧的终极关怀不在于宗教层面，而在于寻求安身立命的处所，给文人以精神寄托与慰藉。

第四，明中期的宗教剧宣扬了忠孝节义等纲常伦理。《目连救母劝善记》上卷第一出《开场》〔西江月〕云："演戏少扶世教，长歌庶感人心，假饶看了不关情，有愧游鱼出听。"下卷第一出《开场》〔鹧鸪天〕云："新编孝子寻娘记，谁能不悚然。……词华不及《西厢》艳，但比《西厢》孝义全。"在这里，作者将作品的创作主旨与《西厢记》主题相比，其口吻与《琵琶记》"此事不关风化体，纵好也徒然"、《伍伦全备记》"发乎性情，出乎义理，盖因人所易晓者以感动之"的宣言大同小异，同时与《目连救母劝善记》卷末《劝善记跋》中的"其旨关于世教不小矣"前后呼应。因此，《目连救母劝善记》作为宗教剧，其最特殊的一点是：以宗教题材来传达社会教化的观念。这一创作意图，还可以从郑之珍自序以及他人为此剧所作的序跋中看出来。郑之珍万历十年（1582）自序：

> 然道能惧者，犹为中人之资。若夫中人以下，愚夫愚妇懵焉而莫之惧者，大众也。况世变江河，日不逮于古者乎？乃取目连救母之事，编为《劝善记》三册。敷之声歌，使有耳者之共闻；著之象形，使有目者之共睹。至于离合悲欢，抑扬劝惩，不惟中人之能知，虽愚夫愚妇，靡不悚恻涕演感悟通晓矣，不将为劝善之一助乎？

陈澜汝《劝善记评》则说："目连救母，事怪说诞，智士弗道。……然以正法眼观，则志于劝善是第一义，故其爱敬君亲，崇尚节义，层见叠出。"目连故事在一个单纯的佛教故事中加入了传统伦理道德，它之所以能在民间广泛流传，与这些观念不无关联。

《性天风月通玄记》第十九出《操演得度》中，仙翁唱〔驻云飞〕："说与听知，昨日天庭考较伊，查你平生事，赋性怀忠义。知孝行亦无亏，过少功多，仙榜标名字。"也就是说，因为忠孝节义而成仙。换言之，这部宗教剧的外在形式仍然免不了忠孝教化的幌子。第九出《六贼劝世》，主要表达了文人士大夫皈依道家后对尘世忠孝大节的留恋，也正是照应了第一出《副末开场》中所云："观忠孝贤良，足见戏文大意，然其要全在含蓄双关，假此道名，托物比兴而已。"第九出，心猿念《劝忠歌》曰：

> 事君致其身，身为国家许。可以死封疆，可以死边鄙。孔明事君心，惟死而后已。张巡守睢阳，死愿为厉鬼。堂堂忠义人，古今能有几。臣事君以忠，君使臣以礼。爵之以美官，赐之以金紫，封之以父母，荫之以妻子。君恩天地宽，难将山岳比。望君如帝尧，望君如舜禹。为臣学皋陶，为臣学伊吕。用之在朝纲，朝纲有风纪。用之理国政，国政清如水。用之出王师，王师见攻取。用之治百姓，民心皆欢喜。天为民立君，君体天为己。臣体君爱民，可以为忠矣。为臣不尽忠，天下罪人耳。奉劝世间人，忠心莫要徙。常把一点忠，放在腔子里。

意马则念《劝孝歌》曰：

> 父母爱子心，为子须当体。惟恐有疾病，长以为忧矣。年登十二三，教令攻书史。子向学堂前，不得供甘旨。父母渐年高，光阴能有几。等待子成人，父母为考妣。堂前挂真容，父母不能语。朝夕献羹饭，父母不能舔。春秋去拜坟，父母不能起。仔细想起来，都是行虚礼。亲在不与钱，死后烧白纸。生前不与食，死后泼浆水。亲在不与穿，死后冥衣燆。奉劝世间人，亲在莫悖理。有衣多与穿，有钱多与使，有馔多与食，务令心欢喜。有等不孝人，不顾人笑耻。父母穿破衣，妻子着罗绮。人前图好看，过后人才鄙。禽有反哺鸦，兽有跪乳羝，嗟尔不孝人，难与禽兽比。伯俞泣其杖，孟宗哭竹子，嗟尔不孝人，难与古人拟。人在天地间，先要孝为始。忠臣于此求，孝义名可纪。为人不忠孝，鬼神不佑你。世有忤逆人，早把心肠洗。你若有子孙，后来亦如此。

全文引用《劝忠歌》《劝孝歌》，是为了在这样一部纯以演说玄理为主旨的宗教剧中，翔实而全面地展示如何把忠孝教化与成仙入道结合起来。"古云：天下无不忠不孝的神仙。今二位长兄，以忠孝劝人，深得仙家之妙"，可见教化之心神仙亦然。

明中期的宗教剧，无论是佛教还是道教，都要用忠孝节义等纲常伦理来装点排场，似乎无此不成宗教剧，确实引人深思。在这个意义上，明中期宗教剧与元代宗教剧以度脱为重心不同，又与明后期如徐阳辉《有情痴》、屠隆《修文记》《昙花记》等以宗教剧讽谕时世也大异其趣。明中期传奇与杂剧在反映宗教主题的数量上大体相同。短小的杂剧体制适应了文人抒发情志、领悟玄理，强化抒情性、淡化情节性的需要；而鸿篇巨制的传奇则能在宣扬宗教故事的同时，广泛地反映整个社会中的形形色色、方方面面，因此颇具吸引力。

第五节　文人剧

关于文人剧的定义，徐子方先生说："顾名思义，所谓文人剧就是以文人生活为题材并由文人创作的戏剧"，"在戏曲史上，狭义的文人剧主要是就作品的审美意趣和服务对象而言的，它专指明代中叶以后由失意文人创作并体现他们审美意趣的短杂剧，是明中后期杂剧的主要形式"。[①] 明中期文人剧大体可分两类。第一类，风格沉郁愤懑、牢骚满腹，以灰色调为主；第二类，风格闲逸恬淡，充满诗情画意。

第一类文人剧以王九思《杜甫游春》、徐渭《狂鼓史》、冯惟敏《不伏老》、王衡《郁轮袍》等作品为代表。这些作品借历史上著名的文人故事来表达曲家对现实生活的不满以及对自己困顿人生的感叹，重在文人自身内心情绪的宣泄。

"杜甫游春"是宋元以来文人颇为热衷的一个创作话题。宋人来梓有绝句《杜甫游春》："典尽春衣不肯归，熊儿扶过瀼溪西。伤时怀抱深於

---

① 徐子方：《明杂剧史》，中华书局 2003 年版，第 185 页。

海，掠眼风光醉似泥。"①《南村辍耕录》卷二十五"诸杂大小院本"中也有《杜甫游春》一目。元人李祁《云阳文集》有《题杜甫游春图》，《录鬼簿》记范康有杂剧《杜甫游春》。王九思创作的《杜甫游春》一剧，也接受了宋元该题材的某些要素。剧写杜甫曲江游春，触景生哀，目睹宫殿萧条，痛恨奸相李林甫恶政，悲愤交集，对仕途乃至整个世事彻底失望，声言"让与他威风气概，我只要沽酒再游春，乘桴去过海"。剧中唐代李林甫暗指明朝李东阳。李东阳挟私怨而将康海、王九思列为刘瑾党羽，令其罢官。王九思借此剧抒发对李东阳的强烈不满。剧中第四折，杜甫与岑参饮酒游春，颇似王九思与康海闲居时生活，前文已叙，二人心中充满不平，游乐与戏曲只不过遣怀而已。

《狂鼓史》写汉末名士祢衡与曹操鬼魂同在阴曹地府，祢衡如当年在阳世之时裸体击鼓，痛骂曹操生前死后的罪行，淋漓尽致、痛快酣畅。徐朔方先生根据各种材料考证，认为《狂鼓史》的创作与沈炼直谏严嵩而被害有关。②的确，祢衡的狂放直言与沈炼的仗义直谏颇为相似。沈炼生前非常欣赏徐渭的才华，但徐渭迫于生计，不得不多次为胡宗宪起草上呈给严嵩的书启和寿序。内心矛盾痛苦的徐渭借祢衡骂曹，既表达了对沈炼的敬意，也表达了对奸相的痛恨。因此，笔者认为《狂鼓史》不仅有代沈炼立言的意图，也有徐渭发泄自己内心愤懑的渴望。此剧情节简单，纯以述怀为主，抒情性很强。

徐朔方先生考证，《郁轮袍》创作时间当在万历十八年（1590）③。《郁轮袍》写王维不愿依附权贵，以致科考名落孙山，而无赖王推则冒名顶替中魁，最后虽然真相大白，但王维早已心灰意冷，不愿出朝为官而决定出家修道，远离官场的是非之地。王衡曾遭受过科场的沉重打击，所以此剧是其有感而发。万历十六年（1588），二十八岁的王衡获顺天府乡试第一名。时任礼部郎中却揭发这次考试有人作弊。虽然舞弊之举与王衡无关，但这件事成为王衡与他父亲王锡爵的奇耻大辱。因此《盛明杂剧》编者沈泰在该剧眉批上说："辰玉抡元被谤，是辰玉大冤屈事"，"辰玉满腔

① （清）厉鹗：《宋诗纪事》，上海古籍出版社 1983 年版，第 1445 页。

② 徐朔方：《徐朔方集》卷三《晚明曲家年谱·浙江卷·徐渭年谱》，浙江古籍出版社 1993 年版，第 48—49 页。

③ 徐朔方：《徐朔方集》卷二《晚明曲家年谱·苏州卷·王衡年谱》，浙江古籍出版社 1993 年版，第 370—371 页。

愤懑，借摩诘（王维字）作题目，故能言一己所欲言，畅世人所未畅"。①

与《郁轮袍》一样，《不伏老》也反映了士人的科举命运。此剧写宋代梁灏虽少年中举，但入京会试屡败屡战，年逾八旬才高中魁首。明代喜演此题材，同题材作品还有传奇《青袍记》《题塔记》《折桂记》等，但以冯惟敏的杂剧《不伏老》最为著名。祁彪佳评云："偶阅俗演《梁太素》曲，神为之昏。得此剧，大为击节。近有《题塔记》，能畅写其坎坷之状，而曲之精工，远不及此。"② 剧中梁灏一生都汲汲于科考，老而弥坚。嘉靖十六年（1537），十七岁的冯惟敏考中举人，但此后的礼部会试屡考屡败，一生都未登进士第。功名无成的冯惟敏，心中无限惆怅；历经五十余年科场挣扎的梁灏亦是无限酸楚。在此，冯惟敏也是"夺他人之酒杯，浇自己之块垒"。

这一类文人剧集中思考政治与自我之间的关系，曲家的情感表达较为直接、强烈。他们对科举的关注，不仅仅是在宣泄自我科举道路不畅的愤懑，也开明清反思科举制度之先河。对于政治混乱的描写，则是明中期政坛对曲家乃至整个士人阶层精神影响的体现，杂剧《杜甫游春》已经出现士人与政治逐渐疏离的倾向。

第二类文人剧以《大雅堂杂剧》《太和记》《小雅四纪》等作品为代表。与第一类反映文人遭际、宣泄悲愤情绪、风格激烈沉郁不同，此类剧作或者描写文人的闲适生活及其闲情逸致，或者表达远离尘嚣、悠然自适的生活理想，对现实生活的反映较为薄弱，风格明丽雅致、平静安和。

反映文人闲适雅致生活的作品，如桑绍良《独乐园》，此剧写司马光反对王安石变法不果后，在洛阳筑"独乐园"闲居，编纂《资治通鉴》，与其他十二位七十岁以上的老臣结"耆英会"，画图像于寺壁，以纪文人盛事。后来司马公复任相位，于是举荐耆英会诸贤出朝为官。全剧展示了耆英不伏老、心系国家大事的心态。许潮《同甲会》描述宋朝文彦博与程珦、司马旦、席汝言四位年届古稀的老臣结为"同甲会"，观优人演戏而畅饮尽欢。此剧文采出众，曲词雅致，明人沈士俊在《盛明杂剧》中批语曰："沈休文《松赋》、谢惠连《松赞》，无此风雅"，"如听涛声，如暗香

---

① （明）沈泰编：《盛明杂剧·初集》卷十九，北京中国书店影印董氏诵芬室重刻本 1981 年版，第 1 页。

② （明）祁彪佳：《远山堂剧品》，中国戏曲研究院编：《中国古典戏曲论著集成》（六），中国戏剧出版社 1959 年版，第 153 页。

浮动，如竹所啸咏"。①《独乐园》与《同甲会》虽然主角有别，但所叙写的文人闲情逸致颇为相近，可见宋朝"耆英会"一事是曲家艳羡的对象。又如汪道昆《远山戏》写汉代京兆尹张敞上朝归家后，亲点彩笔为妻画眉，女伎奏乐歌舞以侑饮欢乐终日。祁彪佳评云："他人传张夫人，不免妖媚，此则转觉贞静。所以远山一画，乐而不淫。"② 可见汪道昆杂剧不以艳、媚取胜，更偏爱静、幽、淡的境界。其本意并不是写男女风情，而是写文人悠闲自在的生活情趣。又如许潮《兰亭会》，写王羲之与谢安、殷浩、褚衮等人在兰亭修禊之事，摹写文人情怀。明人评云："《兰亭序》欹歔满楮，金谷序正自不及。今……谱入北调，悲歌更尽其致。"③ 又如许潮《午日吟》，写杜甫与剑南节度使严武在端午日联句吟诗、乐以终日的文人雅事。此剧为抒情短剧，宾白较有特色，全以杜诗为之，凸现文人才情。明人黄嘉惠说："宾白纯用诗句，阅之一过，胜读少陵集矣。"④ 又如许潮《赤壁游》，写苏轼、黄庭坚、佛印于七月十五日偶遇一位渔翁，四人在赤壁吟诗助兴。明人黄嘉惠评云："《四节记》亦有赤壁一折，却不如此剧感慨淋漓，墨酣笔畅。"⑤ 又如许潮《南楼月》，写殷浩、褚衮、王述诸人于中秋之夜同往江夏驿南楼赏月，席间督府庾亮亦至，四人尽良宵之兴。此剧情节单一，以抒情为主。《今乐考证》引用朱炜的评论说："雨中读《南楼月》剧，忽如明月朗朗入怀，闷中差为一快。"⑥ 又如许潮《陶处士》，写陶渊明归隐后东篱赏菊、庐山会饮等文人雅事。无独有偶，高濂的传奇《节孝记》上卷"节部"《赋归记》也写陶渊明的雅事。《赋归记》旨在颂扬陶潜高节，展示归隐情趣，与一折戏《陶处士》情节相似。第十七出《弃家入社》〔尾声〕唱云"清风史载高人传，素节青留归去篇，三隐浔

---

① （明）沈泰编：《盛明杂剧·二集》卷十，北京中国书店影印董氏诵芬室重刻本 1981 年版，第 4 页。

② （明）祁彪佳：《远山堂剧品》，中国戏曲研究院编：《中国古典戏曲论著集成》（六），中国戏剧出版社 1959 年版，第 154 页。

③ （明）沈泰编：《盛明杂剧·二集》卷四，北京中国书店影印董氏诵芬室重刻本 1981 年版，第 6 页。

④ （明）沈泰编：《盛明杂剧·二集》卷六，北京中国书店影印董氏诵芬室重刻本 1981 年版，第 1 页。

⑤ （明）沈泰编：《盛明杂剧·二集》卷八，北京中国书店影印董氏诵芬室重刻本 1981 年版，第 1 页。

⑥ （清）姚燮：《今乐考证》，中国戏曲研究院编：《中国古典戏曲论著集成》（十），中国戏剧出版社 1959 年版，第 157 页。

阳万古传"，点出了本剧的创作主旨。卷末收场诗则曰"堪笑人生共戏场，无论真假浪悲伤。当筵有酒不尽醉，碌碌风尘空自忙"，写出了超脱、潇洒的隐逸情怀。而许潮《写风情》则叙述了刘禹锡酒醉之间乘兴赠诗的故事，表现文人的才情横溢、洒脱自如。

除了反映文人风雅之事外，明中期文人剧也有描写文人远离尘嚣、悠然自适的作品。如汪道昆《五湖游》，写范蠡与西施泛舟五湖时，偶遇一对渔翁夫妇，从其渔歌中顿悟，决意避世逃名，使世人莫知其踪迹，表达了功成身退、绝意功名仕禄的文人情怀。许潮《张季鹰》则叙晋代张翰故事。张翰事迹见《晋书·文苑传》，他"有清才，善属文，而纵任不拘，时人号为'江东步兵'"。适逢八王之乱，他对同郡顾荣说："天下纷纷，祸难未已。夫有四海之名者，求退良难。吾本山林间人，无望于时。子善以明防前，以智虑后"，后见秋风起而思故乡的莼羹、鲈脍，云："人生贵得适志，何能羁宦数千里以要名爵乎？"遂弃官归里。又云："使我有身后名，不如即时一杯酒。"① 张翰的人格为后世所称道，对封建时代的知识分子影响很大。此剧借张翰故事表达了文人对悠闲自适生活的向往。

这一类文人剧多借历史风雅人物故事来组织戏剧，剧中的戏剧冲突不是非常强烈，更多是在借历史人物反映自己淡泊名利的人生态度与向往风雅的心理。尤其值得注意的是，曲家对两晋名士和北宋名臣的故事非常热衷，而两晋尤其是东晋时期，有着中国历史上独特的士族政治，北宋则优待士大夫，帝王与士大夫共治天下。所以从曲家以艳羡的心态来创作这些历史名人题材戏剧的背后，可以看到他们对自己政治地位的些许不满。

总体而言，文人剧主要集中在杂剧体制的创作上，说明杂剧在展示文人生活与文人心态上要比传奇更加随心所欲、运用自如；文人剧大多淡化情节，以写剧的形式来宣泄文人情绪，一般不重视舞台演出性，强化抒情性、弱化情节性的特征非常明显。因此，文人剧在很多方面存在不足，如大段的抒情唱词、机械的角色应用、忽视舞台演出等。所以，徐渭《狂鼓史》的情节结构曾遭到郑振铎先生的批评，被称为"最坏的布局"②。沈德符则批评汪道昆曲作"都非当行"③。但有三点要给予肯定：一是此类作品

① （唐）房玄龄等：《晋书·文苑传》，中华书局 1974 年版，第 2384 页。
② 郑振铎：《杂剧的转变》，《小说月报》1930 年第 1 期，第 18 页。
③ （明）沈德符：《顾曲杂言》，中国戏曲研究院编：《中国古典戏曲论著集成》（四），中国戏剧出版社 1959 年版，第 214 页。

语言大多非常出色，或激扬或清丽，且饱蘸感情，深得论者好评；二是营造的戏曲情境优美，令人回味；三是适于阅读，可读性强，案头化的倾向比较明显。

第六节 女杰剧

女豪杰是中国古典文学中不断出现的一类形象。唐传奇中的红拂，甚至《水浒传》中的扈三娘、孙二娘等，构成了中国古典文学一个独特的形象群落。元代社会对女性思想压制并不强烈，明代则更进一步，如李贽在《答以女人学道为见短书》中说："谓人有男女则可，谓见有男女岂可乎？谓见有长短则可，谓男子之见尽长，女人之见尽短，又岂可乎？"① 他认为男女智力水平天生没有高下之分，不应歧视女性。他以齐国钟离春等二十五位历史女性的事迹为例，高度评价："此二十五位夫人，才智过人，识见绝甚，中信有可为干城腹心之托者，其政事何如也。……又叹曰：男子不如也！"在戏曲领域里，许多作品在主旨上与李贽的观点相接近，塑造女豪杰甚至表达女胜于男的观点颇为盛行。

徐渭在杂剧《女状元》《雌木兰》中塑造了一文一武、一相一将两位杰出的女英雄形象，"裙钗伴，立地撑天，说什么男儿汉"，"世间好事属何人？不在男儿在女子"，作家一反传统文人对女性俯视、坑弄的态度，将女性塑造成顶天立地、不让须眉的女英雄。作品高度评价了女性的智慧与才能。《雌木兰》脱胎于北朝乐府民歌，描述木兰女扮男装在战场上英勇杀敌、建功立业、功成名就的过程；《女状元》取材五代蜀中才女黄崇嘏的故事，写其巾帼不让须眉、文才出众、吏治过人，展现了女子经国济民的雄才大略。这两篇剧作所塑造的女豪杰，胆识过人。曲家以"奇"眼光审视这些女子，突出其主动追求个人价值乃至社会价值的观念与做法，这在明中期乃至中国古代社会，都属于先锋性思想。《四声猿》对女性的褒扬在女性当中得到了响应。万历年间西陵女子黄知和作有《沁园春·读〈四声猿〉》，词云：

---

① （明）李贽著，张建业译注：《焚书 续焚书》，中华书局 2011 年版，第 131 页。

才子祢衡，鹦鹉雄词，锦绣心肠。恨老瞒开宴，视同鼓史，挝槌骂座，声变渔阳。豪杰名高，奸雄胆裂，地府重翻姓字香。玉禅老，叹失身歌妓，何足联芳？木兰代父沙场，更崇嘏名登天子堂。真武堪陷阵，雌英雄将；文堪华国，女状元郎。豹贼成擒，鹳裘新赋，谁识闺中窈窕娘？须眉汉，就石榴裙底，俯伏何妨？

以上内容可见这种为女子代言的心声在古代女性心目中是能产生共鸣的。

无独有偶，梁辰鱼杂剧作品《红线女》、张凤翼传奇作品《红拂记》《窃符记》、张四维传奇作品《双烈记》等都塑造了女侠、女豪杰的形象。《红线女》写唐代潞州节度使薛嵩帐下青衣红线，有胆识，能剑术。她夜盗田承嗣枕侧黄金盒，使田军不战而退，消弭了一场战乱。红线女形神兼备，英气逼人，见识超群，关心民生疾苦：

〔寄生草〕：主公，你道我红线呵，身材小，我可也胆气粗。晓蛮夷已撰定川西喻，苦流离已草就河东赋，救饥荒已拟上关西疏。主公，你怎能够析声沉月中无犬吠千村，你看尚兀自剑光寒星边有骑飞三辅。

她抱负远大，认为女胜于男：

〔天下乐〕：想四海分崩白骨枯，萧疏短剑孤。拟何年尽将贼子诛。笑荆轲西走秦，羡专诸东入吴。那时节方显女娘行的心性卤。

作者将传统男性英雄豪杰的内涵赋予这一形象，使之具备传统女性所不具备的文韬武略、家国情怀。与徐渭一样，梁辰鱼也偏爱侠女题材的创作。除了杂剧《红线女》外，他还撰有杂剧《红绡》，颂扬郭子仪家姬红绡的侠义，可惜剧本已佚失。他的传奇作品《浣纱记》，大力歌颂了西施为国家大义而抛弃男女私情的高义，把西施从一个悲剧性的女性改编成为爱国志士，对于西施故事而言，是一种全新的解读。此剧演出之后，得到了观众的喜爱，以至于许多观戏老百姓认为，"可见越国复得兴霸，那些文官武将全然无用，那西施倒是第一个功臣"①。这当然是曲家有意而为之所达成的效果，也是曲家"男不如女，女胜于男"观念的反映。

传奇《红拂记》写杨素府中的歌妓红拂慧眼识英雄，夜奔寻李靖，后在虬髯客襄助下，辅佐李靖成就功业。此剧以英雄和侠女的组合取代才子佳人的模式，令人耳目一新。红拂是中国古代"奇"女子的代表，唐传奇《虬髯客传》中的红拂，有主见、有胆识，机敏过人。《红拂记》中的红拂形象对《虬髯客传》借鉴颇多，尤其突出红拂虽为地位低贱的歌妓，却目光如炬，能识英雄李靖于落魄之时；黄夜私奔，主动追求幸福，不屈服于命运的安排，展示出视权门富贵如敝屣的豪情壮志。张凤翼另一本传奇《窃符记》改编自《史记·魏公子列传》中"窃符救赵"的故事：故事中的如姬，为报答魏公子信陵君为父报仇之恩而窃符；剧作则歌颂了如姬为救危难勇于窃符，襄成信陵君救赵大功的义举。

《双烈记》写梁红玉出身乐籍，却亲赴战场擂鼓助威，最终助夫君韩世忠成勤王大业，被封为两国夫人，故与韩世忠并称"双烈"。梁红玉的事迹散见《宋史》《女侠传》《鹤林玉露》等。明代传奇作家对这个题材颇感兴趣，除了张四维外，陈与郊也据此改编为传奇《麒麟罽》。《双烈记》以艺术的方式糅合正史、野史、笔记小说中梁红玉的事迹，将这一形象塑造得更为丰满。但对韩世忠这一形象则多有改造，《宋史》韩世忠本传记其"风骨伟岸，目瞬如电。早年鸷勇绝人，能骑生马驹。家贫无产业，嗜酒尚气，不可绳检。日者言当作三公，世忠怒其侮己，殴之。年十八，以敢勇应募乡州，隶赤籍，挽强驰射，勇冠三军"②。张四维将历史上的"泼韩五"改造为胸有大志的贫寒士子，更加贴合"生"这一角色的内涵。作者突出梁红玉慧眼识人，对婚姻敢于争取，更敢于突破女性身份制约，参与军国大事的特点。作者自述创作意图，"夫忠妇义谁为伍，全始全终天下无，达者须知几早图"（第四十四出〔尾声〕），他在此把梁红玉与韩世忠并举，颂扬梁红玉的不凡才识以及历史贡献。剧中对梁红玉、韩世忠与秦桧斗争以及最后退隐江湖的描写，也隐约有明中期政治斗争的影子。

---

① （清）艾衲居士：《豆棚闲话》，人民文学出版社 1999 年版，第 16 页。
② （元）脱脱等：《宋史》，中华书局 1977 年版，第 11355 页。

侠女剧主题的出现，一方面说明曲家一反封建旧习，勇于批判男尊女卑的男权思想，另一方面我们也要看到曲家在侠女剧题材选择背后的复杂心态：木兰、黄崇嘏出将入相，固然是对女性才华的褒扬，但曲家也借此发泄了文人怀才不遇的牢骚；红拂慧眼识英雄，固然寄托着文人对红颜知己的渴望，同时暗含着对统治者有眼无珠的讽刺。因此，徐朔方先生说："《女状元》《雌木兰》与其说有意为妇女扬眉吐气，不如说为像作者一样的失意文人鸣不平。女将军、女状元的出现反衬男将军和男状元都不是真正的人才。"最引人深思的是这些侠女、女豪杰在曲家笔下的结局。木兰与黄崇嘏最后都脱下男装，回归闺帏；红线入山为道，西施泛舟而去，等等，都表现了不同曲家在面对同一种社会现状时，虽然也曾激情澎湃，但最终不得不采取相同的妥协、退让或者飘然远去的人生态度。这可以说是明中期大多数曲家的人生悲哀。所以，金宁芬先生说："花木兰与黄崇嘏最后都只能解职复女装，'做嫂入厨房'，英雄再无用武之地，惠民束吏的奇敏之才再无施展之处，这里难道没有悲啼？这与徐渭在一些颂扬妇女才智的诗文中（如《白母传》）所表达出的惋惜之情是一致的。"①

第七节　寓言剧

社会的激烈动荡与变化，正是戏曲创作的沃土；思想的解放与活跃，则为戏曲主题的选择提供了新视野。明中期出现了一批讽刺世事的寓言剧。在寓言剧中，曲家使用寓言的方式，用冷静的视角观察令人啼笑皆非的人和事，表达他们对现实生活与人情世故的看法，怀疑、质问甚至批判伦理道德、社会政治、宗教信仰等。

随着明中期政治愈趋腐败黑暗以及社会风气的变化，传统道德观念受到了猛烈冲击，人与人之间的信任纽带出现松动乃至破裂。王九思《中山狼院本》、康海《中山狼》杂剧都以"中山狼忘恩负义"为题，作品意在

---

① 金宁芬：《徐渭〈四声猿〉人物思想辨》，《徐州师范学院学报》1991 年第 4 期，第 63-64 页。

揭示在你争我夺、尔虞我诈的残酷现实面前，传统的忠诚、信义等道德观念显得如此苍白无力。王九思《中山狼院本》通过中山狼之口，以贼喊捉贼的滑稽方式谴责忘恩负义之徒：

> （狼云）师父！你看世上的人，一个个穿衣戴帽。都说他是好人，他是君子。一旦受了人的厚恩，一切都忘了。遇着讨便宜处，就下手。又有那乱臣贼子，什么做不出来？我本是禽兽，怎么责我忘恩负义。我比这些人如何？

王九思借中山狼的狡辩之词，讽刺忘恩负义之徒禽兽不如，骂得直接痛快。相比《中山狼院本》一折的短小形式，康海《中山狼》杂剧则以四折规模，更加酣畅淋漓地痛骂世上一切忘恩之人、一切负义之行：

> 那世上负恩的好不多也！那负恩的，受了朝廷大俸大禄，不干得一些儿事。使着他的奸邪贪佞，误国殃民。把铁桶般的江山，败坏不可收拾。那负亲的，受了爹娘抚养，不能报答。只道爹娘没些挣挫，便待折骨还父、割肉还母，才得亨通。又道爹娘亏他抬举，却不思身从何来。那负师的，大模大样，把个师傅做陌路人相看。不思做蒙童时节，教你读书识字，那师傅费他多少心来！那负朋友的，受他的周济，亏他的游扬。真是如胶似漆，刎颈之交。稍觉冷落，却便别处去趋炎赶热。把那穷交故友撇在脑后。那负亲戚的，傍他吃，靠他穿。贫穷与你资助，患难与你扶持。才竖得起脊梁，便颠番面皮转眼无情。却又自怕穷，忧人富，划地的妒忌，暗里所算他。你看世上那些负恩的却不个个是这中山狼么！

康海把世上负恩之人具体划分为若干类，包括负恩的、负亲的、负师的、负朋友的、负亲戚的，精心刻画了他们的丑恶行径，批判力度与深度较《中山狼院本》更进一步，因此陈继儒评云"读此剧真救世仙丹，使无义男子见之不觉毛骨颤战"①，真正看出了此剧的广泛寓意。康海、王九思二人同因刘瑾党受挫罢官，虽然原因不尽相同，但宦海沉浮的经历使他们切身体会到官场中趋炎附势、尔虞我诈、见利忘义的种种丑态。这两本杂剧，实际上表达了他们对背叛忠诚、信义、友情、亲情等行为的批判，带有非常强烈的个人情绪色彩。明前期缺乏这类批判现实的作品，因此许多论者认为，明中期充分表现出文人主体意识的戏曲作品，正是从康、王二人作品开始的。

李开先《打哑禅》以戏谑的方式，表明了对佛理的冷嘲热讽。汴梁相国寺真如长老一心要救世，设下哑禅以图点化世人。屠夫通过手语应答，领走了赏金。然而，屠夫却从他的手语中悟出买猪的事端，并且联想到"把那两个腰子送来，与山僧解馋。还背地里认识三个妇人，与其中一个相好。吃了猪肠和腰子，饱暖生闲事，把这妇人从城墙上引下来，草地上坐着，任意所为"。令人啼笑皆非的是，本来驴唇不对马嘴，但屠夫对长老手势的理解所作出的应对，竟然与长老哑禅表象吻合！这实际展示了庄严佛相与世俗庸子之间没有不可跨越的鸿沟。屠夫对哑禅的理解，让长老始料不及，也令众僧愕然诧异！曲家以这种意想不到的戏剧效果撕破了佛理所谓的神圣外衣，实际表达了曲家对荒谬人生的看法。与《打哑禅》一样，徐渭《玉禅师》也讽刺了佛理，但《玉禅师》更进一步，还批判了官场丑态。玉通和尚没有参拜临安府尹柳宣教，后者怀恨在心，指使妓女红莲破了玉通和尚的色戒。玉通和尚羞愧自尽，转世投胎为柳宣教女儿柳翠。柳翠沦为妓女，败坏柳门家风。月明和尚点破柳翠的前生后世，于是柳翠遁入空门。这个剧本既讽刺了官员挟私怨报复的行为，也刻画了佛徒的虚伪。仅仅因为和尚疏于参拜之礼，柳宣教便设计报复玉通和尚。玉通和尚虽有五十年修行，却抵不过美色诱惑，转世为人，依然要报复以泄愤。此剧描绘了官员与佛徒之间的相互斗法，既有对冠冕堂皇官场的辛辣讽刺，也有对庄严佛法虚伪性的揭露。

如果说上述几剧还只是侧重个别方面的讽刺与谴责的话，那么无名氏《歌代啸》② 则是多方位、深层次地反映了明中期社会生活中的种种不可理

---

① （明）沈泰编：《盛明杂剧·初集》卷十九，北京中国书店影印董氏诵芬室重刻本 1981 年版，第 1 页。

② 关于《歌代啸》的作者是否为徐渭，学术界存在很大争议。笔者在行文中把《歌代啸》的著作权归于无名氏。

喻之处。《歌代啸》四折分演四个故事，但情节前后相连。张和尚想骗李和尚钱财，李和尚却药倒张和尚，盗走其冬瓜和僧帽。李和尚与王辑迪妻子私通，并骗王辑迪岳母说若要治牙疼，必须火炙女婿脚后跟，王辑迪吓得逃跑，慌乱之中拿了李和尚戴的张和尚僧帽。王辑迪到州官处告李和尚，李和尚与州官串通，以发配张和尚了结此案。州官好色，判案时还要调戏女犯，被太太放火示警，惧内如虎的州官只准太太放火，却不准百姓点灯。本剧题目正名恰当地概括了全剧情节：

> 没处泄愤的，是冬瓜走去拿瓠子出气，
> 有心嫁祸的，是丈母牙疼炙女婿脚跟，
> 眼迷曲直的，是张秃帽子教李秃去戴，
> 胸横人我的，是州官放火禁百姓点灯。

《歌代啸》一剧，以诙谐俚俗的语言、夸张变形的手法描绘了是非颠倒、黑白不分的世界，无情地揭露了颠倒乾坤的社会现实。在《歌代啸》中，没有人代表善良、正义、高尚：张和尚贪财、李和尚好色，践踏了佛门清规戒律；李和尚与王辑迪妻子私通，违背正常的人伦纲常；州官与李和尚串通一气，冤屈张和尚，罔顾王法；州官惧内以至于容忍太太放火，却严令禁止老百姓点灯，这样又何称"父母官"？虽然本剧情节滑稽荒唐，却蕴含着曲家对这个时代、社会、人生的严肃思考。正如柳诒徵先生在《歌代啸后记》中所说的那样："涉世稍深，即知逻辑为无用，而一切礼教、法制、戒律，罔非涂饰耳之具。伤心人不痛哭而狂歌，岂得已哉！岂得已哉！"[1]

《中山狼院本》《中山狼》以狼作喻，谴责忘恩负义之徒，开始怀疑传统的伦理道德规范。《打哑禅》以高深禅语与鄙俗理解不谋而合所造成的巨大反差，撕开了佛教庄严的外衣，《玉禅师》则直指官府与宗教的虚伪，《歌代啸》更是形象展示了世俗社会中的种种不合理。可以看出，这些作品都是有感而发，寓含着曲家对传统信义道德、庄严佛相、官府朝廷等的戏谑、怀疑甚至讽刺，因此这些作品都是含有深意的寓言剧。

为了更好地表达曲家对社会、人生的严肃看法，真正发挥戏曲作品抒

---

① 柳诒徵：《歌代啸后记》，（明）徐渭：《四声猿》，上海古籍出版社 1984 年版，第 226 页。

情言志的功能，这些寓言剧在表达手法上各有机杼。《中山狼院本》《中山狼》把动物、植物搬上舞台，以物喻人；《打哑禅》《玉禅师》则运用手势、表情、道具等手段进行哑剧表演；《歌代啸》以俚俗幽默、令人捧腹的语言取胜。此外，这些寓言剧对社会的讽刺与批评力度也随着时代的发展逐步加深。弘治、正德年间的《中山狼院本》《中山狼》借动植物寓言，嘉靖年间的《玉禅师》以投胎转世为关目。虽然各有新意，但终归带有虚幻色彩，观众需要用心体会其中的深意。而《歌代啸》则纯粹是对现实生活中的人和事进行写实性的描绘与叙述，可见曲家对社会、人生的认识在逐步深化，不再需要借助虚幻的艺术手段。

小　结

通过对明中期戏曲主题的分析，可以看出：

第一，在作品内容上，明中期传奇与杂剧都反映了现实生活。张珌《还金记》、朱期《玉丸记》都是作者将亲身经历编为传奇，是自传体的戏曲作品。除了有自叙传倾向外，《玉丸记》还把大量时事政治生活引入风情故事的叙述中，如严嵩把政、汪直等聚众通倭、胡宗宪平倭、张居正执政等历史事件均被写入剧情发展过程中。《鸣凤记》把刚发生的政治时事作为主题写入作品中，《商辂三元记》把当朝人商辂、章纶的故事作为改编对象，《王兰卿服信明贞烈》亦是来自明代真人真事。这表明明中期曲家不再满足于改编前作、史传与民间传说，而是直接关注社会现实生活。

第二，在主题选择上，明中期杂剧与传奇各有特点。明中期杂剧逐渐强调抒情功能。从明中期开始，除了偶尔有《王兰卿服信明贞烈》之类教化主题出现外，杂剧基本上告别了教化主题，逐渐偏重文人闲适、讽时喻世、宗教体悟等言情述怀的主题。杂剧成为明中期曲家抒怀言志的艺术手段，多层次地展示了明中期文人的精神生活，使我们可以真切地看到明中期文人的心路历程。关于杂剧在主题上的创新，郑振铎先生曾有过恰当的概括："杂剧风调，至此而一变。"① 明中期曲家对杂剧主题的态度，在很大程度上影响了明末清初的曲家。明中期传奇则渐渐突出教化伦理、相思风情、政治斗争的主题。与明中期杂剧越来越关注文人内心世界不同，传奇则愈趋重视描述外部的社会生活。传奇体制在宏大的社会背景中，关注现实的政治生活，关注世人的平民生活，揭示时代风云与人物悲欢离合的关系，因此教化功能在传奇体制上表现得较为明显。

---

① 郑振铎：《中国文学研究》，人民文学出版社 2000 年版，第 701 页。

第三章　体制论

就戏曲作品而言，主题属于内容要素，体制则属于形式要素。但戏曲体制是"戏曲之所以为戏曲"的关键，明代戏曲整体的进步，不仅仅体现在内容上，更体现在体制上。如果说明前期曲家在体制探索上小心翼翼的话，明中期的戏曲体制改革则呈现出大胆无拘的形态：杂剧在曲调、演唱、折数等方面出现了新变，逐渐形成"南杂剧"；经过大量曲家的努力，传奇摆脱了戏文的质朴形式，传奇体制基本定型。在中国古典戏曲演进的历史上，明中期成为最为关键的一个阶段。

第一节　杂剧的新变

台湾曾永义先生指出："明代的杂剧，它一方面继承元人的衣钵，一方面又逐渐从兴盛的南传奇汲取滋养，从而融合南北曲的长处，产生更精致、更合理的新剧种……杂剧在明代并非衰亡，而是另有发展，另有革新。"① 也就是说，相较元杂剧，明杂剧出现了革新。从整体上看，明代杂剧体制的革新主要从明中期开始。因为从明杂剧发展的历程来看，明初杂剧呈现宫廷化、贵族化特征，以朱权、朱有燉、贾仲明的创作为代表，与元杂剧相比处于萎缩状态。直至明中期，杂剧创作开始复苏、繁荣，并出现了重大革新，呈现"新变"的特点：杂剧体制突破元曲传统体制的要

---

① 曾永义：《明杂剧概论》，台湾学海出版社 1980 年版，第 87 页。

素，形成折数不一、南北曲兼用、演唱方式多样、各角色均唱的"南杂剧"形态；语言风格逐渐走向雅化；情节淡化、叙事性弱化，抒情言志成为杂剧的主要功能。可以说，从明中期开始的杂剧新变，不仅使明杂剧的整体风貌与元代呈鲜明对比，而且在很大程度上规范了明晚期乃至清初的杂剧风貌。

但新变的形成不是一蹴而就的，而是经历了一个渐进的发展过程。元代杂剧体制定型之后，被曲坛较为严格地遵守。王骥德《曲律》云："作北曲者，如王、马、关、郑辈，创法甚严，终元之世，沿守惟谨，无敢逾越。"① 明初曲家如朱权、朱有燉、贾仲明等人，基本是在元杂剧体制范围进行创作，但已经开始尝试突破元杂剧的藩篱。② 到弘治、正德年间，王九思、康海的杂剧创作基本上遵循北曲传统，但已经在主题选择与折数长短上显现了新变的萌芽。正德、嘉靖年间的杨慎、冯惟敏等开始有意识地使用南曲来创作杂剧，到徐渭、汪道昆、许潮等人的作品问世，则系统而突出地展现了明杂剧"新变"的风貌。

❀ 音乐体制

（一）曲调的组织形式

杂剧在元代盛行于北方，传统杂剧的音乐组织以北曲套曲形式组织曲调。套曲是一个稳定的音乐单位，它按照一定模式把同属一个北曲宫调的几支曲子乃至十几支曲子以一定的次序排列起来。一折之内的套曲，只能使用一个宫调，各种曲子的排列次序要遵循约定俗成的规则，不能随意为之。套曲的程序化特点，利于在四折的短小体制中集中展示戏剧冲突、刻画人物心理，更是对小规模戏班演出的适应。但是随着杂剧的日益发展，观众的审美趣味不断变化，尤其是南方吴越地区士人因仕宦或者经商，将南方戏剧带到北方。用套曲来组织曲调逐渐显露出单调的劣势以及对戏曲演唱的束缚。与丰富多变的南曲音乐组织形式相比，北曲的套曲模式显得过于平板而缺乏变化。在这种情况下，北曲杂剧开始吸收南曲曲调组织形

---

① （明）王骥德：《曲律》，中国戏曲研究院编：《中国古典戏曲论著集成》（四），中国戏剧出版社 1959 年版，第 151 页。

② 参见刘竞：《赋笔与朱有燉杂剧的新变及启示》，《中国社会科学院大学学报》2024 年第 1 期，第 67—79 页。

式，组合成南北曲合套形式，即一支北曲和一支南曲相间排列。这种南北曲合套的组织形式，最早出现在北曲散曲中，以元代杜仁杰〔北商调·集贤宾〕套曲为代表。在杂剧中出现南北曲合套的组织形式，据记载是元末杭州曲家沈和甫始为之，但现存最早的剧本是末明初贾仲明的《升仙梦》杂剧，四折戏都采用了南北曲合套形式。明中期杂剧作家在前人基础上，对曲调组织进行了大胆创新，表现在以下两方面：

第一，即使仍然以北曲套曲为主，也不严格遵守原有的北曲规则，而是时有变格。康海《王兰卿服信明贞烈》的套曲方式基本不出元人法度规范，分别是仙吕、正宫、越调、双调四套，但也有变格：楔子曲调不用通常的〔仙吕·赏花时〕，而是〔正宫·端正好〕；第四套双调中插入一套南吕。冯惟敏《不伏老》分别以仙吕、双调、商调、正宫、南吕五套曲调依次连接，但元曲法度末折一般用双调，而此剧用南吕，且一套中只有〔一枝花〕〔梁州〕〔尾声〕三曲，可以说是戏曲套数中最短的一个例子。《歌代啸》的创新之处也值得注意，仙吕、中吕、越调、双调依次而列，大体符合北曲规范，在第二套中吕宫之后，却接般涉调〔耍孩儿〕以及五支煞曲，显示出独特之处。当然，这几个变格的例子都还是在北曲系统内部的变化。

杨慎《洞天玄记》大体采用了北曲联套方式，但此剧有更多的地方突破了北曲规范，显示出杨慎有意识地改变北曲杂剧的音乐组织形式。《洞天玄记》四折依次用正宫、商调、中吕、双调四套。但在第一折正宫〔端正好〕〔滚绣球〕后，却改接仙吕调；第二折商调数曲后，又改接仙吕调；第四折在双调一套中，又插入南曲〔越调·包子令〕和北曲〔大石调·归塞北〕。尤其是插唱南曲〔越调·包子令〕这一改变，表明杨慎已经把南曲直接纳入北曲杂剧音乐体制中，富有革新意味。

第二，大规模地以南曲入杂剧，不再仅仅满足于使用南北曲合套的艺术形式，而且出现了完全以南曲来组织曲调的杂剧作品。如果说杨慎还只是在杂剧中偶尔采用南曲音乐的话，那么徐渭、汪道昆、许潮等人的做法无疑是往前迈进了更大一步。徐渭生活在南戏流行的吴越地区，他熟悉南曲，对南曲也有感情，其《南词叙录》云："南之不如北有宫调，固也；

然南有高处，四声是也。"① 《四声猿》杂剧中，除了《狂鼓史渔阳三弄》用北曲外，《雌木兰》《翠乡梦》《女状元》都用了南曲。徐渭不是不懂北曲规范，他只是有意创新，试图填平北曲和南曲之间的沟壑，以创新杂剧体制的方式来适应日益成熟的南曲体制，以主动新变的姿态去适应时代发展的要求，而不是故步自封，对日益壮大的南曲罔顾不闻。祁彪佳肯定了徐渭的大胆革新："迩来词人依傍元曲，便夸胜场。文长一笔扫尽，直自我作祖，便觉元曲反落蹊径。"② 徐渭对这种曲调组织方式的革新无疑是成功的，祁彪佳在《远山堂曲品》中称赞道："南曲多拗折字样，即具二十分才，不无减其六七。独文长奔逸不羁，不觚于法，亦不局于法。独鹘决云，百鲸吸海，差可拟其魄力。"③这说明在艺术实践上，徐渭的做法确实达到了较好的效果。

汪道昆的《大雅堂杂剧》四种中除了《五湖游》是南北曲兼用外，其余三种纯是采用南曲音乐的组织形式。以《高唐梦》为例，此剧为一折，以〔如梦令〕〔高阳台〕〔出对子〕〔高阳台〕〔前腔〕〔前腔〕〔前腔〕〔鹊桥仙〕〔香罗带〕〔前期〕〔醉罗袍〕〔前腔〕〔香柳娘〕〔前腔〕〔尾声〕诸曲进行组合，皆为南曲，组合方式自由，曲牌选择依据感情表达的需要。较之于传统北杂剧，曲牌使用更加灵活。

许潮《太和记》④ 一共有二十四本杂剧，每本皆为一折或一出。沈德符说："向年曾见刻本《太和记》，按二十四气，每季填词六折，用六古人故事，每事必具始终，每人必有本末。"⑤ 吕天成在《曲品》中的说法大致相同："每出一事，似剧体，按岁月，选佳事，裁制新异，词调充雅，可谓满志。"⑥ 但吕天成认为《太和记》是传奇体制，这恰好说明了《太和

① （明）徐渭：《南词叙录》，中国戏曲研究院编：《中国古典戏曲论著集成》（三），中国戏剧出版社 1959 年版，第 241 页。
② （明）祁彪佳：《远山堂曲品》，中国戏曲研究院编：《中国古典戏曲论著集成》（六），中国戏剧出版社 1959 年版，第 141 页。
③ （明）祁彪佳：《远山堂曲品》，中国戏曲研究院编：《中国古典戏曲论著集成》（六），中国戏剧出版社 1959 年版，第 142 页。
④ 《太和记》的作者究竟是杨慎还是许潮，学术界存在很大的争论。笔者在行文中把《太和记》的著作权归于许潮。
⑤ （明）沈德符：《顾曲杂言》，中国戏曲研究院编：《中国古典戏曲论著集成》（四），中国戏剧出版社 1959 年版，第 207 页。
⑥ （明）吕天成：《曲品》，中国戏曲研究院编：《中国古典戏曲论著集成》（六），中国戏剧出版社 1959 年版，第 240 页。

记》的曲调属于南曲系统，否则吕天成不至于把一本有二十四折单折戏的杂剧合集理解为传奇体制。遗憾的是整部杂剧合集已经佚失，我们今天所能看到的只有十七种。《盛明杂剧·二集》收录的《兰亭会》《武陵春》《写风情》《午日吟》《赤壁游》《南楼月》《龙山宴》《同甲会》以及《群音类选》收录的《公孙丑》，这九本戏是唱词、宾白俱全。《群音类选》收录《东方朔》《张季鹰》《陶处士》《谢东山》四种，《阳春奏》收录《卫将军》《汉相如》《元微之》《陶处士》四种，《乐府红珊》收录《裴晋公》一种，这八本戏只有唱词无宾白。从现存剧本来看，许潮《太和记》中大多用南曲曲调。如《南楼月》中写道：

> 末下正生小生正外扮殷浩、褚衰、王述上；殷唱引。

"引"是南曲中第一支曲子，这里明显使用了南曲。

明中期曲家开创的使用南曲组织杂剧音乐体制的形式，影响了明晚期的杂剧南曲化进程。明中期以后的许多杂剧都是南曲化杂剧，所以沈德符指出："今南腔北曲，瓦缶乱鸣，此名'北南'，非北曲也。只如时所争尚者'望蒲东'一套，其引子'望'字北音作'旺'，'叶'字北音作'夜'，'急'字北音作'纪'，'叠'字北音作'爹'，今之学者，颇能谈之，但一启口，便成南腔，正如鹦鹉效人言，非不近似，而禽吭终不脱尽，奈何强名曰'北'！"①沈德符对杂剧声腔的混乱表示不满，但杂剧的发展趋势确实为南北曲调的融合。准确地说，明中期以后的许多杂剧已不能说是"北杂剧"，而是在南曲影响下的一种新形式，即所谓的"南杂剧"。明中期杂剧的南曲化对清初杂剧的影响也很大，如陈芳先生说："清初杂剧不但继续南曲化，甚且有变本加厉的趋势。"②杂剧南曲化进程历经明清二代，但以明中期为集中发力之时。

（二）演唱方式

元杂剧往往采取一人主唱的演唱方式，剧本根据主唱者的性别分为旦本和末本两种。黄仕忠先生曾经很好地概括一人主唱体制的优势："一人

---

① （明）沈德符：《顾曲杂言》，中国戏曲研究院编：《中国古典戏曲论著集成》（四），中国戏剧出版社 1959 年版，第 205 页。

② 陈芳：《清初杂剧研究》，台湾学海出版社 1991 年版，第 57 页。

主唱，从一个人物的内视角来观察，并作内心的抒发，既易于才人创作，又利于演员表演，可谓驾轻就熟。杂剧作为一种'剧诗'艺术，它的倚重于'曲'的形式，一方面借着楚骚、乐府及声诗、词章的传统而有了充分的艺术准备；另一方面，又在'乐府'这一意义上，和散曲一道，与文人传统有了关联。"① 然而，必须指出一人主唱的演唱方式也有其弊端，最突出的是缺乏变化，对角色塑造也有很不利的影响。尤其是在南戏灵活多样的演唱组织方式的比照下，北曲一人主唱的演唱方式更显局限性。沈德符指出："总只四折。盖才情有限，北调又无多，且登场虽数人而唱曲祗一人，作者与扮者力量俱尽现矣。"② 也就是说，北曲曲调数量不多，且由于主唱者只有一人，使得曲家与演员的才情展现受到了体制的限制。客观地说，明初朱有燉、贾仲明等人已经开始变革北曲的演唱方式，但是曲家整体上对杂剧演唱体制进行大胆革新，仍要等到明中期。借鉴南戏的演唱方式，明中期许多杂剧根据剧情需要采用对唱、轮唱、合唱等多种形式，角色无论男与女、主角与配角、正面与反面形象，都可以上场演唱。这样的改变，一则解除了固定模式对曲家创作的束缚，二则活跃了舞台的演出气氛，使演出不再是"一言堂"的演唱形式，同时减轻了演唱者的负担。

杨慎《洞天玄记》前三折均是道人一人主唱，但第四折出现了变体：道人主唱双调一套，押皆来韵，但在中间穿插黄婆独唱南曲〔越调·包子令〕，押歌戈韵，婴儿姹女合唱北曲〔大石调·归塞北〕，押庚青韵。这样一来，第四折的演唱方式显得错落有致、变化多样，不再单调乏味。这是杨慎在安排演唱方式时别具一格之处：既有传统的一人主唱，又有对唱和合唱，同时还因人换韵，一反北杂剧的程式，展示了曲家的大胆创新，使形式服务于内容、内容不再受形式束缚。应该说，这是杨慎向南曲戏文、传奇学习的表现。因此王季烈先生在《孤本元明杂剧提要》中评论此剧"则其体裁近于传奇"③，确为中肯之论。再如康海在《王兰卿服信明贞烈》第四折中，插入众妓女合唱一套〔南吕·一枝花〕。徐渭杂剧合集《四声猿》中唯一采用北曲曲调的《狂鼓史渔阳三弄》，在演唱方式上属于变体。全剧以祢衡一人独唱为主，但在剧末三个女乐轮唱、合唱，从另一

① 黄仕忠：《南戏北剧之形成与发展》，《文学遗产》1997 年第 4 期，第 78–116 页。
② （明）沈德符：《顾曲杂言》，中国戏曲研究院编：《中国古典戏曲论著集成》（四），中国戏剧出版社 1959 年版，第 215 页。
③ 王季烈：《孤本元明杂剧提要》，商务印书馆 1941 年版，第 23 页。

方面对曹操进行了谴责，在舞台气氛上增强了"骂曹"的效果。这样的演唱方式对增强剧本感染力很有帮助。其他如《雌木兰》第二出纯是由各个角色对唱、众唱；《翠乡梦》第一出由玉通禅师与妓女红莲对唱南北曲，第二出是柳翠与月明和尚对唱；《女状元》中的演唱方式更是灵活多样。冯惟敏《僧尼共犯》的曲调安排严格遵循元人规范，四折曲调分别为北曲仙吕、南吕、越调、双调四套，其音乐体制的创新在于演唱方式：第一折由净主唱，第二折由冲末主唱，第三折则由冲末、净、旦轮唱，第四折由净主唱并穿插净与旦的合唱。汪道昆《大雅堂杂剧》以及许潮《太和记》中的演唱方式已经趋同于南曲戏文、传奇的体制。

演唱方式的调整对于杂剧而言，是一种对新历史环境的适应，有利于延长杂剧艺术的生命力。曲家对演唱方式的大胆革新，让杂剧展现出更加强大的艺术表现能力，有利于塑造更加生动的角色形象，舞台表现也更加生动活泼。

（三）明中期杂剧音乐体制革新的契机

明中期杂剧音乐体制革新的契机有两个，其一是明朝社会的发展给杂剧调整提供了便利条件。元代末年，大批曲家、艺人南移，北曲杂剧逐渐变异、分化。正如"淮南为橘，淮北为枳"，北曲杂剧的黄金时代已经不再。随着时代审美风尚的嬗变，南曲逐渐开始兴盛，尤其表现在民间演出市场中。但是在明代初年，上层社会依然延续元末曲坛风气。也就是说，此时活跃在曲坛上的多是盛行于元末的宗教剧、教化剧，但也有值得一提之处：明初歌舞喜庆剧开始繁荣。这一新气象的出现，与明初曲家身份的转变大有关联。元代曲家主体多是下层文人，即科举无望的读书人或者沉沦下僚的低级官吏，因此他们在曲作中多抒发个人心性，或者代下层民众立言。元代曲家被迫远离政治中心，却因而获得了戏曲创作的自由。但朱元璋建立明王朝之后，虽然整体上提高了文人的政治地位，却强化了政治高压，笼络与高压的文化政策双管齐下，使文人失去了话语自由权。明初戏曲创作状况非常萧条，明初曲家主体是像朱权、朱有燉这样的贵族作家以及以贾仲明、刘东升等为代表的御用曲家。在山河一统、大明昭昭之时，又笼罩在政治高压的铁幕下，在曲作中展示歌舞升平、喜庆吉祥的场面无疑是韬光养晦、讨巧卖乖且能炫耀才华之举。杂剧演故事的特征逐渐弱化，曲家需要增加符合新的杂剧内容与表演的音乐要素。到了明代中期，社会政治思想开始松动，戏曲表达领域开始扩大，正统文人对杂剧的参与创作，使得杂剧在内容与音乐体制上都需要打破原有的藩篱，以契合文人情怀的表达需求。而明中期社会较为开放的局面给了杂剧体制调整的机会。

杂剧音乐体制革新的另一契机是杂剧体制的演进。杂剧的创作本来在元末的南迁中已经衰微，但在明代中期再次勃兴。此次勃兴是杂剧在明中期与南戏尤其是传奇的互动和同构中发生的，新的音乐体制、剧本结构、曲词风格诸方面的特色是在南曲戏文领一时之风骚的大背景下形成的。南曲化、小品化、案头化、典雅化逐渐演变为杂剧作品的主要特色，形成了一种真正以"曲"为本位的新的文体样式，即所谓的南杂剧。南杂剧名称的由来，始见于晚明胡文焕所编辑的《群音类选》。所谓的南杂剧，是"明中叶以后出现的一种戏曲形式。主要是指明代杂剧作家有意识地吸收传奇在形式上的长处，改变杂剧固有格局而形成的一种新体制"，"在剧本形式上突破元杂剧'一本四折'的惯例，根据内容需要决定剧本的篇幅，南杂剧篇幅一般从一折至十余折不等。在演唱上不仅在不同折中安排不同角色演唱，一折之中也允许不同角色的对唱或合唱。在曲调运用上，兼用北曲和南曲，甚至纯以南曲作杂剧"。所以南杂剧也被称为"短剧"或"小剧"。"南杂剧就其形式而言，是对杂剧体制的一种革新。"① 南杂剧不仅在艺术形式上突破了北杂剧的固有规范，在题材内容方面亦有创新，"杂剧风调，至此而一变"②。从明中期始，杂剧呈现出不同于北杂剧的审美艺术风貌。杂剧就是在这样一种谋求生存、追求创新的发展过程中开始了转型与新变，并获得了新的艺术活力。明中期传奇与杂剧表面上似乎是分道扬镳，但实际上两者相互影响，反而促成"你中有我、我中有你"的融会交流。

从上面的论述中可以看出，明中期的剧作家在杂剧的创作中以南北融合为主要途径，改变了杂剧原有的音乐特征，使之适应时代发展的要求，也体现了明中期南曲影响力对北曲的浸淫。而演唱方式的改变则更多地体现了对杂剧本身的积极调整，使之更加自由，更具有生命力。杂剧作为流行百余年的戏曲形式，在明中期的作家手中，展现了新的生命

① 齐森华、陈多、叶长海编：《中国曲学大辞典》，浙江教育出版社1997年版，第21-22页。
② 郑振铎：《中国文学研究》，人民文学出版社2000年版，第701页。

力，从而避免了仅为一代之盛的尴尬局面，这不能不说是明中期戏曲发展的一大贡献。

剧本体制

（一）折数

传统意义上的杂剧，大多以一本四折为规范形式。然而，在本书讨论范围内的明中期杂剧（共四十七本）中，明中期杂剧只有陈铎《纳锦郎》、陈沂《善知识苦海回头》、王九思《杜甫游春》、康海《中山狼》《王兰卿服信明贞烈》、杨慎《洞天玄记》、陈自得《太平仙记》、冯惟敏《僧尼共犯》、桑绍良《独乐园》、梁辰鱼《红线女》、梅鼎祚《昆仑奴》、无名氏《歌代啸》十二本杂剧是四折体制，约占 26%，其余则是一折、二折（徐渭《四声猿》之《翠乡梦》《雌木兰》）、五折（徐渭《四声猿》之《女状元》、冯惟敏《不伏老》）、七折（王衡《郁轮袍》）不等，可见明中期杂剧在折数上进行了变革。尤其引人注意的是，一折剧占了绝大部分，共三十本，约占 64%，分别是王九思《中山狼院本》、陈铎《太平乐事》、李开先《园林午梦》《打哑禅》、徐渭《四声猿》之《狂鼓史》、汪道昆《大雅堂杂剧》之《高唐梦》《五湖游》《远山戏》《洛水悲》、许潮《太和记》之《卫将军》《公孙丑》《兰亭会》《武陵春》《写风情》《午日吟》《汉相如》《赤壁游》《东方朔》《南楼月》《同甲会》《元微之》《陶处士》《龙山宴》《张季鹰》《谢东山》《裴晋公》、程士廉《小雅四纪》之《帝妃春游》《秦苏夏赏》《韩陶月宴》《戴王雪访》。

在中国古典戏曲发展史上，以一折构成一本杂剧，有论者认为是源于元代王生的《围棋闯局》，此剧以一折的规模来叙述张生逾墙偷窥莺莺与红娘下围棋取乐的片段，还有论者认为源于明初詹时雨的《补西厢弈棋》。不管是"元代王生"说，还是"明初詹时雨"说，有一点可以确定，这一折故事不是独立的一折杂剧，只是作为《西厢记》故事的增补形式出现的。从严格意义上说，这一折戏最多只能被看作是独立一折戏的萌芽。真正意义上的最早的一折戏，应该说是王九思的《中山狼院本》。从《中山狼院本》开始，直到明末都不断有人在创作一折戏，至清代一折戏获得了更大发展。所以刘大杰先生说："一折之短剧，因其形式之方便，最利于文人之抒写怀抱，故自徐文长、汪道昆以来，作者颇多，至于清初，流行益盛。"①

　　一折的短剧更多是适应文人自身思想表达而进行的剧本体制调整，相对于四折剧而言，这种形式演故事的色彩更加淡薄，但表情达意更加集中深入。曲家用这种方式而不用诗文，意在通过更加通俗有趣的方式来抒发情志。对于戏曲甚至对于文学而言，一折剧都是一种非常有益的探索，需要肯定明中期曲家在杂剧折数创新上所做出的发轫之功。

（二）楔子

　　王骥德说："登场首曲，北曰'楔子'，南曰'引子'。"②当然，楔子与引子在功能上并不完全一致，将二者等同并不合适。"从《元曲选》来看，在一百种杂剧剧本中，有楔子的，共六十九种，约占全部剧本三分之二以上。"③元杂剧中的楔子曲牌大多用〔仙吕·赏花时〕〔仙吕·端正好〕，属于散板④，基本是以冲末来完成，四句上场诗后介绍剧中人物和基本情节。但明中期的杂剧多数不用楔子，只有康海《王兰卿服信明贞烈》、桑绍良《独乐园》、冯惟敏《不伏老》、无名氏《歌代啸》四个作品有楔子。即使有楔子，与元杂剧楔子相比，也出现了变格：《王兰卿服信明贞烈》中的楔子曲调不用常例的〔仙吕·赏花时〕，而用〔正宫·端正好〕；《不伏老》中的楔子虽用〔赏花时〕，却与第一折混杂在一起，楔子并没有成为独立的一部分；《独乐园》的楔子亦然。王九思《曲江春》不标楔子，但在〔仙吕·点绛唇〕前有一曲〔赏花时〕，应是楔子的遗留。无名氏《歌代啸》虽然标有"楔子"，但这个"楔子"与其说是杂剧体制的特征，不如说是传奇体制的"副末开场"⑤，因为剧本不仅明确标有"开场"字样，而且是以词〔临江仙〕开白："谩说矫时励俗，休牵往圣前贤。屈伸何必问青天，未须磨慧剑，且去饮狂泉。世界原称缺陷，人情自古刁钻。探来俗语演新编，凭他颠倒事，直付等闲看。"这是受南曲传奇体制影响

---

① 刘大杰：《中国文学发展史》，百花文艺出版社 1999 年版，第 494 页。

② （明）王骥德：《曲律》，中国戏曲研究院编：《中国古典戏曲论著集成》（四），中国戏剧出版社 1959 年版，第 60 页。

③ 徐扶明：《元代杂剧艺术》，上海文艺出版社 1981 年版，第 77 页。

④ 张明明：《元杂剧"楔子"曲牌筛选及其曲律学逻辑》，《戏曲艺术》2021 年第 4 期，第 28—34 页。

⑤ 副末开场一般由四个方面的内容组成：一是副末上场吟诵一首或数首词，二是与后房子弟问答演什么戏，三是用一首词介绍剧本的故事梗概，四是四句下场诗。见徐顺平：《"副末开场"说略》，《文献》1991 年第 1 期，第 260—265 页。

后，把北曲杂剧体制与南曲传奇相嫁接的结果。明中期杂剧的"楔子"已经悄悄发生了形式变化，更加有机地融入了剧本的表演中。

（三）题目正名

什么叫作"题目正名"？"这就是用两句话或者四句话，标明剧情提要，确定剧本名称。"[1] 宋元时代的戏曲，不论是戏文还是杂剧，都有题目正名。元杂剧的题目正名，有的放在剧本开头，有的放在剧本末尾，没有固定的位置要求。在明中期杂剧中，"题目正名"的形式也是既有继承，又有新变。其在明刊《元曲选》中已经基本上被规范为放在剧末。《元刊杂剧三十种》保留了元代杂剧的原始风貌，而精通戏曲的臧懋循在编辑《元曲选》时，有意识地对元杂剧进行了一些规范性调整，这可以视为一种艺术体制上的规范意识。但明中期出现的杂剧作品中，曲家们却没有严格遵守这一规范。

明中期杂剧剧本体制中，少数作品有"题目正名"或"正名"。明确在剧末标"题目正名"的有《王兰卿服信明贞烈》（康海）、《善知识苦海回头》（陈沂）、《洞天玄记》（杨慎）、《太平仙记》（陈自得）、《僧尼共犯》（冯惟敏）这五本杂剧，如《王兰卿服信明贞烈》剧末有标为"题目正名"的四句韵语："张于鹏为养仕青州，虬阳眷嫁女辞烟花。富家郎设计探姻缘，王兰卿服信明贞烈。"这俨然是严格的元杂剧体制。但从整体而言，这种形式所占比例很小。明确在剧前标"正名"的有：《中山狼》（康海）、《曲江春》（王九思）、《红线女》（梁辰鱼）这三本杂剧。《中山狼》剧前有标为"正名"的两句韵语："东郭先生误救中山狼，杖藜老子智杀负心兽。"《曲江春》剧前有标为"正名"的四句韵语："唐肃宗擢用文臣，曲江媪不识诗人。岑评事好奇邀客，杜子美沽酒游春。"《红线女》剧前有标为"正名"的四句韵语："薛节度兵镇潞州道，田元帅私养外宅儿。红线女夜窃黄金盒，冷参军朝赋洛妃诗。"相对于元杂剧的题目正名而言，这些明中期杂剧的"正名"对戏曲内容的概括能力更强，文字也更加文雅整饬。

其余的作品或者弃用题目正名，或者出现新变，表现如下：第一，不用"题目正名"或"正名"的称呼，而是自撰新名。如冯惟敏《不伏老》的题目正名置于剧首，不曰"题目"，而名之曰"正目"："王从善自负青

---

[1]　徐扶明：《元代杂剧艺术》，上海文艺出版社 1981 年版，第 307 页。

春小，刘贤良开尊延旧好。贾希德下第送长亭，梁状元一世不伏老。"王衡《郁轮袍》也在剧前标"正目"。第二，不标"题目正名"或"正名"，但依然在剧首或剧末有若干句韵语。桑绍良《独乐园》剧前有四句韵语："独乐园学士著书，耆英会司徒结社。宋天子擢用忠良，温国公超迁仆射。"剧末又有四句韵语："独乐园颐养天真，燕诒堂眉寿千旬。皇明继大宋一统，司马公异世同神。"如果说，《不伏老》的题目已显示传奇化的萌芽，那么《独乐园》就在刻意摆脱杂剧体制的束缚，连《不伏老》中的"正目"都省略掉了。第三，徐渭《四声猿》作为一个杂剧合集，前有"正名"，"狂鼓史渔阳三弄，玉禅师翠乡一梦。雌木兰替父从军，女状元辞凰得凤"，但每剧都不另列题目正名。汪道昆《大雅堂杂剧》有一个"总目"，"楚襄王阳台入梦，陶朱公五湖泛舟。张京兆戏作远山，陈思王悲生洛水"，每一分剧都省略题目正名。第四，无名氏《歌代啸》的题目正名既不放在剧首，也不放在剧末，而是在开场白末尾说："且听咱杂剧正名者：没处泄愤的是冬瓜走去拿瓠子出气，有心嫁祸的是丈母娘牙疼灸女婿脚跟，眼迷曲直的是张秃帽子教李秃去戴，胸横人我的是州官放火禁百姓点灯。"这和传奇体制的首出下场诗形式颇为相似。

明中期杂剧剧本体制中的"题目正名"已经慢慢变异乃至消失。元杂剧一本四折的体制中，题目正名只是曲家在剧末对自己的作品进行总结、概括，或者是品评作品、揭示主要人物，大致游离于演剧之外。明中期曲家让题目正名参与到演剧过程中，如上文所引《歌代啸》的"正名"，其不仅仅是对剧情有很好的概括，而且语言风趣，颇能调动观众的兴趣，具有较强的舞台效果。杂剧在明中期文人化的趋势带来了接受主体的改变，而题目正名的纲领作用早在传奇中已经得到了很好的实践。明中期杂剧曲家出于对传奇体制的熟悉，使得他们借鉴了南曲传奇剧本体制。改造后的题目正名，无论在演剧上还是阅读上都有一定优势。

（四）开场

明中期杂剧的开场形式出现了更大的革新，主要是因为借鉴了南曲传奇体制的"副末开场"形式。

如杨慎《洞天玄记》的开场：

（末上开）〔苏武慢〕堪叹浮生，年来岁去，偏有许多忙事，蜗角劳劳，蝇头攘攘，只为虚名微利。白发难饶，朱颜易老，日月长绳怎系？细思之何苦奔驰，阳焰空花身世。好回首放浪山林，逍遥云水，火宅风尘都弃。紫府丹丘，蓝岑翠巘，别是一壶洞天。青鸟喉歌，红鸾掌舞，金醴朝朝长醉，宴清都拍手群仙，且听洞天玄记。（问云）可惜良辰美景，休要乱道胡支。请问后房子弟，扮演何代传奇。（内应云）《宴清都洞天玄记》。（末云）好好。这故事容成公传与彭祖，广成子授与轩辕，迷方者执文泥象，知音者得意忘言，来者形山道人，好做好看。（下）

这个开场，与定型化的传奇体制"副末开场"相比，除了缺少一阕介绍剧情大意的曲子以及下场诗外，与一般的传奇体制没有什么区别："末"以词〔苏武慢〕开白，同时"末"与后台有一问一答说出剧名的形式："请问后房子弟，扮演何代传奇。（内应云）《宴清都洞天玄记》。"这些都不是传统杂剧的楔子开场应该有的内容和形式，而是学习南戏传奇"副末开场"，将其移植于杂剧体制中的表现。现存《洞天玄记》的明抄本，剧前有署为"嘉靖壬寅冬十月吉日"的《洞天玄记前序》以及署为"嘉靖丁酉春日"的《洞天玄记序》，剧后有署为"嘉靖壬寅冬十月吉日"的《洞天玄记后序》以及署为"嘉靖戊午孟夏"的《洞天玄记跋》，可知此剧最迟应该在嘉靖十六年（1537）到嘉靖三十七年（1558）之间完成，而这段时间也恰好是传奇剧本体制基本定型的时期，可见杂剧与传奇体制在明中期的交流。因此，与其说杨慎"不甚谐南北本腔"[1]，不如说在明中期这个特定时期内，杨慎面对北调逐渐衰微、南调逐渐兴盛的形势而做出了大胆借鉴与尝试。对杨慎在北曲杂剧和南戏传奇体制之间进行的努力探索应该给予肯定。

随后，徐渭、汪道昆、许潮都沿着这条路线去改造杂剧体制的开场形式。徐渭《女状元》第一出，旦扮黄崇嘏上场唱了一曲〔女冠子〕后，马上接以一阕词〔江城子〕，在词后才是"自报家门"；第三出，旦扮黄崇嘏在唱了〔喜迁莺〕后，接着吟诵一阕词〔菩萨蛮〕，之后才是介绍情况。

---

① （明）王世贞：《曲藻》，中国戏曲研究院编：《中国古典戏曲论著集成》（四），中国戏剧出版社 1959 年版，第 35 页。

而汪道昆《大雅堂杂剧》四剧开头均以末角念词"开场"，这都是学习了传奇中以副末开场、以念词方式介绍创作主旨和说明剧情大意的方法。《五湖游》《远山戏》中不仅由末以一阕词开场，而且词后还有下场诗，可见体制革新的力度：

> 《五湖游》：（末上）〔浣溪纱〕落落淮阴百战功，萧萧云梦起悲风，齐城七十汉提封。弃国直须轻敝屣，藏身何用叹良弓，百年心事酒杯中。
>
> 我爱鸱夷子，迷花不事君。红颜弃轩冕，白首卧烟云。
>
> 《远山戏》：（末上）〔画堂春〕花间素女抱云和，传来一曲阳阿。金钗乍坠舞婆娑，妒杀青娥。肯信风云气少，浪言儿女情多，风流京兆有遗歌，胜事如何？
>
> 籍籍张京兆，金杯映翠眉。闺中行乐秘，少有外人知。

在《大雅堂杂剧》中，《洛水悲》的"末开场"最像传奇体制，在〔临江仙〕一阕词后，末用宾白点明剧名，并用下场诗来"略陈纲目"，即说明剧情大意：

> （末上）〔临江仙〕金谷园中生计拙，高阳池上名流。山公任放是良媒，歌声中夜酒债几时勾？汉水悠悠东到海，繁华总是浮沤。趁他未白少年头，樽前宜粉泽，座上即丹丘。部中更有一段新词，名《洛神记》。小子略陈纲目，大家齐按宫商。
>
> 帝子驰名八斗，神人结好重渊。邺下风流遗事，郢中巴里新篇。

许潮《南楼月》《赤壁游》中，则直接以"副末"称呼开场人物：

> 《南楼月》：（副末扮南楼大使上）黄鹄矶边水落时，白蘋红蓼满江湄。兔寒蟾皎天如洗，正是诗人咏月期。念吾非别，乃武昌江夏驿南楼大使是已。今夕是八月十五中秋夜，庾府参佐殷深源、褚季野、王述诸公来登楼赏月。不免排下筵席，唤乐工小侑

儿等伺候则个。乐工小侑儿早上。

《赤壁游》：（副末上）云母屏开风阁午，水晶帘控雪堂朝。兔寒枫落秋江冷，欲与蛟龙伴寂寥。小人是苏衙里左右，俺相公今夕约黄山谷、佛印禅师，泛舟往赤壁游赏。小人只得先去打扫官船，整备什物则个。

其他如《兰亭会》《同甲会》《写风情》《武陵春》《龙山宴》《午日吟》等剧皆如此。显然，明中期杂剧在开场上借鉴了传奇的体制特征，这种做法的好处非常明显，可以更加直接宣传剧作内容，吸引观众，避免了杂剧单调的开场模式，更为灵活多变。

（五）下场诗

传统北曲杂剧没有下场诗。下场诗最先出现在戏文中，像《张协状元》等在每出末尾，由将下场的人物念诵两句或四句韵语。这种形式也被吸收到明中期杂剧剧本体制中。

王九思《中山狼院本》剧末只有四句韵语："赵简子大打围，东郭生闲受苦。土地神报不平，中山狼害恩主。"徐渭《女状元》全剧共五出，每出末尾均有四句韵语，如第一出末尾："（净）才子佳人信有之，一身兼得古来谁。（旦）延平别有雌雄镆，他日成龙始得知。"又如第二出末尾："（外）匠斧驱牛万首回，最难拽动栋梁材。今朝细定黄郎格，毕竟百花梅是魁。"《雌木兰》剧末也有四句韵语："黑山尖是谁霸占，木兰女替爷征战。世间事多少糊涂，院本打雌雄不辨。"《狂鼓史》剧末四句韵语："看了这祢正平渔阳三弄，笑得我察判官眼睛一缝。若没有狠阎罗刑法千条，都只道曹丞相神仙八洞。"汪道昆《大雅堂杂剧》每剧末有四句韵语，看起来更像是由集句组成的下场诗而不是题目正名：

乐莫乐兮新相知，悲莫悲兮生别离。一自高唐赋成后，楚天云雨尽堪疑。（《高唐梦》）

路经湖海双蓬鬓，天入沧浪一钓舟。日暮乡关何处是，烟波江上使人愁。（《五湖游》）

准拟今春乐事浓，青鸾飞入合欢宫。舞低杨柳楼心月，歌罢桃花扇底风。(《远山戏》)

欲归忘故道，顾望但怀愁。谁令君多念，自是怀百忧。(《洛水悲》)

以上都是没有"题目正名"而有下场诗的情况，可见明中期部分杂剧学习传奇体制，不用"题目正名"而改为下场诗。还有几个特例。第一，冯惟敏《不伏老》杂剧在剧首有"正目"，而剧末还用了八句韵语："生长梁唐晋汉周，晚成宋代老龙头。奔驰客路三千里，鏖战文场五十秋。事业巍巍掀宇宙，子孙世世绍箕裘。当时若更登科早，那得芳名万古留。"这八句诗类似传奇体制中的下场诗，明显受到了南曲传奇体制的影响。第二，如上文所引桑绍良《独乐园》前后各有四句韵语的情况，如果说剧前四句韵语类似"题目正名"的话，那么剧末的四句韵语则有"下场诗"的嫌疑，因为在传统杂剧体制中，找不到剧前和剧末同时有"题目正名"的情况。应该说，四折一楔子以及仙吕、中吕、越调、双调四套北曲曲调等都符合北曲杂剧的体制规范，但《独乐园》恰恰在"下场诗"这一点上昭示了自己对南戏传奇体制的学习。

(六) 角色

《朝野类要》"脚色"条云："初入仕必具乡贯、户头、三代、名衔、家口、年齿、出身、履历。"[1] 可见宋代人以"脚色"作为"履历"的名称。后来，戏曲借用"脚色"来称呼戏曲人物的分类。"杂剧传统的脚色有末、旦、外、净、杂五大类。"[2] 然而，明中期杂剧出现了生、丑这两个新的角色。生、丑本非杂剧角色。元杂剧角色体制的优势在于，能在有限的演剧时间和舞台空间里，集中展示叙事内容。这是元杂剧艺术特性的重要体现。但其缺点也非常明显：首先，角色内涵相对简单，模糊性较为突出；其次，参演人数与角色数量的限制，使杂剧无法获得更为便利的表达空间，表现内容也随之受到限制。到明代中期，杂剧作家群体特征与元代

---

① （宋）赵升：《朝野类要》卷三"脚色"条，《文渊阁四库全书》子部第160册，台湾商务印书馆1986年版，第121页。

② 徐扶明：《元代杂剧艺术》，上海文艺出版社1981年版，第288页。

已经有了巨大差异，作品文人化倾向愈加明显。曲家创作杂剧更多是为了抒情言志，而杂剧中原来适应民间演剧的体制要素逐渐成为其发展的束缚。曲家逐渐吸收日益成熟的传奇角色体制，这成为解决杂剧体制发展问题的一个有效思路。

从《元刊杂剧三十种》以及《元曲选》来看，元杂剧角色中没有生行，但明中期杂剧出现了大量生行角色。如《赤壁游》中生扮苏轼、《龙山宴》中生扮桓温、《兰亭会》中生扮王羲之、《五湖游》中生扮鸱夷子、《渔阳三弄》中生扮祢衡、《翠乡梦》中生扮玉通和尚、《雌木兰》中生扮王郎，等等。这是明中期杂剧向传奇体制学习的表现。在元杂剧中充当男主角的末，在明中期的杂剧中大多成了配角。

《元刊杂剧三十种》中没有丑行。嘉靖年间，李开先在编刻《改定元贤传奇》时，就在《青衫泪》中用了"丑"行，因此解玉峰先生认为丑角的出现"始作俑者或为编刻《改定元贤传奇》的李开先"[1]，可见李开先的开创性以及传奇体制对北杂剧的影响。此后，明中期杂剧中多次出现了"丑"这一角色。如《午日吟》中丑扮水夫、《龙山宴》中丑扮道人、《兰亭会》中丑扮五绝，等等。到了明万历年间刊行的臧懋循杂剧选本《元曲选》中，"丑"作为角色名目就更为常见。

生、丑在明中期杂剧中的出现，属于角色名目的增加，且和元杂剧中的末、净行功能意义相差不远，因此只能算是一种"量变"；但元杂剧原有某些角色的地位与功能发生了"质变"，才是明中期杂剧角色体制最富于创新的地方。例如，净行在元杂剧中扮演滑稽、丑恶的配角，一般是反面人物，但明中期杂剧《僧尼共犯》中的净扮的僧人明进担当了全剧男主角，这充满了颠覆传统的意味。在传奇中，净行分为净、中净、小净[2]，其中净角主要扮演性格刚烈粗鲁的人，当然也有奸险之辈。也就是说，净行在传奇中较之杂剧更为复杂，功能也更大。《僧尼共犯》中的僧人明进作为"净"主唱，明显借鉴了南戏各种角色都可以演唱的这一特性。

角色体制的变化，是明中期杂剧向传奇体制学习的表现，也是南方戏

---

① 解玉峰：《说北曲杂剧的"丑"》，吴敢、杨胜生编：《古代戏曲论坛》，江苏古籍出版社2001年版，第445页。

② "今之南戏（即传奇），则有正生、贴生（或小生）、正旦、贴旦、老旦、外、末、净、丑（即中净）、小丑（即小净）。共十二人，或十一人，于古小异。"（明）王骥德：《曲律·论部色》，中国戏曲研究院编：《中国古典戏曲论著集成》（四），中国戏剧出版社1959年版，第143页。

曲体系向北方渗透的体现，更是明代戏曲文人化对戏曲角色体制影响的结果。南戏传奇中的"生""丑"角色内涵明确："生"一般是有读书人身份的男性，担任剧中男主角；"丑"则承担插科打诨、调节场上气氛的作用。"生""丑"本非杂剧原有的角色。杂剧中的"末"，其角色范畴较为宽泛，可以是书生，可以是武将，也可以是其他男性形象。"丑"角所承担的功能在杂剧中由"净"来实现，但"净"在明中期杂剧中除了发挥插科打诨的作用外，还承担了更多功能，如以其为核心组织完成戏曲故事、传递曲家的思想与情感等，等于扩大了戏曲的表演范畴。元代杂剧作家以北方底层文人为主体，其作品中的男性主角身份复杂。至明代尤其是明代中期，南方文人对文坛的影响更为明显，杂剧的文人化也让剧中男性主角的身份集中于文人雅士上。"生"这一角色在文风更盛的江南地区戏曲中，与男主人公的士人身份更加贴切，也更符合文人甚至整个社会对杂剧角色内涵的认知。元杂剧中的"末"，在明中期的杂剧中大多成了配角，而"生"的角色内涵则更为准确地指向了士人。自秦汉以来，即有以"生"来指称士人的习惯。这一角色称谓更有利于反映明中期文人的情绪与情感，是一种作者、接受者都普遍认同的角色名称。"丑"的出现则显然是对文人化倾向的一种有益补充。文人情绪易于让戏曲板起脸来示人，为了增强戏曲的可接受性，需要在严肃、典雅的风格上进行一定的调整，丑角的出现较好地解决了这一问题。同时，丑角的出现也反映了明中期曲家对寄寓功能的追求。杂剧在明中期曲家笔下，成为言志抒情的一种工具。"丑"一般是剧中的滑稽人物，与历史上东方朔等滑稽人物一样，曲家希望这些角色能够把自己不方便说的话用滑稽可笑的方式说出来，以实现讽刺的效果，更便于大众接受。由于南戏传奇在剧坛影响力的提升，其丰富的角色体制也为明中期杂剧作家提供了更为广泛的参考空间。

语言特色

从戏曲语言的特点上看，从明中期开始，戏曲逐渐走上雅化之路。在雅化的过程中，杂剧与传奇各显特色：杂剧趋向"清雅"，清秀淡雅，犹如元曲中马致远那一派的风格；传奇则趋向"丽雅"，繁富典雅，犹如汉大赋，雍容华贵。我们首先来看明中期杂剧宾白的语言特色。

（一）宾白

宾白是戏曲的重要组成部分，更是演剧中的有机组成，对于戏剧人物塑造具有非常重要的作用。一人主唱的杂剧，旦、末之外角色的塑造基本靠宾白完成。与元杂剧宾白明白如话、通俗易懂的特色相比，明中期杂剧的宾白呈现总体趋俗、少量趋雅的特征，与同时期的传奇宾白倾向于骈俪形成鲜明对比。

角色身份决定宾白的雅俗倾向。明中期以反映世俗生活为内容的杂剧，体现出以俗为尚的宾白特色。在冯惟敏《僧尼共犯》一剧中，宾白"俗"的特色表现得酣畅淋漓。此剧为僧尼风情的主题，决定了曲风的通俗化甚至是情趣的世俗化。在第一折中，僧人明进一登场就述说了对佛门清规禁锢人欲的不平：

> 自有佛法以来，把俺无知众生，度脱出家，削发为僧。永不婚配，绝其后嗣。想俺佛祖修行住世，身体发肤，不敢毁伤。留头垂髻，并不落发。哄俺弟子剃做光头，不好看相。佛公佛母，辈辈相传，生长佛子。哄俺弟子，都做光棍，一世没个老婆。怎生度日？寻思起来，是好不平的事也呵！

明进以戏谑方式描述僧人佛堂寂寞、春情难耐的心理，写尽了世俗人对僧侣的猜测，很有艺术感染力。第二折中，巡捕官吴守常与衙吏商量分财的宾白也让人忍俊不禁。同时，在调笑滑稽的外表下，其实也可略知明中期的吏治现象：

> （末云）正是正是！轻轻的问他罪名，他好重重承谢我。咱再与你商议的明白。他的谢礼，咱两人如何分收？（应云）以三分为率。老爹收一分，小的收二分。（末云）如何俺倒少，你倒多？（应云）一官二吏，旧规如此。（末云）我待多要些，争奈旧规已定。也罢也罢！唤张千李万上来！你两人押这起奸情，挣有钱钞，都将来孝顺我！（丑云）不瞒老爹说。俺若挣出钱来呵，也有常例。以十分为率，三分孝顺老爹，七分俺买酒吃。（末怒云）如何你又多要？（丑云）官三民七。天下常例，都是一般。（末叹息云）天！天！那书手既有旧规，这军伴又有常例。自古道三不拗六，他每都是城狐社鼠，俺也革不了他的积弊。早是俺君子不羞当面，一一的与他每讲个明白，永为遵守。若是多收了

分文礼物，却不坏了我清名，玷了我官箴也！看来俺做官的，只是便宜下人而已。

这段话全用口语，加之作者意在讽刺，语气极为诙谐。王季烈先生在《孤本元明杂剧提要》中评论："北曲颇当行，科诨至堪捧腹，用俚语处，俗不伤雅，足与徐文长之《歌代啸》抗衡齐驱。"①他把《僧尼共犯》与《歌代啸》的语言特色相提并论，认为二者的俚俗特点可以相互媲美。如《歌代啸》第四折：

（扮州衙奶奶上）非我生心好吃酸，男儿水性易情偏。算来不把妻纲整，取次移将阃内权。妾身本州奶奶是也。可恨那歪材料不来请命，擅去偷丫，亏我直闹出州衙，他才有一二分悔悟。昨日出去升堂问事，我恐怕一时间有那美色妇女前来告状，那歪材料与他挤眉弄眼，未免引的意乱心迷，实为可虑，因此要往屏后一探。不期穿堂后门首陡添新栅，撼之再四，不动分毫。咳，这一定是那歪材料的计较了。你说有此一计，可以禁我上堂，难道我便无计可以弄你下堂？遂将后宅草屋放上一把火儿，霎时间乌烟匝地，烈焰腾空，不怕他不进来领罪。既进来之后，先教他督人救灭，我自去歇息片时。今已无事，且唤那歪材料过来，发挥他一番，权时消遣。（叫介）歪材料那里？（州便衣急上）有，有，下官在此静候多时，未敢擅离寸步。（奶）歪材料，你割爱偷丫，尚称初犯；我新规方整，又弄乖滑，是这般大胆包天，想要我寸身入土！若不与你见个势下，可也情理难容！（州）奶奶，下官恪守新规，又有何犯？

这惟妙惟肖地刻画了州衙奶奶的蛮横乖张、州官老爷的惧内如虎。可见《歌代啸》的宾白也以嘲讽、诙谐、俚俗为基调。总的说来，通俗乃至俚俗的宾白，保留了元代杂剧宾白的特色，展示了世俗世界人物群像，既勾勒了明中期光怪陆离的市民社会，也成功地为杂剧表演增色。

然而，明中期杂剧随着文人化的增强，宾白渐渐出现了雅化的趋势。

① 王季烈：《孤本元明杂剧提要》，商务印书馆1941年版，第25页。

如杨慎《洞天玄记》第一折〔正宫·端正好〕〔滚绣球〕后，道人无名子
有一大段对白是在吟诵诗歌："道人〔敲鼓简吟科〕云：闲眺冰轮上太清，
家山万籁寂无声。爱他午夜无私照，对我中秋分外明。庾亮赏吟难比兴，
谪仙邀饮岂同情。若还知的生身处，消息原来只在庚。"这里的道人显然
是曲家的一个投影，他已经明显区别于世俗中人。即便在宾白里，所表现
的也是曲家的思想，因而只能以文人化的表现方式进行，雅化也就成为一
种必然。

　　汪道昆《大雅堂杂剧》的宾白更为清雅，如《五湖游》："（生）莫度
清秋吟蟋蟀，早闻黄阁画麒麟。相逢尽道休官去，林下何曾见一人。自家
鸱夷子是也。七策五成，昔称范蠡；千金三致，今好陶朱。曾从计然学
术，遂佐勾践平吴。知主人之鸟喙，难与虑危。幸少妇之蛾眉，可以娱
老。因弃千乘之业，托为五湖之游。永谢浮华，将从汗漫。"这一段开场
白使用骈四俪六的句式，非常接近明中期文词派传奇的语言风格。又如
《洛水悲》中，生扮陈思王云："谒帝承明庐，逝将归旧疆。清晨发皇邑，
日夕过首阳。伊洛广且深，欲济川无梁。泛舟越洪涛，怨彼东路长。顾瞻
恋城阙，引领情内伤。寡人应诏入朝，言归东国，方从伊阙，来到洛川，
你看白日西驰，黄河东逝，车烦马毙，前驱不行，不免在此假宿一宵，多
少是好。扈从诸臣，各宜就舍，明日早行。"此处以曹植五言诗《赠白马
王彪》作为宾白，诗化特点非常明显。

　　把宾白的雅化发挥到极致的当推许潮《午日吟》："（生）前面翠竹交
加，绿阴缭绕，蓬扉茅屋，想是子美草堂，且少憩茂林，着人先去通报。
（末杜子美上）日出篱东水，云生舍北泥。竹高鸣翡翠，沙暖舞鹓鸡。吾乃
杜甫是也。因安禄山犯长安，携妻子避乱，依严节度使，筑室蜀江之上。今
是五月天气，只见，清江一曲抱村流，长夏江村事事幽。自去自来梁上燕，
相亲相近水中鸥。那更，翠筱涓涓净，红蕖冉冉香。故人书信绝，稚子色凄
凉。青琐朝班芳梦寐，蓬莱宫阙起悲伤。何时雉尾开宫扇，缓步鸣珂鹓鹭
行。"《午日吟》宾白多以杜甫诗句联成，明人黄嘉惠评云："宾白纯用诗句，
阅之一过，胜读少陵集矣。"①

　　雅化的宾白基本出现在道化剧、文人剧中。曲家选择历史上的文人或

---

　　① （明）沈泰编：《盛明杂剧·二集》卷六，北京中国书店影印董氏诵芬室重刻本 1981 年版，
第 1—2 页。

是想表达自己求仙修道的思想，因而总是不自觉地将自我投射于作品人物身上，文人墨客的语言习惯使曲家往往以文雅的方式来塑造这些人物。他们以曹植、杜甫诗句等作为宾白，雅净如诗，营造诗情画意的境界，使杂剧在语言形式、思想内涵上都带有浓厚的文人情调。这是明中期杂剧文人化最直接的一种表现。

（二）曲词

凌濛初指出："曲始于胡元，大略贵当行不贵藻丽。其当行者曰'本色'。盖自有此一番材料，其修饰词章，填塞学问，了无干涉也。"[1] 他说的是元曲曲词以本色取胜，质朴活泼而清新灵动，曲词与角色身份契合度高。但是，入明后的杂剧曲词则出现了较大变化，总体上走向雅化。明前期杂剧曲词在贵族化的表征下，呈现雍容华贵的典雅特色，但是依然能够遵循角色身份与曲词风格的匹配，以本色为基本特征；明中期后，由于高素质文人参与杂剧创作，文人剧逐渐兴盛，曲词日益追求诗歌的意境，典雅清丽成为时尚追求。

曲词尚雅一派刻意在曲词中营造恬淡、闲适而略带伤婉的意境。徐子方先生认为，这是一种"剧诗"的特征。[2] 应该指出，这种意境在元代王实甫、白朴等人的作品中已经出现萌芽。到了明中期，模仿王实甫、白朴曲风为代表的清雅一派大兴，《大雅堂杂剧》《太和记》《小雅四纪》等作品则把这种诗境推向了新的高度：

〔香罗带〕空山人境绝，宋枢桂阙，归来珮声空夜月。东风无主自伤嗟也，可惜春花后送鹁鸠，举首平临河汉接。待学他织锦天孙也，月照流黄心百结。（《高唐梦》）

〔步步娇〕白蘋红蓼清川上，风起涛声壮，怀人各一方。脉脉穷愁，昭昭灵响，何处断人肠？斜阳烟柳凭栏望。（《洛水悲》）

---

[1] （明）凌濛初：《顾曲杂言》，中国戏曲研究院编：《中国古典戏曲论著集成》（四），中国戏剧出版社 1959 年版，第 253 页。

[2] 徐子方：《明杂剧史》，中华书局 2003 年版，第 282 页。

这两曲情景交融，将人物的寂寞、伤感表现得淋漓尽致，极富诗意。尤其是〔香罗带〕一曲前两句，连用两个"空"字，空山、空夜月，写景之中，已经透出孤独寂寞之意，得诗词造境之妙。虽然汪道昆常常自称"下里巴人"，实际上他却是曲词尚雅的主将，他的书斋和杂剧合集都被命名为"大雅"。祁彪佳《远山堂剧品》将《大雅堂杂剧》四作都列入"雅品"，可见汪道昆非常重视雅丽的戏曲语言。

又如《武陵春》诸曲：

〔梧叶儿〕每日间，黄犬声云中吠，白鸥群池内戏，紫蟹嫩赤鳞肥。四时有山林味，一生无城市迹，这两日鹤书驰，报道有群仙聚会。

〔后庭花〕你与我濯瓷铛，烹紫芝，折松柴，煮白石，笃云液，充酒醴，炊胡麻，具饭食，好与我细收拾。石榻上，白云扫去，启柴扉，方竹支，剪藤萝当道枝，除花荫径上泥，拂渔矶石上衣，教苍鹤庭前舞，放白鹇窗外啼。

〔青歌儿〕呀，整备下游山、游山杖屐，排列着赏春、赏春茶食，看今岁洞里桃花胜旧时，红得来光辉，白得来希奇，好一似月王宫里醉西施，无半点胭脂气。

诸曲皆写隐士生活，其人逍遥、其意闲散、其景悠然，读来有超凡脱俗之感。其中"黄犬声云中吠"，得陶渊明"狗吠深巷中，鸡鸣桑树颠"田园山野清净之境，诗境塑造与曲词融合相得益彰。

又如写月：

〔黄莺儿带皂罗袍〕明月浸江楼，正微云点缀收，玉绳低度银河溜，中原九州，仙源十洲，今宵处处清光透，放眉头，阴晴风雨，能有几中秋。　　皎皎银蟾如画，看扶疏丹桂，影落金瓯，登楼暂缓廊庙忧，传杯且借经纶手，青天碧海，乾坤自由，朱颜绿鬓，韶光若流，今宵宴罢明宵又，今宵宴罢明宵又。（《南楼月》）

〔前腔〕明月挂长空，照江山万里同。阴岩幽壑清光洞，香生桂丛，凉生柳丛，人间天上欢声动，且从容，嫦娥相对，须对五更钟。　　水气山光清贡，那更月色溶溶，凭栏杆，十里竹枝风，开窗一派梅花弄，白云黄鹤全无去踪。青山绿水空余旧容，休悭饮尽黄金瓮，休悭饮尽黄金瓮。(《南楼月》)

〔集贤宾〕夜凉庭院金风细，香焚宝鼎烟霏。乘槎人去天津舣，问君平谁照河西。露凝酥醑，玉壶冰沁人堪醉。〔合〕蟾光媚，碧梧阴转过庭扉。(《韩陶月宴》)

〔北折桂令〕望斜阳雪霁云穿，渐少阴霾，半露晴天，明辉几座银山。白攘攘几处瑶川，腻粉儿铺上重檐，玉绳儿绾就疏帘。谁问袁安，谁去餐毡，谁钓江寒？一霎时皓月当空，照彻人间。(《戴王雪访》)

月是古代诗词中最常见的意象之一，月色的华洁，月夜的幽静，深受文人喜爱。上述写月的数支曲子，既有诗词中常写之景，又有诗词常造之境，还有诗词常抒之情，称之为诗、词并不为过，典型地把"传统诗论、文论中追求含蓄、蕴藉的神韵境界带入了剧本的创作之中"①。可见传统诗文艺术对明中期戏曲创作产生了重要的影响。

明中期曲词中又有超逸一派，以王九思、徐渭等为代表。他们的曲词不追求华丽的辞藻，而是饱蘸激情、奔放超逸，与上一派富于"闲情"、流连逸致的特征形成鲜明对比。

李开先在《六十子诗》中高度评价王九思："戏编今丽曲，善作古雄文。振鬣长鸣骥，能空万马群。"② 又在《渼陂王检讨传》中言："诗文苍古，而词曲则新奇，不止守元人之家法，而且得元人之心法矣。脍炙人口，洋溢人耳。"③ 李开先充分肯定了王九思诗文与戏曲创作的成就。需要注意的是，李开先认为王九思的戏曲延续了元杂剧的优秀传统。在曲词风格上，王九思主要继承了元杂剧语言朴素纯真的特色，注重情感的抒发，

① 徐子方：《明杂剧史》，中华书局 2003 年版，第 281 页。
② (明) 李开先著，卜键笺校：《李开先全集》(上册)，文化艺术出版社 2004 年版，第 374 页。
③ (明) 李开先著，卜键笺校：《李开先全集》(中册)，文化艺术出版社 2004 年版，第 766 页。

遣词造句富有张力，如《杜甫游春》：

〔混江龙〕想着我少年时分，读书万卷笔通神，那时节李邕识面，王翰为邻，两手要扶唐社稷，一心思画汉麒麟。谁承望天边黄阁隔千峰，不觉的镜中白雪盈双鬓。辜负了两朝帝王，空忧了万国黎民。

〔绵搭絮〕不怕你经纶盖世，锦绣填胸，前挤后拥，口剑舌锋。呀，眼睁睁难分蛇与龙，烈火真金假铜，似等样颠倒英雄。不如的急流中归去勇。

〔离亭燕带歇拍煞〕从今后，青山止许巢由采，黄金休把相如买，摩挲了壮怀，想着俺骑马上平台，登楼吟皓月，倚剑观沧海，胸中星斗寒，眼底乾坤大。你看那薄夫匪才，谁是个庙堂臣。怎做得湖海士，羞惭杀文章伯，紫袍金阙中，骏马朝门外，让于他威风气概，我子要沽酒再游春，乘槎去过海。

〔混江龙〕一曲直抒胸臆，沉郁劲健，把杜甫有报国之志却蹉跎岁月的悲凉极好地渲染出来；〔绵搭絮〕激情澎湃，风骨兼备，彰显了杜甫愤世疾邪、刚正不阿的形象；〔离亭燕带歇拍煞〕悲凉淡漠，写尽了杜甫的失望与失落。三首曲子语言简洁，雕琢少而气韵足，确实有元杂剧之逸风。

徐渭的曲词充满了锋芒，傲视群雄，不同凡俗，显示出追求自由、不甘束缚的狂士之风。《狂鼓史》以火山爆发一般的激情来痛骂权奸的毒辣狡诈：

〔混江龙〕他那里开筵下榻，教俺操槌按板，把鼓来挝，正好按借槌来打落。又合着鸣鼓攻他，俺这骂一句句锋芒飞剑戟，俺这鼓一声声霹雳卷风沙。曹操！这皮是你身儿上躯壳，这槌是你肘儿下肋巴，这钉孔儿是你心窝里毛窍，这板杖儿是你嘴儿上獠牙，两头蒙总打得你泼皮穿，一时间也酹不尽你亏心大。且从头数起，洗耳听咱。

王九思、徐渭的作品不以曲词的华丽雅致取胜，而以气势俊朗、风骨端然著称。如果从曲家的角度而言，他们的人生遭遇显然对其杂剧主题选择与语言风格产生了直接的影响，他们的曲词不是反映文人雅致的生活，而是偏重表达内心的情感。表面上看与汪道昆等人所走的语言道路不同，但在语言风格上，一个是追求清雅秀丽的气韵，另一个则追求畅意表达的快适，都有文人雅化的特征。

（三）余论

在传奇盛行的明代中期，传奇体制因素迁移到杂剧中。从元明戏曲体制演进的角度看，有以下三个因素值得关注：

首先，随着时代的变迁，明中期曲家对戏曲艺术典范内涵的理解出现了差异。王国维论元杂剧之妙，云："一言以蔽之，曰：自然而已矣。古今之大文学，无不以自然胜，而莫著于元曲。盖元剧之作者，其人均非有名位学问也；其作剧也，非有藏之名山，传之其人之意也。彼以意兴之所至为之，以自娱娱人。"① 这一论断基本阐明了元杂剧的经典内涵，也指出了元杂剧艺术生命力的根源。明中期文人受复古思潮影响，在文学领域有非常强烈的尊体意识。对于杂剧，他们同样推尊元体，但元明两个时代曲家的主体精神已经迥异。元代曲家创作杂剧以"娱人"，其关乎生计的一面让曲家更多从接受者的角度来考虑创作，注重本色、质朴的同时强调排场热闹、叙事精简、关目紧密，民间性、大众性、娱乐性突出。在明代中期，曲家队伍发生了根本性变化。正统文人如李梦阳、王世贞、李开先等都非常重视通俗文学，而康海、王九思、徐渭则是一批精通戏曲的正统文人，但他们创作杂剧更多是为了自娱而非娱人，其反映文人情怀、凸显文人写作习惯的特征较之元代曲家更加突出。他们受唐诗宋词的影响深刻，对艺术典范的理解不会单纯接受元杂剧的规范，相反他们会努力让戏曲回归到传统文学艺术典范的范畴之内。

杂剧体制也在这种演进中不断改进，以适应曲家表达自我情志的需求，这就使得明中期杂剧的典范风貌与元代有了巨大差异：语言典雅精致，意境闲散悠远，偏重文人化的抒情达意。曲家希望杂剧能如诗词一般，反映自身内心世界，成为宣泄情绪的手段，而不是纯粹的娱乐。李开先退居后："乃辟亭馆召致四方宾客，时时以其抑郁不平之状发之于诗。

---

① 王国维：《宋元戏曲史》，上海古籍出版社 2011 年版，第 98 页。

尤好金元乐府，不经思索，顷刻千余言，酒酣与诸宾客倚歌相和，怡然乐也。……呜呼！古贤智之士饱琬琰而就煨尘者……若公者毋亦有所负而欲泄也欤！"① 他的这种意图，与康海、王九思的杂剧创作机制如出一辙。曲家对杂剧寄寓功能的重视，促使他们在戏曲创作时，更多地将自我投射入戏剧中，甚至影响了角色的选择。例如，他们会选择利于文人情绪表达的"生"与"丑"的角色行当，并对其他相关的杂剧体制进行调整以利于自己情感的抒发。

其次，明中期杂剧的体制新变体现了明中期曲家的大胆创新。杂剧需要适应时代的变化，需要更为自由的表达。明中期所盛行的复古思潮真正的意图是借复古为文学树立高标，以图廓清明前期文坛的平庸与低迷，以复古带领革新。杨慎、李开先等人对杂剧的改造，一方面是希望提高其文坛地位，追步元代；另一方面应该是看到了杂剧本身发展的问题——此时的杂剧还无法建立新的时代特征。他们对杂剧表演属性的肯定与坚持，促使曲家在杂剧的表演要素上进行有针对性的调整，题目正名、楔子、开场诗等体制要素的变革正是在这一思路下展开的。明中期作家文学观念相对较为开放，如李开先，《明史》本传记"性好蓄书，李氏藏书之名闻天下"②。他没有清代文人那么强烈的雅与俗的区分。他重视戏曲，自称家藏金元词曲 1750 余种。③ 杨慎是明代著名的戏曲作家，但他同样是正统文人，"年二十四，举正德殿试第一"④。他秉性耿直，于嘉靖三年（1524）触怒皇帝，后被流放云南，一生坎坷。杨慎才华出众，"明世记诵之博，著作之富，推慎为第一"⑤。明抄本《洞天玄记》应该在嘉靖十六年（1537）到嘉靖三十七年（1558）之间完成，而这段时间也恰好是传奇剧本体制基本定型的时期。在这本杂剧中，杨慎大胆引进传奇体制，取得了较好的艺术效果。此剧处理开场的优势在于，非常直接地抒发了自己的诸多复杂情感，等于开篇点题，不设置悬念。杨慎用南曲传奇的某些体制要素补充、调整北曲，让北杂剧更符合明代演剧的需要，使其艺术生命力得以延续。这种努力探索明杂剧体制新变的做法应该受到肯定。王季烈先生

---

① （清）黄宗羲编：《明文海》，上海古籍出版社 1994 年版，第 4599 页。
② （清）张廷玉等：《明史》，中华书局 1974 年版，第 7371 页。
③ （明）李开先著，卜键笺校：《李开先全集》（上册），文化艺术出版社 2004 年版，第 466 页。
④ （清）张廷玉等：《明史》，中华书局 1974 年版，第 5081 页。
⑤ （清）张廷玉等：《明史》，中华书局 1974 年版，第 5083 页。

由此评论此剧曰："效法前人，融化无迹，使读者耳目一新，则虽有微瑕，不掩其瑜也。"①

最后，明中期杂剧体制对南戏传奇的借鉴也是北方戏曲传统与南方戏曲传统更迭的表现。元代杂剧更多体现出北方的戏曲传统，昭显北方的文化特征。而元代的南戏则是流行于南方，体现的是南方的文化趣味。进入明代，随着南方文人曲家群体的日益庞大，南戏传奇影响力逐渐向北方扩张，在剧坛上出现了传奇与杂剧此长彼消的状态。周贻白先生认为："南曲直接脱胎于词，……北曲虽也源出于词，却是先由'诸宫调'把词归隶各个宫调，然后就'诸宫调'的形式用于戏曲。"② 很显然，杂剧的曲牌与金元诸宫调有关，其民间性一脉相承。但南戏曲牌则源自文人笔下的词，虽然它早期也在民间流传，但其与文人意趣有天然的联系，因为不熟悉填词的人是无法创作南戏传奇的。《永乐大典》保存的早期三大传奇标注"九山书会编撰""古杭才人编撰""古杭书会编撰"③，所演内容皆与读书人有关，剧中人物行为也多与士人相关，如应举、看诗书、郊游行乐等，但间有诙谐之科诨，照顾到了普通大众的欣赏趣味。因此，传奇与杂剧的消长变化，体现了文人性审美趣味与民间性审美趣味的更迭。这也是南戏传奇在明代杂剧文人化的过程中，能对其各方面产生影响的根本原因。与元杂剧曲家多是民间底层文人不同的是，明中期正统文人身份的曲家对创作的态度更为严谨，也更有精益求精的意识与调整杂剧体制的动机。明中期杂剧曲家的努力，在一定程度上给予了这一文体一种新的艺术生命力，促使杂剧逐渐脱离其民间性，在审美趣味上更趋文人化。这成为明清杂剧演进的基本趋势，也反过来启迪了明清传奇的发展。

---

① 王季烈：《洞天玄记提要》，《孤本元明杂剧》，中国戏剧出版社1958年版，第23页。
② 周贻白：《中国戏剧史长编》，上海书店出版社2004年版，第69页。
③ 参见钱南扬校注：《永乐大典戏文三种校注》，中华书局1979年版，第1、219、257页。

第二节　传奇的定型

　　与明中期杂剧出现新变化一致，传奇体制也在不断演变。从明中期开始，在越来越多曲家参与创作的情况下，传奇在一百多年的发展历程中逐步定型，最终脱离戏文的质朴形式，形成一种成熟的戏曲体制。

一　剧本结构的定型

（一）开场方式

1. 副末开场

　　宋元戏文在正戏开始之前，由副末概括性介绍剧情大意，"因为戏文没有出目，不知在宋元时代叫做什么。明人一般称之为'开场'或'家门'"①。在本书所讨论的明中期传奇剧本中，标目为"（副）末开场"的有九本（《性天风月通玄记》《伍伦全备记》《裴度还带记》《断发记》《芙蓉记》为"副末开场"，《十义记》为"末开场"，《节孝记》为"副末启场"，《观音鱼篮记》为"始末开场"，《窃符记》为"副末开场道家门"）；标为"开场"的有六本（《白袍记》《和戎记》《珍珠记》《祝发记》《胭脂记》与《目连救母劝善记》）；标为"家门"的有三本（《连环记》《浣纱记》《香囊记》）；把"开场"与"家门"合成"开场家门"的有一本（《灌园记》）；标为"家门始终"的有四本（《双珠记》《四喜记》《怀香记》《琴心记》）；标为"家门正传"的有两本［《南西厢记》（李日华）、《金印记》］；标为"家门大意"的有一本（《鸣凤记》）；标为"家门始末"的有两本（《玉环记》《青衫记》）；标为"开宗"的有四本（《三元记》《千金记》《双烈记》《紫箫记》）；标为"本传开宗"的有一本（《紫钗记》）；标为"提纲"的有两本（《明珠记》《易鞋记》）；标为"标题"的有一本（《玉玦记》）；标为"标目"的有两本（《玉簪记》《玉合记》）；标为"始白"的有一本（《举鼎记》）；标为"传奇纲

---

① 钱南扬：《戏文概论》，上海古籍出版社 1981 年版，第 170 页。

领"的有一本（《绣襦记》）；标为"传奇大意"的有一本（《红拂记》），可见标为"开场""家门"或与此相关的占了绝大多数。称谓不一而足，说明传奇尚处在逐步走向定型的过程中；与"开场"称谓相关的剧本占了绝大多数，说明后世传奇体制中的"副末开场"模式确实源于此时。

宋元戏文的开场形式，一般唱曲两阕，上曲叙说作者创作主旨或艺术观念，下曲概括剧情大意。副末唱毕，与后房子弟问答，报告剧名，如《小孙屠》《琵琶记》。这种方式的好处在于演剧时，观众能够清楚了解曲家的创作意图与剧本大意，可以吸引观众以好奇之心持续关注整个剧作。也有仅唱一曲概括剧情，省略叙说创作主旨的另一曲，如《错立身》。明中期传奇的开场形式大致相似于宋元戏文，用两曲居多，如《白袍记》、《珍珠记》、《祝发记》、《四美记》、《虎符记》、《跃鲤记》、《升仙记》、《鸣凤记》、《南西厢记》（李日华）、《四喜记》、《双珠记》、《浣纱记》、《玉玦记》、《紫钗记》、《紫箫记》、《双烈记》、《千金记》、《断发记》、《琴心记》、《青衫记》、《玉合记》；也有唱一曲开场的，如《性天风月通玄记》《灌园记》《节孝记》《窃符记》《目连救母劝善记》《玉环记》《连环记》《三元记》《草庐记》《商辂三元记》《金貂记》《易鞋记》《裴度还带记》《和戎记》《玉簪记》等。此外，明中期传奇开场也有唱三支曲子的。例如，《宝剑记》以第一曲〔西江月〕述戏曲创作主旨，第二曲〔鹧鸪天〕述人生感慨，然后念白问答道出剧名，第三曲〔满庭芳〕述剧情大意；《香囊记》以第一曲〔鹧鸪天〕述人生无常，第二曲〔沁园春〕述创作主旨，第三曲〔风流子〕述剧情大意；《金印记》以第一曲〔西江月〕述人生感慨，第二曲〔水调歌头〕述艺术主张，第三曲〔满庭芳〕述剧情大意；《双忠记》以第一曲〔满江红〕叹人事无常，第二曲〔满庭芳〕述曲家文场失利、落魄失意、无所依归后寄情戏曲创作，紧接着双方问答道出剧名，其中问答部分甚长，把此剧之教化主旨阐述得相当清楚：

　　（末）原来此本传记，有关于风化大矣。张巡上表归宁，母子尽孝慈之道；温加让忙，妻妾无嫉妒之心；官有摩抚之爱，民有报效之诚；朋友通情，将士戮力；臣死君，妾死夫，纲常以立；主尽恩，仆尽义，伦理以明；闻义勇为，都有慷慨丈夫之志；见危授命，自无悲哀儿女之情。典故新奇，事无虚妄，使人

观听不舍。闾阎之间，男子效共才良；闺门之内，女子慕其贞
烈。将见四海同风，咸归尊君亲上之俗，岂小补哉？小子略将本
传家门，念过一番，便见其中大意。

下接第三曲〔满庭芳〕以述剧情大意。《双忠记》的创作主旨明显受
到《伍伦全备记》的影响。

《伍伦全备记》的开场也是三支曲子，但更为特殊：第一曲〔鹧鸪天〕
述说戏曲创作主旨为："若于伦理无关紧，纵是新奇不足传。"接着，与后
场问答报告剧名。第二曲〔临江仙〕述说戏曲创作的"寓言观"。第三曲
〔西江月〕宣扬封建礼教、戏曲观念、传播途径，洋洋洒洒七八百字，后
接两句下场诗。这是明中期传奇中最为特别的开场。徐渭《南词叙录》
说："宋人凡勾栏未出，一老者先出，夸说大意，以求赏，谓之'开呵'。
今戏文首一出，谓之'开场'，亦遗意也。"① 这说明宋代技艺表演正式开
始之前，由老者"开呵"概括大意。从这个角度而言，《伍伦全备记》与
《双忠记》在开场时不遗余力地以念白进行长篇大论，确实颇有宋代"遗
意"。亦可窥见，《伍伦全备记》深受书会创作的影响，可以从另一视角验
证徐朔方先生认为此剧很有可能是由书会才人创作的论断。

除此以外，还有一些特例。《绣襦记》"传奇纲领"中不标明曲牌，但
可看出用上、下二阕曲叙写剧情；《观音鱼篮记》"始末开场"也不标曲
牌，比《绣襦记》更为简单，只用一阕曲叙写剧情。而副末开场惯例用
词、曲，但也有例外。《金貂记》用古诗代替词开场："〔七言古风〕平辽
仁贵尽臣职，皇叔道宗生忌嫉。守节甘死翠屏女，仗义退休胡敬德。贤臣
负屈陷衡阳，辽奴猖獗寇华国。文臣廷诤保贤能，武将陈言举忠道。天子
金鸡不易传，壮士仁心安可得？母子遄逃遇故人，师旅相持困边域。拗公
击贼请兵援，丁山救父破戎敌。归朝二姓结姻亲，恩宠一门光赫奕。"这
明显是一个特例。

2. 题目与首出下场诗

与宋元戏文的剧本结构相比，明中期的传奇剧本取消了"题目"。这
与明中期杂剧体制逐渐取消"题目正名"的过程同步。

---

① （明）徐渭：《南词叙录》，中国戏曲研究院编：《中国古典戏曲论著集成》（三），中国戏
剧出版社 1959 年版，第 246 页。

　　从现存宋元戏文的剧本结构来看，大部分剧本首端有韵语四句，用来概括全剧情节，末句恰好指明全剧的剧名，因此被称作"题目"。如《错立身》题目曰"冲州撞府妆旦色　走南投北俏郎君　戾家行院学踏爨　宦门子弟错立身"；《小孙屠》题目曰"李琼梅设计丽春园　孙必贵相会成夫妇　朱邦杰识法明犯法　遭盆吊没兴小孙屠"；《琵琶记》题目曰"极富极贵牛丞相　施仁施义张广才　有贞有烈赵真女　全忠全孝蔡伯喈"。当然，也有例外。《张协状元》题目曰"张秀才应举往长安　王贫女古庙受饥寒　吴小二村口调风月　莽强人大闹五鸡山"，不但末句不是剧名，而且这四句韵语也没有包括整部戏的剧情，只归纳到五鸡山张协被劫为止。

　　与宋元戏文的剧本结构相比，明中期传奇剧本在剧本首端取消了"题目"①，代以一种新的方式：在首出副末念完开场白之后，出现了下场诗。关于首出下场诗的情况，有以下几种表现形态。第一，首出没有下场诗，如《浣纱记》《红蕖记》；《琴心记》则很特别地在"副末开场"前先列了七言四句韵语，而首出末尾则没有下场诗。第二，首出下场诗只有两句韵语，如《伍伦全备记》曰"此是戏场头一节　首先出白是生来"。第三，首出下场诗为八句韵语，如《薛仁贵征东白袍记》总目诗云"收场　天之宝曰日月星辰　地之宝五谷丰登　国之宝忠臣烈士　家之宝孝子顺孙"，又诗曰"昔日唐朝李世民　梦中忽遇白衣人　栽花种柳秦叔保　好打三鞭鄂国公"。再如《四美记》下场诗曰：

　　　忠悬日月蔡兴宗　节劲冰霜王玉贞　义重交游吴自戒　孝能竭力蔡端明
　　　禅心如水僧明惠　法力无边观世音　四美济川阴德盛　洛阳桥就万年春

　　第四，下场诗为四句韵语。这是绝大多数明中期传奇剧本体制的情况。因此，徐渭在《南词叙录》"题目"条云："开场下白诗四句，以总

_____

① 在首出末尾出现了标有"总目"的三个例子：被钱南扬先生认为是余姚腔剧本之一的《十义记》第一折《末开场》没有曲，没有白，只是单独标曰"总目"："黄拒天心怀暴雪　李翠云节操坚刚　李昌国立孤为友　十义记万古流传"；《薛仁贵征东白袍记》标有"总目诗云"；张凤翼《灌园记》第一出《开场家门》也标"总目"："持金节忠臣王蠋　用奇计良将田单　太史氏尘埃佳偶　田法章家国重安"。

一故事之大纲。"① 这说明开场首出下场诗是用来概括全剧故事大纲的，所以传奇首出下场诗的功能与宋元戏文"题目"相接近。但必须指出的是，大部分明中期传奇的首出下场诗末句已经不指明剧名了，只有少数例外。下列剧本的首出下场诗末句点明了剧名：

黄拒天心怀暴雪　李翠云节操坚刚　李昌国立孤为友　十义记万古流传（《十义记》）

鲤鱼精混混凡世　金牡丹多受灾迍　开封府包拯断问　显神通鱼篮观音（《观音鱼篮记》）

刘汉卿遭冤受苦　张继母嫉妒偏心　遇龙宫三般宝贝　白蛇记万古流传（《刘汉卿白蛇记》）

郭名卿误登科第　王月英寺里遗鞋　包文拯判成婚配　胭脂记永播京台（《胭脂记》）

刘尚书遇乱遭奸计　古押衙假作偷花使　无双女死后得重生　王仙客两赠明珠记（陆采《明珠记》）

贾午姐风流绝代　春英奴撮合多方　贾司空粉墙觅迹　韩德真青琐怀香（陆采《怀香记》）

戒烟花倾家殒命　表贞烈截发毁容　临安郡书生雪耻　癸灵庙玉玦重逢（郑若庸《玉玦记》）

高殿帅纵子淫乱　杨府尹决断分明　张真娘冰霜守节　林武师宝剑传名（李开先《宝剑记》）

---

① （明）徐渭：《南词叙录》，中国戏曲研究院编：《中国古典戏曲论著集成》（三），中国戏剧出版社1959年版，第246页。

上列八剧中，前四剧在首出下场诗末句点明剧名，是因为它们的准确创作时间虽然不能确知，但从年代上看相对靠前。陆采、郑若庸、李开先的生活年代基本处于明中期的前半段，与明中期后半段曲家相比，他们更有可能相对了解宋元以及明初戏文的剧本体制特征，因此会用首出下场诗的末句来点明剧名。后四剧中，《明珠记》的创作时间最早，为正德十年（1515）[①]，用下场诗末句显示剧名的特点也最为明显，与《王状元荆钗记》八言四句的方式如出一辙：

王状元不就东床婿　万俟相改调潮阳去　孙汝权谋书套信归
钱玉莲守节荆钗记

创作时间稍为靠后的《怀香记》《玉玦记》《宝剑记》以末句显剧名则没有如此精巧。由《明珠记》以首出下场诗末句醒目标剧名，到《玉玦记》《宝剑记》适当标剧名，再到《浣纱记》不用下场诗标剧名，可以看出在"题目"这一结构体制上，明中期传奇体制已经与它的母体宋元戏文越来越远，渐渐形成自己的特点。

传奇剧本体制用首出下场诗代替"题目"，而同时期的杂剧体制则逐渐淡化乃至取消"题目正名"。这说明，无论是创作传奇还是创作杂剧，明中期曲家都逐渐改变或者扬弃了"题目"这一外在形式。下场诗的普遍存在也说明了明中期文人进行戏曲创作更加普遍，下场诗以"白"的形式表达，与文人吟诗的习惯有明显联系。不仅如此，明中期戏曲体制的许多革新，都与案头阅读、书刊印刷有关。根据钱南扬先生的观点，在宋、金、元时代，各种技艺的演出，必预先贴出广告招揽生意，而题目正是写广告用的。[②] 而到了明中期以后，由于刊刻的剧本多用于读者阅读，因此"题目"的广告功能就没有那么强大了。取消"题目"，改成整齐的下场诗形式，更方便阅读。也许正是这个原因，杂剧与传奇才会逐渐在"题目"的形式上进行了革新。

（二）结构段落

与宋元戏文相比，明中期传奇在结构段落的组织安排上也出现了新的

---

① 郭英德编著：《明清传奇综录》（上册），河北教育出版社 1997 年版，第 38 页。
② 钱南扬：《戏文概论》，上海古籍出版社 1981 年版，第 164 页。

特征。

第一，出现了分卷的组织形式。宋元戏文不分卷，剧本浑然一体。在杂剧中，明初刘东生《金童玉女娇红记》［现存明宣德乙卯（1435）金陵积德堂刊本］以两组"题目正名"、一组"总关目"的方式表现整个剧本分成两卷的意图。但直到嘉靖年间，传奇才开始分卷。《宝剑记》现存明嘉靖二十六年（1547）原刻本，分两卷。关于分卷数目，各本情况各异，像《宝剑记》分两卷，郑之珍《目连救母劝善记》（现存明万历高石山房原刻本）分三卷，《荔枝记》［现存万历九年（1581）明刻本］分四卷；同一剧本不同版本，既有分两卷的，也有分四卷的，如《香囊记》，万历间金陵世德堂刻本分四卷，万历间继志斋刻本分两卷。但整体而言，明中期传奇基本分为两卷。传奇分卷，是为了适应演出时的分场需要，一般不会在分卷处特别设置开场。唯有分三卷的《目连救母劝善记》特殊，由于此剧体制宏大，共一百〇三出，所以该剧按故事情节分为三卷，每卷都有各自的开场。因此，三卷既可以分为三场戏，又可合为一部大戏，方便演出。

第二，出现了分出的形式。长篇传奇外部结构分卷定型于明中期，其内部情节分出段落，以出（折）标注，也基本定型于明中期。现存宣德六、七年（1431—1432）间写本《刘希必金钗记》，分成六十七出，是至今能见到的最早分出的剧本。嘉靖二十六年刊本《宝剑记》、嘉靖二十七年（1548）苏州坊刻巾箱本《琵琶记》开始分出。自此，传奇分出形式渐为流行。但是，明中期所刻的剧本，"出""齣""折"是不具备区别意义的，在不同剧本中是被随意使用的。① 与宋元戏文篇幅长短相差较大的情况相比②，明中期开始定型的传奇剧本采取了三十一出到五十出之间的通例③。

第三，给每出写题目，即采取了"出目"的形式。一开始分出的传奇剧本，没有出目。上述宣德年间写本《刘希必金钗记》、嘉靖二十六年明刊本《宝剑记》、嘉靖二十七年（1548）苏州坊刻巾箱本《琵琶记》虽然分出，但均无出目。嘉靖三十二年（1553）重刊的戏曲选集《风月锦囊》所收剧目

---

① 钱南扬：《戏文概论》，上海古籍出版社1981年版，第169页。

② 以钱南扬先生校注本为例，《张协状元》分为五十三出，陆抄本《琵琶记》分为四十二出，《小孙屠》有二十一出，《宦门子弟错立身》最短，仅有十四出。

③ 郭英德：《明清传奇戏曲文体研究》，商务印书馆2004年版，第66页。

散出已多有出目，但字数不齐；直到嘉靖四十五年（1566）刊本《荔镜记》不仅分五十五出，而且标有整齐的四字出目。出目字数与剧本卷数一样，各本情况各异，而且显得更加参差不齐。明中期传奇出目以四字居多，但字数不等，情况不一，如郑国轩《刘汉卿白蛇记》在四字目居多的情况下，穿插有六字目（第二十三出《南庄杀鸡待叔》，第三十一出《张婆计害廷珍》，第三十四出《廷珍狱中见母》，第三十六出《荣归画锦团圆》），还插入五字目（第三十五出《廷珍遇父叔》）。另外，张凤翼《窃符记》全剧四十出，均为七字目。再以明代的戏曲选集为例，嘉靖间刊刻的《风月锦囊》和万历前中期刊刻的《词林一枝》《群音类选》等收录剧本出目以四字为主。可见，明中期传奇出目以四字居多。

由上可知，长篇传奇体制分出标目的剧本段落结构大约定型于嘉靖年间。应该指出，明中期传奇剧本分卷、分出、标目，是一种结构形式上的进步。因为传奇篇幅较大，不分卷、不分出、不标目，不利于演出与阅读。分卷、分出、标目，尤其对于提高读者的阅读质量而言，意义重大。

（三）每出下场诗与卷末收场诗

1. 每出下场诗

宋元戏文在每出戏的末尾，人物在下场之前会念韵语二句或四句，一般称其为"下场诗""收场诗"或"落场诗"。徐扶明先生认为，这种体例可能来源于宋元话本的收场诗。[①]

嘉靖二十六年刊本《宝剑记》第三十八、四十九出没有下场诗，第三十三、三十七、四十二出下场诗为五言四句韵语，第四十四出下场诗为七言二句韵语，第四十八出下场诗为七言八句韵语，其余各出下场诗均为七言四句韵语。万历九年（1581）刊本《荔枝记》分为四十七出，只有九出末尾有下场诗（不包括第四十七出末尾的卷末收场诗），第一、二、十三、三十五、四十一、四十六出下场诗为七言四句韵语，第二十八出下场诗为七言二句韵语，第十四、十七出下场诗为五言二句韵语。可见明中期的戏文改编本或传奇创作本，虽然大多采用了下场诗，但形式仍然不太整齐规范。这与明后期的下场诗形式不一样，"至明后期，下场诗为传奇戏曲剧

① 徐扶明：《试论明清传奇长篇体制》，赵景深主编：《戏曲论丛》（第1辑），甘肃人民出版社1986年版，第95页。

本普遍采用，并基本规范为四句韵语"①。

　　明中期某些曲家有意拼凑唐人四句诗作为下场诗，名之为"集唐"。王骥德《曲律》卷三《论落诗》评论："自《玉玦》易诗语为之，于是争趋于文。迩有集唐句以逞新奇者，不知喃喃作何语矣。"② 根据郭英德先生的观点，最早用"集唐"为下场诗的传奇是《浣纱记》。③ 由于初次尝试用"集唐"方式撰写下场诗，大多并非为剧情而作，只是极力搜录拼凑，难免词不达意、文不对题。因此王骥德以"所谓风乍起，吹皱一池春水，干卿何事"④ 来讽刺《浣纱记·游春》的下场诗"芙蓉脂肉绿云鬟，罨画楼台青黛山。千树桃花万年药，不知何事忆人间"。此诗出自唐代元稹《刘阮妻》诗，确实与此出述说范蠡初次邂逅西施的剧情无甚联系。"集唐"之风在明中期的兴起，一方面固然是曲家逞才露艺、争奇逐新的表现，另一方面也带有复古主义文艺思潮影响的痕迹。当然，梁辰鱼在《浣纱记》中还不是全部用"集唐"的下场诗，仍有部分是自己创作的。而汤显祖作于万历二十六年（1598）的《牡丹亭》全本下场诗均用"集唐"诗句，晚明阮大铖、清初洪升也是此道之爱好者。可见明中期传奇"集唐"之风也影响了晚明清初的曲家。

　　2. 卷末收场诗

　　剧本末句的下场诗被视为全剧的收场诗，往往与首出副末开场的下场诗遥相呼应，起到深化主题的作用。与其他每出的下场诗一样，明中期传奇剧本的卷末收场诗也经历了从参差不齐到整齐规范的过程。就本书所讨论的剧本而言，有三本无卷末收场诗（《连环记》《珍珠记》《刘汉卿白蛇记》，其中《连环记》亦无开场诗）；卷末收场诗为韵语七言二句的有两本[《观音鱼篮记》、《目连救母劝善记》（下卷）]；卷末收场诗为七言六句韵语的有一本（《宝剑记》，且标明"正名"，这是向杂剧体制学习留下的痕迹）；卷末收场诗为七言十句韵语的有一本（《伍伦全备记》）；卷末收场诗为七言八句韵语的有十五本（《紫钗记》《性天风月通玄记》《双忠

　　① 郭英德：《明清传奇戏曲文体研究》，商务印书馆 2004 年版，第 70 页。

　　② （明）王骥德：《曲律》，中国戏曲研究院编：《中国古典戏曲论著集成》（四），中国戏剧出版社 1959 年版，第 142 页。

　　③ 郭英德：《明清传奇戏曲文体研究》，商务印书馆 2004 年版，第 71 页。

　　④ （明）王骥德：《曲律》，中国戏曲研究院编：《中国古典戏曲论著集成》（四），中国戏剧出版社 1959 年版，第 142 页。

记》《金印记》《和戎记》《金貂记》《商辂三元记》《十义记》《跃鲤记》《虎符记》《明珠记》《玉丸记》《荔镜记》《琴心记》《胭脂记》）；卷末收场诗为五言四句韵语的有两本（《绣襦记》《断发记》）；卷末收场诗为七言四句韵语的有三十本（《灌园记》、《双珠记》、《紫箫记》、《香囊记》、《易鞋记》、《裴度还带记》、《红拂记》、《双烈记》、《草庐记》、《三元记》、《目连救母劝善记》（上、中二卷）、《南西厢记》（陆采）、《浣纱记》、《四美记》、《祝发记》、《白袍记》、《古玉环记》、《窃符记》、《千金记》、《四喜记》、《玉玦记》、《怀香记》、《南西厢记》（李日华）、《鸣凤记》、《升仙记》、《玉簪记》、《青衫记》、《玉合记》、《芙蓉记》、《红蕖记》）。上述统计数字表明，明中期传奇的卷末收场诗，基本定型为七言四句的韵语。

（四）角色安排

徐渭《南词叙录》介绍了南戏中常见的人物角色：生、旦、外、贴、丑、净、末[1]，并与北剧角色作了对比。明中期传奇逐渐把各种角色的性质与地位确立下来：生旦为剧中主角，且扮演正面人物；插科打诨的任务由净、丑承担，有时末也可客串；外、贴一般担任正面的配角或第二主角，贴会简写为占；反角一般由净扮演。此外，角色行当也越来越丰富，出现了小生、小旦、老旦、小外等。传奇中大多采用生旦双线结构，但通常以生角为主角。同时，也有不少剧本不以角色指称人物，而是以人名简称呼之，如《目连救母劝善记》中刘氏被称为夫，《草庐记》直呼刘、关、张、赵，《紫箫记》全篇都直称人名：李十郎、霍小玉、郑六娘等，《性天风月通玄记》则直称柴、媒、姹等，《紫钗记》除了生、旦外，其余角色均以姓名称之。

与杂剧相比，南戏与传奇的篇幅更大，角色更加丰富，每个角色的功能划分更加明细，给曲家创作提供了更加便利的条件，也更适合塑造各种不同的人物形象，展现不同的语言风格。传奇在明中期创作的繁荣，与这种角色体制关系密切，而文人对传奇的热衷，亦与传奇角色可以让他们尽情发挥有关。

---

[1]　（明）徐渭：《南词叙录》，中国戏曲研究院编：《中国古典戏曲论著集成》（三），中国戏剧出版社 1959 年版，第 245-246 页。

二 音乐格律化的探索

祝允明在《猥谈》中写道：

> 自国初以来，公私尚用优伶供事。数十年来，所谓南戏盛
> 行，更为无端。于是声乐大乱。南戏出于宣和之后、南渡之际，
> 谓之温州杂剧。……如《赵真女》《蔡二郎》等，亦不甚多。以
> 后日增。今遍满四方，转以多益，又不如旧，而歌唱愈谬，极厌
> 观听，盖已略无腔调（音者，七音；律者，十二律吕；腔者，章
> 句字数，长短高下，疾徐抑扬之节，各有部位；调者，旧八十四
> 调，后十七宫调，今十一调，正宫不可为中吕之类）。愚人蠢工，
> 徇意更改，妄名余姚腔、海盐腔、弋阳腔、昆山腔之类。变易喉
> 舌，趁逐抑扬，杜撰百端，真胡说耳。若以被之管弦，必至失笑
> 矣。而昧士喜之，互自为谩耳。①

祝允明卒于嘉靖五年（1526），他所说的"数十年来"，当指弘治、正
德年间。这材料说明了当时南戏"声乐大乱""略无音律腔调"的混乱现
象，这种现象背后是当时南戏正处于积极的探索阶段，缺乏足够的规范。
祝允明等人对于戏曲音乐格律比较熟悉，也曾探讨过音乐格律化问题。沈
宠绥《度曲须知》在列举了"词学先贤姓氏"名单后说："已上诸名公，
缘著作有关声学，予前后二集，稽采良多，用识爵里，不忘所自云。"② 祝
允明和唐伯虎名列"词学先贤姓氏"之中，可知弘治、正德年间祝允明、
唐寅确实写过戏曲音律著作，对音乐格律化进行过一定的探索，并且产生
过一定影响，对晚明时期沈宠绥的写作有所裨益，只可惜他们的著作今已
散失。但毋庸置疑的是，明中期曲家在音乐体式上进行了多方面的探索。

首先，明中期曲家在宫调上探索了传奇的音乐体式。嘉靖二十八年
（1549），蒋孝有感于当时"人各以耳目所见，妄为述作，遂使宫徵乖误，
不能比诸管弦，而谐声依永之义远矣"，因此以陈氏、白氏"所藏《九宫》

---

① （明）祝允明：《猥谈》，续修四库全书编纂委员会编：《续修四库全书》（第1192册），
上海古籍出版社2002年版，第365页。

② （明）沈宠绥：《度曲须知》，中国戏曲研究院编：《中国古典戏曲论著集成》（五），中国
戏剧出版社1959年版，第191—192页。

《十三调》二谱"为底本，"遂辑南人所度曲数十家，其调与谱合及乐府所载南小令，汇成一书"，希望能对曲家有所裨益，"以备词林之阙"①。蒋孝的《南小令宫调谱序》是明代戏曲理论史上出现较早的一篇曲律声乐论，对明中期南曲创作有指导意义。

其次，明中期曲家探索了南曲声腔的问题。嘉靖前期，魏良辅在张野塘、过云适等人的协助下，对流行于昆山一带的南曲腔调进行了加工改良，博采众长，使之更为轻柔婉转，形成一种以"水磨调"为特色的新腔。魏良辅改良的昆山腔一开始主要用于宴会清唱，但自从梁辰鱼首次用昆山腔创作传奇《浣纱记》后，昆山腔新声得到进一步推广和传播，不再"止行于吴中"②了。

由上论述可知，在明中期，蒋孝从曲谱宫调、魏良辅等人从声腔方面探索了音乐体式的格律化。客观地说，与当时热闹的传奇创作现状相比，这种格律化的探索并不匹配。所以，从某种程度上说，明中期传奇的剧本体制是基本定型了，但音乐格式远远没有实现格律化。因此，明中期传奇的音乐体式大体上依然遵循了南曲戏文的民间特色。也就是说，明中期传奇的剧本体制是文人化了，但音乐体制还是民间化，具体表现如下：

第一，明中期传奇作品的押韵大多数遵循了南戏民间传统韵辙。③ 徐霖《绣襦记》用韵自由，较多地保留了民间南戏的质朴性。《绣襦记》第三、五、十一、十三、二十一、二十五、三十、三十二、三十四、三十九出等歌戈、鱼模通押，第十九出支思、鱼模又和齐微通押，第二十九出齐微、皆来通押，其他如庚青和贞文通押，寒山、桓欢和先天通押，甚至又和廉纤、监咸通押。许多出一再换韵，尤以第二十八、三十五、三十六、四十一出最为混杂。④

陆采《明珠记》中邻韵通押的现象相当普遍。如以歌戈协家麻（第十八、十九出），皆来协齐微（第十二出），桓欢协先天（第十四出），鱼模协歌戈（第十六、十七出），鱼模、支思、齐微通押（第二十三出《字字

① （明）蒋孝：《南小令宫调谱序》，《旧编南九宫谱》，《玄览堂丛书》影印本三集，卷首。

② （明）徐渭：《南词叙录》，中国戏曲研究院编：《中国古典戏曲论著集成》（三），中国戏剧出版社1959年版，第242页。

③ 此处押韵情况的分析参考了徐朔方先生在《徐朔方集》卷二、三、四中的有关论述。

④ 徐朔方：《徐朔方集》卷二《晚明曲家年谱·苏州卷·徐霖年谱》，浙江古籍出版社1993年版，第5-6页。

双》），真文协侵寻（第二十七出），尤侯协鱼模（第三十五出），廉纤协监咸（第三十七出）。① 因此吕天成《曲品》评云："抒写处有景有情，但音律多不叶。"②

高濂创作《玉簪记》的时间是隆庆四年（1570），此时昆山腔在杭州还没有占据舞台优势。《琴挑》四支《朝元歌》真文、庚青、侵寻韵通押③，因此招致明人冯梦龙与近人吴梅的批评。冯梦龙《太霞新奏》评云："时有俊语，而于律调未甚精解。"吴梅尝指摘云："至于用韵之夹杂，句读之舛误，更无论矣。"④

即使是第一部为昆山腔而作的梁辰鱼传奇《浣纱记》，也使用了南戏民间传统韵辙。如支思、鱼模韵（第二出），寒山、桓欢韵（第十五出），桓欢、先天韵（第十五、十九出），庚青、真文韵（第十七、二十三出），家麻、齐微韵（第三十五出）通押的情况不一而足。⑤

《浣纱记》之后的许多传奇作品亦是如此，如顾大典《青衫记》第五出鱼模、齐微、支思混用，第八出用先天韵，而〔破阵子〕弹字是寒山韵，〔六犯清音〕掩字是廉纤韵。⑥

张凤翼在选调押韵方面以早期南戏为圭臬，比较宽松自由，常有出韵或邻韵通押的现象。因此，侄婿徐复祚批评他："但用吴音，先天、帘纤随口乱押，开闭阖辨，不复知有周韵矣。"⑦ 沈德符也曾对张凤翼的用韵提出疑问，张凤翼回答："子见高则诚《琵琶记》否？余用此例，奈何讶之！"⑧ 可见张凤翼在传奇创作中遵循了以《琵琶记》等为代表的南戏民间韵辙。

---

① 徐朔方：《徐朔方集》卷二《晚明曲家年谱·苏州卷·陆采年谱》，浙江古籍出版社1993年版，第99页。

② （明）吕天成：《曲品》，中国戏曲研究院编：《中国古典戏曲论著集成》（六），中国戏剧出版社1959年版，第231页。

③ 徐朔方：《徐朔方集》卷三《晚明曲家年谱·浙江卷·高濂行实系年》，浙江古籍出版社1993年版，第204-205页。

④ 吴梅著，王卫民编：《吴梅戏曲论文集·瞿安读曲记》，中国戏剧出版社1983年版，第432页。

⑤ 徐朔方：《徐朔方集》卷二《晚明曲家年谱·自序》，浙江古籍出版社1993年版，第6页。

⑥ 徐朔方：《徐朔方集》卷二《晚明曲家年谱·自序》，浙江古籍出版社1993年版，第7页。

⑦ （明）徐复祚：《曲论》，中国戏曲研究院编：《中国古典戏曲论著集成》（四），中国戏剧出版社1959年版，第237页。

⑧ （明）沈德符：《顾曲杂言》，中国戏曲研究院编：《中国古典戏曲论著集成》（四），中国戏剧出版社1959年版，第208页。

　　梅鼎祚《玉合记》全剧四十出，第一、三、四、六、三十二出等都不
是一韵到底（因更换场次而换韵的不计在内）；用韵庞杂，不同韵部通押
的例子如下：第三出〔醉罗歌〕齐微、鱼模与支思；〔诵子令〕皆来与齐
微；第七出〔西地锦〕真文、庚青与东钟；第八出〔倒拖船〕齐微与鱼
模；第十一出〔一江风〕先天与寒山、桓欢；第十七出〔驻云飞〕歌戈与
家麻；第十四出〔浪淘沙〕、第二十二出〔风入松〕寒山与先天；第二十
三出〔霜天晓角〕支思与齐微；第二十八出〔月儿高〕、第三十四出〔金
蕉叶〕先天与桓欢；第三十七出〔醉花阴〕齐微与支思；〔南画眉序〕齐
微与皆来。①

　　只有极少数作品例外，如郑若庸《玉玦记》几乎每出一韵，极少混
韵，押韵严谨。因此王骥德说："南曲自《玉玦记》出，而宫调之饬，与
押韵之严，始为反正之祖。"②徐复祚则评曰："乃其用韵，未尝不守德清
之约。"③ 事实上，直到晚明，曲家才逐渐建立起以元人周德清《中原音
韵》为押韵原则的体系。

　　第二，就声腔而言，即使昆山腔被魏良辅等人改良过，传奇作品也不
全为昆山腔而作。王世贞曾嘲笑李开先的传奇作品《宝剑记》："第令吴中
教师十人唱过，随腔字改妥，乃可传耳。"④ 王世贞在此显然是强人所难，
因为李开先《宝剑记》本不是为昆山腔演唱而作，又怎能用昆山腔而律之
呢？汤显祖早期之作《紫箫记》《紫钗记》（创作时间均为明中期），以及
后期之作都是宜黄腔（即海盐腔的一个分支）⑤ 剧本，因此招致晚明人的
批评："临川多宜黄土音，腔、板绝不分辨，衬字、衬句凑插乖舛，未免
拗折人嗓子。"⑥ 此外，梅鼎祚的剧本《玉合记》也是海盐腔剧本。⑦ 这些

---

　　① 徐朔方：《徐朔方集》卷四《晚明曲家年谱·皖赣卷·梅鼎祚年谱》，浙江古籍出版社
1993 年版，第 108 页。
　　② （明）王骥德：《曲律》，中国戏曲研究院编：《中国古典戏曲论著集成》（四），中国戏剧
出版社 1959 年版，第 111 页。
　　③ （明）徐复祚：《曲论》，中国戏曲研究院编：《中国古典戏曲论著集成》（四），中国戏剧
出版社 1959 年版，第 237 页。
　　④ （明）王世贞：《曲藻》，中国戏曲研究院编：《中国古典戏曲论著集成》（四），中国戏剧
出版社 1959 年版，第 36 页。
　　⑤ 参见徐朔方：《徐朔方说戏曲》，上海古籍出版社 2000 年版，第 105-110 页。
　　⑥ （明）吴侬蒦鸭：《梦花酣序》，（明）范文若：《梦花酣》传奇卷首，《古本戏曲丛刊》
编辑委员会编：《古本戏曲丛刊·二集》，商务印书馆 1955 年影印本。
　　⑦ 参见徐朔方：《徐朔方说戏曲》，上海古籍出版社 2000 年版，第 106 页。

作品都作于魏良辅改良昆山腔之后。可见认为昆山腔产生后，所有传奇均是为昆山腔而作这一观点是不符合事实的。

▣ 情节结构与叙事技巧

明中期传奇曲家群中，早期曲家（主要指嘉靖年以前）由于深受民间南戏传统影响，大多缺乏创造性，并不娴熟于建构情节结构，叙事技巧相对稚嫩。早期的戏文在把握较为复杂的故事结构上，存在明显不足，曲家构建的叙事结构大多较为简单，如《琵琶记》《荆钗记》《拜月亭》《白兔记》《杀狗记》等都采用了一生一旦的双线并进结构，因此不少传奇作家在创作时就有意构建一生一旦的平衡结构。遗憾的是，部分创作实践并不太成功，其他曲家则开始尝试更加复杂的叙事结构。如成化、弘治年间的《东窗记》添上岳妻一线，《千金记》插入韩妻一线，《投笔记》加入对班母、班妻的描写，这些内容由于游离主线，对剧情发展都没有起到锦上添花之效，反而有画蛇添足之嫌，被认为是多此一举。吕天成评《千金记》："但事业有余，闺阃处太寥落，且旦是增出。只入虞姬、漂母，亦何不可？"① 祁彪佳亦有同感："所演皆英雄本色，闺阁处便觉寂寥。"② 吕天成认为《投笔记》"旦"之一线亦是多余，评云："何不只用曹大家？"③《曲海总目提要》卷四十三则指出《投笔记》构思的漏洞："其班超之母，本传亦未载，超在西域三十余年，不应其母尚存。"④ 此外，《裴度还带记》中周女在后半部分情节中没有着落，实属败笔。郑若庸《玉玦记》的情节结构也较粗糙，前半部分袭用唐代传奇《李娃传》中的妓女负心情节，后半部分又借用《王魁负桂英》的故事，但把负心人由书生改成妓女。此剧把两段故事合成一剧，前后衔接不太严密。情节结构最受诟病的应是《伍伦全备记》。为了阐述忠孝节义的教化主题，此剧的情节安排甚至不惜牺牲客观逻辑性，使封建人伦中的三纲五常关系全部集中在一个家庭中，情节就是伦理的图解化。这体现了刚刚涉足传奇创作的曲家在叙事技巧上还

---

① （明）吕天成：《曲品》，中国戏曲研究院编：《中国古典戏曲论著集成》（六），中国戏剧出版社 1959 年版，第 226 页。

② （明）祁彪佳：《远山堂曲品》，中国戏曲研究院编：《中国古典戏曲论著集成》（六），中国戏剧出版社 1959 年版，第 129 页。

③ （明）吕天成：《曲品》，中国戏曲研究院编：《中国古典戏曲论著集成》（六），中国戏剧出版社 1959 年版，第 228 页。

④ 董康辑：《曲海总目提要》，人民文学出版社 1959 年版，第 1972 页。

未臻成熟。

明代曲家文人化的倾向突出，熟悉传统诗文写作习惯的作家们，在驾驭更为复杂的叙事文学的时候，相关经验明显不足。客观地说，此时的传奇叙事技巧整体上虽未臻佳境，但也略有闪光之处。王济《连环记》的生旦安排不落窠臼：生角饰王允，老旦饰王妻；旦角饰貂蝉，小生饰吕布。这是因为全剧戏份主要集中在王允和貂蝉身上，如此安排并不囿于生旦分演夫妻二人的传统，这一细节处理比《东窗记》《千金记》《投笔记》等为了生旦双线对称而生硬穿插旦线显得更富于舞台性。因此，徐复祚评曰："王雨舟改北《王允连环记》为南，佳。"① 郑若庸《玉玦记》虽然情节结构略显粗糙，但在排场安排上则将王商与妻子的离合故事与南宋抗金史实结合起来。叙事效果虽不太理想，但启迪了后来曲家在文戏中穿插武戏、儿女私情中穿插国家大事的做法。明代初年，曲家们开始尝试更为复杂的叙事模式，传奇的叙事探索明显是对北曲杂剧的推动。

从陆采开始，传奇曲家就有意识地安排情节结构。陆采《明珠记》情节紧凑、结构严谨，不像一般的传奇结构那样较为松散。以"明珠"得失作为人物离合的象征，贯穿全剧始终；第十五出和第十六出之间的时间跨度为三年，很好地解决了叙事烦冗拖沓的毛病，而把主要笔墨花在了如何营救刘无双的谋划和实施上，使得情节不至于芜杂散漫。因此，吕天成《曲品》评云："然其布局运思，是词坛一大将也。"② 李调元亦云："其穿插处颇有巧思。"③ 又如沈鲸《双珠记》的情节构思精巧，吕天成评云："情节极苦，串合最巧，观之惨然。"④ 梁廷楠亦评云："《双珠记》通部细针密线，其穿穴照应处，如天衣无缝，具见巧思。"⑤ 其后梁辰鱼《浣纱记》情节结构的特色不在于一生一旦双线结构，而在于把爱情与政治结合起来，爱情一线以虚出之，政治一线以实叙之，以才子佳人的悲欢离合来

① （明）徐复祚：《曲论》，中国戏曲研究院编：《中国古典戏曲论著集成》（四），中国戏剧出版社 1959 年版，第 239 页。

② （明）吕天成：《曲品》，中国戏曲研究院编：《中国古典戏曲论著集成》（六），中国戏剧出版社 1959 年版，第 231 页。

③ （清）李调元：《雨村曲话》，中国戏曲研究院编：《中国古典戏曲论著集成》（八），中国戏剧出版社 1959 年版，第 19 页。

④ （明）吕天成：《曲品》，中国戏曲研究院编：《中国古典戏曲论著集成》（六），中国戏剧出版社 1959 年版，第 238 页。

⑤ （清）梁廷楠：《曲话》，中国戏曲研究院编：《中国古典戏曲论著集成》（八），中国戏剧出版社 1959 年版，第 277 页。

反映历史兴亡的感慨。这种虚实结合的情节结构技巧对后世影响很大。我们可以在清代洪昇《长生殿》、孔尚任《桃花扇》中看到《浣纱记》的影子。无名氏《鸣凤记》描述了嘉靖年间杨继盛等人与严嵩一党之间的政治斗争，是明中期很有影响的一部"时事剧"。在情节结构上，此剧采用了双生双旦的结构形式，将十几年间的激烈斗争有条不紊地展示出来。吕天成《曲品》曰："纪诸事甚悉，令人有手刃贼嵩之意。"①李卓吾《鸣凤记总评》曰："凡传奇之胜，乃在结构玲珑，令人不测。如此部传奇，填词度曲时入圣境，亦可谓极尽才人之致矣！而小小串插，良工苦心，不谓无之。"②张凤翼《红拂记》的双生双旦双重情节结构比《鸣凤记》更胜一筹。因为红拂、李靖一线与乐昌公主、徐德言一线不仅结构平衡、相互对称，更是两两对比，起到深化主题的作用。借公主一线之被动、软弱反衬红拂夜奔李靖一线之主动、大胆，这是《红拂记》在情节结构上不落俗套的高明之处，比《鸣凤记》中双生双旦的平淡叙事要巧妙得多。

　　传奇文人化对叙事结构的影响非常明显。大部分的传奇作品，动辄四五十出，规模过于庞大，且每出唱曲数量繁多，有的多达十几曲以上，大量堆砌唱曲而罔顾舞台实际情况，不仅对叙事产生了不利影响，也不利于场上表演。整体而言，明中期传奇情节结构与叙事技巧的缺点较为突出。第一，繁芜冗长。如《浣纱记》，王世贞《曲藻》评云："梁伯龙《吴越春秋》，满而妥，间流冗长。"③吕天成《曲品》评云："罗织富丽，局面甚大，第恨不能谨严。中有可减处，当一删耳。"④《浣纱记》辞藻华丽，文人习气较为明显，铺排手法颇多，对戏曲的叙事文学本质理解不甚深入。又如《宝剑记》，祁彪佳《远山堂曲品》批评其结构云："且此公不识炼局之法，故重复处颇多。"⑤ 第二，结构松散。如徐复祚《曲论》评

---

　　① （明）吕天成：《曲品》，中国戏曲研究院编：《中国古典戏曲论著集成》（六），中国戏剧出版社 1959 年版，第 249 页。

　　② 引自朱万曙：《李卓吾评批的〈三刻五种传奇〉》，吴敢、杨胜生编：《古代戏曲论坛》，江苏古籍出版社 2001 年版，第 118 页。

　　③ （明）王世贞：《曲藻》，中国戏曲研究院编：《中国古典戏曲论著集成》（四），中国戏剧出版社 1959 年版，第 37 页。

　　④ （明）吕天成：《曲品》，中国戏曲研究院编：《中国古典戏曲论著集成》（六），中国戏剧出版社 1959 年版，第 232 页。

　　⑤ （明）祁彪佳：《远山堂曲品》，中国戏曲研究院编：《中国古典戏曲论著集成》（六），中国戏剧出版社 1959 年版，第 47 页。

《浣纱记》云："关目散缓，无骨无筋，全无收摄。"① 又如《玉合记》的情节结构散漫，被李贽《焚书》评云："此记亦有许多曲折，但当紧要处却缓慢，却泛散，是以未尽其美。"② 第三，情节结构不利于舞台表演。由于明中期传奇过分强调语言的文采性，所以在一定程度上忽视了曲作的舞台性，即不当行于舞台。如《节孝记》，祁彪佳《远山堂曲品》评云："陶元亮之《归去辞》，李令伯之《陈情表》，皆是千古至文，合之为《节孝》，想见作者胸次。但于二公生平概矣，未现精神。且《赋归》十六折，而陶凡十五出；《陈情》十六折，而李凡十三出：不识场上劳逸之节。"③ 可见曲家只考虑到主体抒怀的需要，却忽略了舞台调度的实际情况。又如《琴心记》，徐复祚《曲论》评云："第头脑太乱，脚色太多，大伤体裁，不便于登场。"④ 又如《宝剑记》第四十一、四十二、四十三出连续三出都是由林妻张氏一人登场，舞台场次失于调度，角色不分劳逸，所以周贻白先生说："在这一时期的传奇作者，仍只讲究案头的文词，而不作舞台的联系，这情况是很明白的。"⑤ 换言之，明中期传奇大多是案头之曲。

明中期只有少数曲家考虑叙事的紧凑对舞台性的影响。如王济《连环记》，全剧三十出，长短合宜，每出曲子大多三五支，考虑到了舞台演出的实际需要。再如张凤翼，在明中期众多传奇曲家中，他最注意剧本的舞台性与排场安排。他的作品规模合宜，《红拂记》三十四出，《祝发记》二十八出，《灌园记》三十出，《窃符记》四十出，《虎符记》四十出，每一出大多有四五支曲子，曲、白配合较好，叙事紧凑，具有较强的舞台表演性。清初孔尚任在《桃花扇·凡例》中指出："各本填词，每一长折，例用十曲，短折例用八曲。优人删繁就简，只歌五六曲，往往去留弗当，辜作者之苦心。今于长折，止填八曲，短折或六或四，不令再删故也。"⑥ 早

---

① （明）徐复祚：《曲论》，中国戏曲研究院编：《中国古典戏曲论著集成》（四），中国戏剧出版社1959年版，第239页。

② （明）李贽：《焚书》卷三，四库禁毁书丛刊编纂委员会编：《四库禁毁书丛刊》集部第140册，北京出版社1997年版，第316页。

③ （明）祁彪佳：《远山堂曲品》，中国戏曲研究院编：《中国古典戏曲论著集成》（六），中国戏剧出版社1959年版，第50页。

④ （明）徐复祚：《曲论》，中国戏曲研究院编：《中国古典戏曲论著集成》（四），中国戏剧出版社1959年版，第244-245页。

⑤ 周贻白：《中国戏剧史长编》，上海书店出版社2004年版，第270页。

⑥ （清）孔尚任：《凡例》，《桃花扇》传奇卷首，《古本戏曲丛刊》编辑委员会编：《古本戏曲丛刊·五集》，上海古籍出版社1986年影印本。

于孔尚任一百多年，王济、张凤翼已经如此实践，可见他们创作技巧的难得，当然也凸显了其他明中期曲家还不谙于此道。可见，虽然剧本体制基本定型，但剧本当行性尚须进一步完善与打磨。

（四）语言风格的典雅化

整体而言，明中期传奇语言风格的发展历程是从通俗走向典雅。嘉靖以前，如《伍伦全备记》语言俚俗无文、《跃鲤记》语言质朴通俗，明代前期曲坛，南戏传奇影响不大，曲家也缺乏对语言足够的重视，反而保持了朴素的民间色彩。然而也正是在嘉靖年间，语言风格开始孕育着新变因素。曲家对于传奇兴趣日浓，曲体在叙事上的优势以及曲词写作的自由，得到了曲家的重视。他们对于传奇语言的本色特征更加推崇，如祁彪佳评《跃鲤记》："任质之词，字句恰好；即一节生情，能展转写出。"① 焦循引用《谭辂》评语："《姜诗》传奇，相传是学究陈罴斋所作，虽粗浅，然填词亦亲切有味，且甚能感动人，似有裨于风化，不可以其肤浅而弃之。"② 这一时期《香囊记》的典雅、《连环记》的雅洁开始昭示着语言风格变化的萌芽。

从嘉靖年间起，与杂剧语言逐渐雅化互相呼应，传奇语言也走上雅化进程，形成明中期传奇语言的"文词派"，也可称"骈绮派"。关于此派的由来，王骥德在《曲律》中描述得最为清晰："曲之始，止本色一家，观元剧及《琵琶》《拜月》二记可见。自《香囊记》以儒门手脚为之，遂滥觞而有文词家一体。近郑若庸《玉玦记》作，而益工修词，质几尽掩。"③ 吕天成、祁彪佳也注意到了这一派的语言风格。吕天成在品评《玉玦记》时说："典雅工丽，可咏可歌，开后人骈绮之派。"④ 祁彪佳在点评《玉合记》时说："骈骊之派，本于《玉玦》，而组织渐近自然，故香色出于俊

---

① （明）祁彪佳：《远山堂曲品》，中国戏曲研究院编：《中国古典戏曲论著集成》（六），中国戏剧出版社 1959 年版，第 26 页。

② （清）焦循：《剧说》，中国戏曲研究院编：《中国古典戏曲论著集成》（八），中国戏剧出版社 1959 年版，第 159 页。

③ （明）王骥德：《曲律》，中国戏曲研究院编：《中国古典戏曲论著集成》（四），中国戏剧出版社 1959 年版，第 121-122 页。

④ （明）吕天成：《曲品》，中国戏曲研究院编：《中国古典戏曲论著集成》（六），中国戏剧出版社 1959 年版，第 232 页。

逸。词场中正少此一种艳手不得，但止题之以艳，正恐禹金不肯受耳。"①
在明中期传奇语言演变过程中，《香囊记》确实首开文词典雅之风。吕天
成赞扬《香囊记》的词采："词工，白整。尽填学问。此派从《琵琶》
来，是前辈最佳传奇也。"② 其后扬其波的是郑若庸《玉玦记》，很多人赞
其语言典丽、用韵和谐，如沈德符说："又郑山人若庸《玉玦记》，使事稳
帖，用韵亦谐，内'游西湖'一套，尤为时所脍炙；所乏者，生动之色
耳。"③ 他既肯定了《玉玦记》的长处，又一语中的地指出其弊端为缺乏
"生动之色"，故实过多，导致曲词文气不畅。陆采作品文词艳丽，但他不
滥用典故，在文词派中属于优秀之作。梁辰鱼在《江东白苎》评曰："摛
词哀怨，远可方瓯越之《琵琶》；吐论嶒嵘，近不让章丘之《宝剑》。"④
徐复祚《曲论》评云："《明珠》却绝有丽句，……其声价当在《玉玦》
上。"⑤ 凌濛初《谭曲杂札》称曰："《明珠记》尖俊宛展处，在当时固为
独胜，非梁、梅辈派头。……以其不甚用故实，不甚求丽藻，时作真率语
也。"⑥ 李开先《宝剑记》的曲词也以典雅绮丽为人称道。雪蓑隐者《宝
剑记序》曰："是记则苍老浑成，流丽款曲，人之异态隐情，描写殆尽，
音韵谐和，言辞俊美，终篇一律，有难于去取者；兼之起引散说，诗句填
词，无不高妙者，……才思文学，当作古今绝唱。"⑦ 但李开先曲词并不堆
砌典故，只是挥洒文人才情。随后梁辰鱼《浣纱记》大量使事用典，曲词
不仅典雅明丽，而且人物对白也如骈文一样以四六文出之。凌濛初《谭曲
杂札》评云："自梁伯龙出，而始为工丽之滥觞，一时词名赫然。"⑧ 《鸣
凤记》曲词宾白亦是典雅绮丽，梁廷楠《曲话》评云："《鸣凤记》'河

---

① （明）祁彪佳：《远山堂曲品》，中国戏曲研究院编：《中国古典戏曲论著集成》（六），中
国戏剧出版社 1959 年版，第 19 页。

② （明）吕天成：《曲品》，中国戏曲研究院编：《中国古典戏曲论著集成》（六），中国戏剧
出版社 1959 年版，第 224 页。

③ （明）沈德符：《顾曲杂言》，中国戏曲研究院编：《中国古典戏曲论著集成》（四），中国
戏剧出版社 1959 年版，第 206 页。

④ （明）梁辰鱼撰，吴书荫集校点：《梁辰鱼集》，上海古籍出版社 1998 年版，第 443 页。

⑤ （明）徐复祚：《曲论》，中国戏曲研究院编：《中国古典戏曲论著集成》（四），中国戏剧
出版社 1959 年版，第 239 页。

⑥ （明）凌濛初：《谭曲杂札》，中国戏曲研究院编：《中国古典戏曲论著集成》（四），中国
戏剧出版社 1959 年版，第 257 页。

⑦ （明）李开先著，卜键笺校：《李开先全集》（中册），文化艺术出版社 2004 年版，第 928 页。

⑧ （明）凌濛初：《谭曲杂札》，中国戏曲研究院编：《中国古典戏曲论著集成》（四），中国
戏剧出版社 1959 年版，第 253 页。

套'一折，脍炙人口；然白内多用骈俪之体，颇碍优伶搬演。上场纯用小词，亦新耳目；但多改用古人名作为之，大雅所弗尚也。"① 可见《鸣凤记》过多的骈俪之语已经有碍于舞台演出。

由于过分追求华美文采，明中期传奇中运用典故之风愈演愈烈。如张凤翼创作风格虽以清俊纤媚见长，但也用工丽骈语，填塞学问，凌濛初《谭曲杂札》评云："张伯起小有俊才，而无长料。其不用意修词处，不甚为词掩，颇有一二真语、土语，气亦疏通；毋奈为习俗流弊所沿，一嵌故实，便堆砌辀辏，亦是仿伯龙使然耳。……乃心知拙于长料，自恐寂寥，未免涂饰，岂知正是病处。"② 梅鼎祚也以堆垛故事而闻名。沈德符《顾曲杂言》说："《玉合记》最为时所尚，然宾白尽用骈语，饾饤太繁，其曲半使故事及成语，正如设色骷髅、粉捏化生，欲博人宠爱，难矣！"③ 徐复祚评《玉合记》云："士林争购之，纸为之贵。曾寄余，余读之，不解也。传奇之体，要在使田畯红女闻之而趯然喜，悚然惧；若徒逞其博洽，使闻者不解为何语，何异对驴而弹琴乎？……余谓：若歌《玉合》于筵前台畔，无论田畯红女，即学士大夫，能解作何语者几人哉！……滥觞于虚舟，决堤于禹金，至近日之《筌篿》而滔滔极矣。"④ 如《玉合记》第九出婢女轻娥所唱的〔红衲袄〕：

> 你甚的困新丰似马周，敢只为出函关寻李叟，可轻抛举案的齐眉偶，想贪他倚门的献笑流。怎免得雄朝飞在野愁，更教那乌夜啼临霜候。只恐你韶颜不久留春也，露湿荷裳已报秋。

曲共八句，前六句全是使事用典，卖弄学问。但这些话出自婢女之口，未免不伦不类，与《玉玦记》第三十出鸨母卖弄学问一样滑稽。但《玉合记》与《玉玦记》当时都得到很多文人的褒奖，说明以戏曲创作展

① （清）梁廷楠：《曲话》，中国戏曲研究院编：《中国古典戏曲论著集成》（八），中国戏剧出版社 1959 年版，第 275 页。

② （明）凌濛初：《谭曲杂札》，中国戏曲研究院编：《中国古典戏曲论著集成》（四），中国戏剧出版社 1959 年版，第 255 页。

③ （明）沈德符：《顾曲杂言》，中国戏曲研究院编：《中国古典戏曲论著集成》（四），中国戏剧出版社 1959 年版，第 206 页。

④ （明）徐复祚：《曲论》，中国戏曲研究院编：《中国古典戏曲论著集成》（四），中国戏剧出版社 1959 年版，第 237—238 页。

示文人学问才情受到当时多数文人的赞许。巧合的是，文词派的曲家大都失意于科场，也许在戏曲中展示才情恰好成为其安慰心灵的手段。

综上所述，文词派的特点可以总结为：骈、典、雅。"骈"是指多用骈文写法写作戏曲，骈四俪六的句式在明中期传奇中屡屡出现，而且对于所写的对象，经常以铺排的方式表达，这样的语句华丽，阅读起来朗朗上口，但是缺乏舞台表演性。如梁廷楠评《鸣凤记》为"颇碍优伶搬演"。"典"是指曲词大量使事用典，堆砌故实。用典之风于诗文领域本属常规，但在戏曲创作中，无论是案头阅读还是场上表演，都会带来理解的障碍。这种做法，显然忽视了传奇作为通俗文学、表演艺术的特性。因此，明中期曲家的这种写作习惯深受晚明曲评家的诟病。如徐复祚《曲论》评《玉玦记》："独其好填塞故事，未免开钉饾之门，辟堆垛之境，不复知词中本色为何物，是虚舟实为之滥觞矣。"[1] 也正是在这种不良作风的对比下，晚明曲家更加重视戏曲的本色特性。"艳"是指文词艳丽绮采，华丽的辞藻并不会影响戏曲表演性，但如果故意为之，则会出现为文而文、文胜于质的弊端，文词牵强而缺乏生动性。如王世贞评《香囊记》为"近雅而不动人"，沈德符评《玉玦记》为"所乏者，生动之色耳"。

明中期传奇"文词派"遭到晚明曲评家的普遍批评，却得到明中期大多数文人的欣赏。为什么会出现这种情况呢？

第一，明中期与明晚期戏曲语言观不同。明中期戏曲语言特别是传奇语言崇尚骈俪、典雅、艳丽，以文采为美。本书第一章已述，复古主义文学思潮影响了明中期戏曲语言风格的形成。传奇中"文词派"的出现与复古派尤其是和以王世贞为首的后七子有关。梁辰鱼、张凤翼、梅鼎祚等人与复古派作家来往甚密，他们正是受到了明中期复古主义文学思潮重视文采观念的影响。由于他们的曲作在社会上享有盛誉，如梁辰鱼《浣纱记》上演后大获成功，"至传海外"[2]，"艳歌清引，传播戚里间。白金、文绮、异香、名马、奇技、淫巧之赠，络绎于道"[3]；张凤翼《红拂记》"演习之

---

① （明）徐复祚：《曲论》，中国戏曲研究院编：《中国古典戏曲论著集成》（四），中国戏剧出版社 1959 年版，第 237 页。

② （明）沈德符：《顾曲杂言》，中国戏曲研究院编：《中国古典戏曲论著集成》（四），中国戏剧出版社 1959 年版，第 208 页。

③ （明）张大复：《梅花草堂笔谈》卷五"梁伯龙"条，《笔记小说大观》二十九编第六册，台北新兴书局 1978 年版，第 3286 页。

者遍国中"①；梅鼎祚"《玉合记》最为时所尚"②，"士林争购之，纸为之贵"③。因此可以说，复古主义文学思潮推动曲家在传奇作品中以骈俪之辞争胜，而传奇中的骈俪之风反过来又为复古主义文学思潮推波助澜，二者互为因果，相互作用。由于复古主义文学思潮占据了明中期文学思潮的主流地位，因此骈俪曲风得到了当时许多文人的激赏。流风所及，连汤显祖早年的作品《紫箫记》（大约作于万历五年秋至七年秋)④ 也色泽秾丽，用典甚多，"琢调鲜美，炼白骈丽"⑤。沈璟早期创作的《红蕖记》亦属于文词派，吕天成评云："著意著词，曲白工美。"⑥ 社会文学思潮的大环境直接影响了明中期传奇的语言风格。

但是，明晚期的社会思想开始发生变化，对戏曲语言观也产生了直接影响。吕天成评论沈璟的戏曲作品时说："先生自谓：字雕句镂，正供案头耳。此后一变矣。"⑦ "变"成什么？祁彪佳评云："先生此后一变为本色。"⑧ 郭英德先生认为，"这一转变大约是万历二十年（1592）左右的事，这是明后期文人曲家致力于冲破文词派戏曲的束缚，重建传奇戏曲语言风格规范的重要标志"⑨。明晚期的戏曲语言观崇尚本色。凌濛初说：

---

①　（明）沈德符：《顾曲杂言》，中国戏曲研究院编：《中国古典戏曲论著集成》（四），中国戏剧出版社 1959 年版，第 208 页。

②　（明）沈德符：《顾曲杂言》，中国戏曲研究院编：《中国古典戏曲论著集成》（四），中国戏剧出版社 1959 年版，第 206 页。

③　（明）徐复祚：《曲论》，中国戏曲研究院编：《中国古典戏曲论著集成》（四），中国戏剧出版社 1959 年版，第 237 页。

④　参见徐朔方：《徐朔方集》卷四《晚明曲家年谱·皖赣卷·汤显祖年谱》，浙江古籍出版社 1993 年版，第 483 页。

⑤　（明）吕天成：《曲品》，中国戏曲研究院编：《中国古典戏曲论著集成》（六），中国戏剧出版社 1959 年版，第 230 页。

⑥　（明）吕天成：《曲品》，中国戏曲研究院编：《中国古典戏曲论著集成》（六），中国戏剧出版社 1959 年版，第 229 页。

⑦　（明）吕天成：《曲品》，中国戏曲研究院编：《中国古典戏曲论著集成》（六），中国戏剧出版社 1959 年版，第 229 页。

⑧　（明）祁彪佳：《远山堂曲品》，中国戏曲研究院编：《中国古典戏曲论著集成》（六），中国戏剧出版社 1959 年版，第 18 页。

⑨　郭英德：《明清传奇戏曲文体研究》，商务印书馆 2004 年版，第 138 页。

曲始于胡元，大略贵当行不贵藻丽。其当行者曰"本色"。①

盖传奇初时本自教坊供应，此外止有上台构拦，故曲白皆不为深奥。其间用诙谐曰"俏语"，其妙出奇拗曰"俊语"。自成一家言，谓之"本色"，使上而御前、下而愚民，取其一听而无不了然快意。②

可见明晚期的凌濛初主张戏曲语言通俗易晓、质朴平易，这与明中期传奇语言典雅深奥、骈俪文采的特征大相径庭。明中期与明晚期戏曲语言观的转变在沈璟的戏曲作品上得到了体现。徐复祚评沈璟《红蕖记》："词极赡，才极富，然于本色不能不让他作。"③ 这说明作于明中期的《红蕖记》，与作于明晚期的其他作品相比，语言不够本色，正与吕天成评语"曲白工美"相印证。由于时代戏曲语言观的转变，梅鼎祚适时调整了自己的语言风格。他在《长命缕记序》中说：

凡天下吃井水处，无不唱《章台》传奇者，而胜乐道人方自以宫调之未尽合也，音韵之未尽叶也，意过沉而辞伤繁也，是时道人年三十余尔，又三十余年而《长命缕记》出，抑何其齿之宿，才之新乎！调皈宫矣，而位署得所，无犀牙衡决之失；韵谐音矣，无因重，无强押，犹一串之珠，累累而不绝，若九连环圆转而无端。意不必使老妪都解，而不必傲士大夫以所不知；词未尝不藻绩满前，而善为增减，兼参雅俗，遂一洗酸盐赤酱、厚肉肥皮之近累。④

可见梅鼎祚悔于自己的早年曲风，因此他摒弃了《玉合记》的典雅繁

---

① （明）凌濛初：《谭曲杂札》，中国戏曲研究院编：《中国古典戏曲论著集成》（四），中国戏剧出版社 1959 年版，第 253 页。

② （明）凌濛初：《谭曲杂札》，中国戏曲研究院编：《中国古典戏曲论著集成》（四），中国戏剧出版社 1959 年版，第 259 页。

③ （明）徐复祚：《曲论》，中国戏曲研究院编：《中国古典戏曲论著集成》（四），中国戏剧出版社 1959 年版，第 240 页。

④ （明）梅鼎祚：《鹿裘石室集》文卷四，四库禁毁书丛刊编纂委员会编：《四库禁毁书丛刊》集部第 58 册，北京出版社 1997 年版，第 223-224 页。

缛，在新作《长命缕记》中做到语言"善为增减"，风格从一味工雅嬗变为"意不必使老妪都解，而不必傲士大夫以所不知"的"兼参雅俗"。梅鼎祚早年写作的《玉合记》，语言典雅；晚年所作的《长命缕记》，语言通俗。这一转变过程正好反映了明中期传奇语言观与明晚期传奇语言观的不同。

第二，明中期与明晚期曲韵观不同。前文已述，明中期传奇多数遵循了南戏民间韵辙，因此张凤翼说："子见高则诚《琵琶记》否？余用此例，奈何讶之！"① 可见张凤翼并不认为自己的押韵有不妥之处。但是明晚期沈璟、徐复祚、凌濛初等曲家，强调制曲填词要"合律依腔"，主张以周德清《中原音韵》为曲韵的标准，所以他们多次指摘明中期传奇文词派作品的押韵舛误。随着时代曲风的转变，梅鼎祚也认识到自己早年作品押韵的不合时宜。因此他在《长命缕记序》中指出，《玉合记》"宫调之未尽合也，音韵之未尽叶也"，而《长命缕记》则"调钣宫矣，而位署得所，无羼牙冲决之失；韵谐音矣，无因重，无强押，犹一串之珠，累累而不绝，若九连环圆转而无端"。这种转变也说明了明中期与明晚期曲韵观的不同。

第三，明中期与明晚期对舞台演出性要求不同，即"案头之曲"与"场上之曲"的区别。上文已述，由于明中期传奇过分强调语言的文采性，所以在一定程度上削弱了戏曲的舞台演出性，即不当行于舞台，因此明中期传奇大多是案头之曲。陆采《南西厢记》、李日华《南西厢记》在明中期的不同命运说明了明中期重视案头之曲而忽视场上之曲。陆采、李日华的《南西厢记》同名同题，但同是翻北为南，曲评家对李作、陆作的评价却大不一样。对陆采的改作赞扬为多，对李日华的改作批评居多。陆采《南西厢记》剧前自序曰："迨后，李日华取实甫之语，翻为南曲，而措词命意之妙，几失之矣。"② 梁辰鱼《南西厢记序》云："此崔时佩笔，李日华特较增耳。间有换韵几调，疑李增出。崔割王腴，李攘崔有，俱堪冷齿。"③ 笔者认为，明中期陆采、梁辰鱼等人批评李日华，主要原因是李日

---

① （明）沈德符：《顾曲杂言》，中国戏曲研究院编：《中国古典戏曲论著集成》（四），中国戏剧出版社 1959 年版，第 208 页。

② （明）陆采：《新刊合并陆天池西厢记》，《古本戏曲丛刊》编辑委员会编：《古本戏曲丛刊·初集》（第二十册），国家图书馆出版社 2016 年版，第 443 页。

③ （明）梁辰鱼：《南西厢记序》，《六幻西厢记》闵遇五跋引，闵齐伋编：《明六幻西厢记》（第十册），文化艺术出版社 2012 年版，第 84 页。

华为了适应南曲表演而多处割裂原词，从而破坏了文词之美。这是从案头之曲的文采角度立论。明中期传奇语言总体趋向于华美，众人对李日华改编的批评主要源于李作的语言风格与时代曲词主流风格有异；而陆作的语言风格则明显与明中期传奇曲词崇尚才情、主张华美的趋势保持一致，因此更能得到众人的嘉赏，这实际是明中期传奇更加重视案头之曲的表现。但在众多的明中期传奇中，李日华《南西厢记》属于少数能够重视舞台表演性的作品，因此虽然遭到陆采等人的批评，却出现"评者自评，演者自演"的现象。

明晚期曲家大多强调场上之曲。沈璟明确宣称："鄙意僻好本色。"[1]他所追求的"本色"兼有"当行"之意，所以他曾批评自己的"初笔"《红蕖记》"字雕句镂，正供案头耳"[2]，此后戏曲创作一变而为本色。由此可见沈璟在明晚期的创作摆脱了明中期重视案头之曲的风气，强调场上之曲，反对案头之曲。其实，沈璟在明晚期无论是主张语言通俗，还是强调音韵守律，都是从舞台表演性角度出发而立论的。受沈璟曲学主张影响，明晚期大多数曲评家都重视场上之曲。无论是臧懋循的"行家论"，还是王骥德的"本色论""当行论"，都表明明晚期曲评家更加重视戏曲舞台演出性，即场上之曲。

由于明中期和明晚期在戏曲语言观、曲韵观、舞台演出要求上都存在差异，所以二者的曲风大不相同。明晚期曲评家对明中期传奇"文词派"的种种指摘也就在情理之中了。当然，我们也应该看到，明中期曲家对于戏曲语言形态进行了非常积极的探索。明代戏曲与时代的关联更加紧密，文人的参与让文人气质更多地浸润戏曲，语言形式背后是曲家对戏曲本体特征的理解。重文采风气的出现，与明中期社会文化思潮有关，也与曲家努力将戏曲纳入传统文学范畴的独特艺术观念有关。他们的探索对于戏曲语言的最终成熟具有积极的意义，可以说明晚期甚至清代戏曲语言的形态是在明中期基础上的进一步演进。

---

① （明）沈璟：《词隐先生手札二通》，续修四库全书编纂委员会编：《续修四库全书》集部第 1766 册，上海古籍出版社 1995 年版，第 151 页。

② （明）吕天成：《曲品》，中国戏曲研究院编：《中国古典戏曲论著集成》（六），中国戏剧出版社 1959 年版，第 229 页。

小　结

　　明中期杂剧、传奇的体制嬗变经历了复杂而微妙的进程。此外，尚有几点值得关注。

　　第一，在剧本体制上，杂剧、传奇的剧本出现了数部戏的合集形式。成化、弘治年间，沈采著有《四节记》，以春夏秋冬四景，分谱四位古人的故事。《顾曲杂言》："南曲则《四节》《连环》《绣襦》之属，出于化、治间，稍为时所称。"① 《曲品》曰："此作以寿镇江杨相公。初出时甚奇，……一记分四截，是此始。"② 嘉靖年间，徐渭《四声猿》、汪道昆《大雅堂乐府》、程士廉《小雅四纪》，这些杂剧合集体例都是承《四节记》而来。此外，顾大典撰有《风教编》，《曲品》记载："一记分四段，仿《四节》体。"③ 此作惜已散佚，但据吕天成说法可知其体例也是模仿《四节记》。随后，高濂借鉴了《四节记》一本四段的模式，并有所创新，他径自把两本传奇合为一帙。高濂《节孝记》一本两记，节部《赋归记》述陶潜，孝部《陈情记》述李密。一记分上下两帙，实为传奇变格。其后，沈璟的传奇作品《奇节记》述权皋、贾直言一忠一孝二事，剧本体例与《节孝记》一致。

　　可见由沈采开创的一本数记体例既影响了杂剧创作，也影响了传奇创作。应该肯定的是，像沈采《四节记》这样的戏曲合集体制，本身就是明中期戏曲体制发展的一种创新。从某种意义上来说，这种戏曲合集体制对一折剧的出现起到了推波助澜的作用，或者说是二者有相互促进的作用。如许潮《太和记》以二十四节气为联结枢纽，每一节气写一折戏，共二十四折，每折谱一事。《曲品》云："每出一事，似剧体，按岁

---

　　① （明）沈德符：《顾曲杂言》，中国戏曲研究院编：《中国古典戏曲论著集成》（四），中国戏剧出版社 1959 年版，第 206 页。

　　② （明）吕天成：《曲品》，中国戏曲研究院编：《中国古典戏曲论著集成》（六），中国戏剧出版社 1959 年版，第 226 页。

　　③ （明）吕天成：《曲品》，中国戏曲研究院编：《中国古典戏曲论著集成》（六），中国戏剧出版社 1959 年版，第 232 页。

月，选佳事，裁制新异，词调充雅，可谓满志。"① 到了清代，此类体制的戏曲合集就更多了。可见明中期戏曲体制革新对后世戏曲体制的影响很大。

第二，在语言上，明中期传奇既借用杂剧曲词，也借鉴南北散曲语言。如《千金记》第二十二出《北追》，几乎完全袭用金仁杰《萧何月夜追韩信》杂剧（《元刊杂剧三十种》）中第二折，只是文字与曲牌略有修改处；第二十六出《登拜》曲词中〔粉蝶儿〕〔十二月〕两阕，也借用了元曲②。徐复祚《曲论》云："《韩信登坛记》，即《千金记》，本元金志甫《追韩信》来，今《北追》《点将》全用之。"③《玉簪记》中的《偷诗》（原名《词媾》）采自杂剧而改动不多。④《青袍记》第二十九出《不伏》、第三十出《赴宴》，直接采用冯惟敏杂剧《不伏老》的关目与曲词。《浣纱记》（明万历间金陵富春堂刊本）第四十五出《泛湖》由〔北新水令〕等十支南北曲组成，唱词全部袭用汪道昆杂剧《五湖游》。这些都是明中期传奇曲词向杂剧学习的表现。

同时，传奇曲词与散曲语言的互动关系也在明中期曲坛上得到体现。南散曲入戏的例子很多，最有名的如杨维桢（1296—1370）《苏台吊古》套曲被梁辰鱼《浣纱记·泛湖》截用。此外，《群音类选》选录了《断机记·秦府赏春》（即《商辂三元记》），原注云"内〔啄木儿〕一套系清曲偷入"⑤，说明《商辂三元记》中的一段曲词借用了散曲。还有北散曲被改作南曲传奇的例子，如马致远脍炙人口的北散曲〔夜行船〕"百岁光阴"一套，据《群音类选》"北腔卷五"记载"近偷入《玉玦记》"⑥。在《玉玦记》第二十九出，写道：

① （明）吕天成：《曲品》，中国戏曲研究院编：《中国古典戏曲论著集成》（六），中国戏剧出版社 1959 年版，第 240 页。

② 参见 [日] 青木正儿著，王古鲁译：《中国近世戏曲史》，作家出版社 1958 年版，第 126 页。

③ （明）徐复祚：《曲论》，中国戏曲研究院编：《中国古典戏曲论著集成》（四），中国戏剧出版社 1959 年版，第 236 页。

④ 徐朔方：《徐朔方集》卷三《晚明曲家年谱·浙江卷·高濂行实系年》，浙江古籍出版社 1993 年版，第 204 页。

⑤ （明）胡文焕辑：《群音类选》第五册《诸腔类》卷三，王秋桂主编：《善本戏曲丛刊》，台湾学生书局 1984 年版，第 1656 页。

⑥ （明）胡文焕辑：《群音类选》第六册《北腔类》卷五，王秋桂主编：《善本戏曲丛刊》，台湾学生书局 1984 年版，第 1932 页。

（丑）大姐，央你唱一套马东篱"百岁光阴"。（小旦做北调唱介）（丑）我不喜北音，要做南调唱才好。（小旦）也罢。（唱）〔集贤宾〕光阴百岁如梦蝶，回首往事堪嗟。昨日春来花又谢，急罚盏夜阑灯灭。秦宫汉阙……

所唱的正是马致远的散套〔夜行船〕"百岁光阴"。虽然散曲都是清唱，但我们不能认为散曲的声腔唱法和当时流行的剧曲声腔毫无关联。同一套曲子，在不同的演出场合中，既是散曲，又为剧曲；既是南曲，又可改写成南北合套。散曲、剧曲之间没有一条不可逾越的鸿沟。演唱者随时随地可以按照客观情况需要加以运用。这中间有很大的灵活性。①

第三，从杂剧新变、传奇定型的过程可以看出，明中期戏曲创作整体上逐渐走向文人化。杂剧的文人化主要体现在体制愈趋精致小巧、语言愈趋清雅秀丽。传奇的文人化则体现在剧本体制的规范化、语言风格的典雅化等，特别是"文词派"的出现表明传奇的文人化审美趣味愈趋浓厚。必须指出的是，明中期传奇比杂剧更注重宏大叙事，因此传奇总体而言要显得情节曲折、背景纷繁、人物众多、排场热闹；而明中期杂剧则相反，一折剧的逐渐兴盛，说明杂剧作家愈趋重视抒情，因此出现不太注意关目与排场、上场人物逐渐减少等现象。

表面看来，明中期传奇与杂剧体制似乎是分道扬镳、各自为政，但实际上在明中期这个特定的历史时段，在面临创新变革的时刻，两者相互学习、彼此竞争。因此，明中期戏曲体制的发展总体上呈现出融会交流、错综复杂的态势。

---

① 参见胡忌、刘致中：《昆剧发展史》，中国戏剧出版社 1989 年版，第 46–47 页。

第四章　观念论

　　明中期曲家的文化水平普遍较高，他们对戏曲、传统诗文的理解都非常深刻，能从各个角度思考戏曲这一文体。伴随着明中期戏曲创作的繁荣，明中期曲家的戏曲观念逐渐成熟，在很多问题上有了较为深入的思考，这些戏曲观念在一定程度上规范了晚明曲家的戏曲创作。

第一节　戏曲本体与功能之辩

🌸 戏曲本体论：剧曲不分

　　明中期戏曲作家并没有独立的戏曲本体观念。根据李昌集先生的观点，元代人把杂剧与乐府析为两个概念，而将杂剧与乐府（即剧曲与散曲）相混则始于明代。① 其实，明中期不仅将散曲与杂剧曲相混，甚至将散曲、杂剧曲、传奇曲三者都混杂在一起。

　　首先，明中期大多数人认为曲与诗词同途。

　　　　夫诗变而为词，词变而为歌曲，则歌曲乃诗之流别。②

---

　　① 李昌集：《中国古代曲学史》，华东师范大学出版社1997年版，第54-60、259-261页。
　　② （明）何良俊：《曲论》，中国戏曲研究院编：《中国古典戏曲论著集成》（四），中国戏剧出版社1959年版，第6页。

三百篇亡而后有骚、赋，骚、赋难入乐而后有古乐府，古乐
府不入俗而后以唐绝句为乐府，绝句少宛转而后有词，词不快北
耳而后有北曲，北曲不谐南耳而后有南曲。①

晚唐、五代，填词最高，宋人不及。何也？词须浅近，晚唐
诗文最浅，邻于词调，故臻上品；宋人开口便学杜诗，格高气
粗，出语便自生硬，终是不合格，其间若淮海、耆卿、叔原辈，
一二语入唐者有之，通篇则无有。元人学唐诗，亦浅近婉媚，去
词不甚远，故曲子绝妙。《四朝元》《祝英台》之在《琵琶》者，
唐人语也，使杜子撰一句曲，不可用，况用其语乎？②

在论述南北曲起源时，包括何良俊这样的音律专家、徐渭这样的戏曲
名家、王世贞这样的文坛领袖在内，都把曲的起源与诗词歌赋相提并论。
从曲家文学本体观的角度而言，明中期曲家将戏曲纳入诗文大体系的思维
更反映了他们对戏曲本身的重视。他们取消戏曲独立的文体属性与时代有
关，亦与其文学思想有关。明代出现儒家思想的回归，以及儒家思想对社
会的影响日益深刻，让文学中的宗经、明道意识更为明细。明中期文坛没
有排斥戏曲，而是努力让戏曲往诗文这些正统文学领域靠拢，集中反映了
明中期文人希望提高戏曲社会地位的热望。如李贽在《童心说》中说：

诗何必古选，文何必先秦？降而为六朝，变而为近体，又变
而为传奇，变而为院本，为杂剧，为《西厢曲》，为《水浒传》，
为今之举子业，大贤言圣人之道，皆古今至文，不可得而时势先
后论也。③

他看到了戏曲作为一种新出的文体，在艺术创新方面与秦汉诗文、六

---

① （明）王世贞：《曲藻》，中国戏曲研究院编：《中国古典戏曲论著集成》（四），中国戏剧
出版社 1959 年版，第 27 页。
② （明）徐渭：《南词叙录》，中国戏曲研究院编：《中国古典戏曲论著集成》（三），中国戏
剧出版社 1959 年版，第 244 页。
③ （明）李贽：《焚书》卷三，四库禁毁书丛刊编纂委员会编：《四库禁毁书丛刊》集部第
140 册，北京出版社 1997 年版，第 242 页。

朝五言诗、唐代律诗一样，具有时代的代表性。所以，他将戏曲等通俗文学地位上升至"古今至文"的高度，这种理解无疑非常大胆而且极具眼光。他甚至将戏曲小说归于"圣人之道"，则无疑是站在诗文文学的立场来看待戏曲。

这种理解从文体渊源论的角度，将散曲、戏曲归到了传统《诗经》的道路上，这一方面固然可以提高曲的社会地位，但另一方面片面强调了曲之抒情言志、反映社会、教化伦理的功能，更加偏重曲与剧的案头性、书面性，从而削弱了曲的娱乐性，对场上性、表演性等戏曲特性有所忽视或淡化。所以，从文体学角度说，明中期戏曲评论家大多混淆了曲与诗词的界限。确实，曲是从诗词演变而来的文体，但不等于二者是同一的。因为曲本质上是以演唱功能为主。同时剧曲（包括杂剧与传奇）与清唱的散曲又不同，后者是纯粹的歌唱，而前者是有一定情节基础的表演性质的曲子，是与"剧戏"相结合的歌曲，其文体学的本质意义是"戏"。而这一点，却是明中期许多曲评家所混淆的。文人性的审美趣味以及文化素养导致他们更偏爱曲的抒情特质。因此，包括徐渭在内的大多数明中期曲评家，评论"曲"通常是从散曲角度立论的。即使评论某一部剧作中的曲词，也主要是从散曲写作角度入手，容易忽视曲的"戏剧性"、舞台性，重视案头之曲而忽视场上之曲。尤其是明中期大量诗文作家染指戏曲创作之后，极大地发挥了曲的抒情性。即使是主要论述南曲戏文的曲学论著《南词叙录》，作者在行文过程中也还是多次把戏文之曲与南散曲混杂在一起。

然而，值得一提的是，虽然《伍伦全备记》是一个不太成功的戏曲文学作品，但它在首出《副末开场》中倒是亮出了以"戏"为本体的曲学宗旨：

> 这本《伍伦全备记》，分明假托扬传，一场戏里五伦全。
>
> 戏场无笑不成欢，用此竦人观看。
>
> 近世以来做成南北戏文，用人搬演。

《伍伦全备记》始终以"戏"指称自己的作品，而不像其他曲家一样以"曲""词"相称。在这一点上，明中期曲家的戏曲本体论认识落后于明中期的戏曲创作实践。关于戏曲本体论的认识，晚明时期的曲家就清晰得多，以王骥德为代表，他在《曲律》中已经提出"剧戏"的概念，表明他已有剧曲分体的意识。到清初的李渔，在"剧曲之别"上更有突破。

戏曲功能论：动人说

在明中期的曲论与戏曲作品中，曲家清晰地认识到戏曲与诗文一样具有感化人心的社会功用，而他们也把感发人心当成戏曲的主要功能。明代茅一相在《题词评〈曲藻〉后》中说：

> 夫一代之兴，必生妙才；一代之才，必有绝艺：春秋之辞命，战国之纵横，以至汉之文，晋之字，唐之诗，宋之词，元之曲，是皆独擅其美而不得相兼，垂之千古而不可泯灭者。虽然，即是数者，惟词曲之品稍劣，而风月烟花之间，一语一调，能令人酸鼻而刺心，神飞而魄绝，亦惟词曲为然耳。①

虽然他认为词曲品格劣于诗文，但大力肯定了词曲"能令人酸鼻而刺心，神飞而魄绝"的感人效果，也就是词曲具有诗词所不具备的特殊情感宣泄功能。当然，他在此把词曲并举，依然没有分清戏曲的本体性，且并未单独阐述戏曲的功能。徐渭在《南词叙录》中的说法直接简明：

> 夫曲本取于感发人心。②

徐渭认为戏曲的根本目的就是要感发人心。熟悉戏曲的徐渭应该是体察到了戏曲中所展现的普通日常生活，是产生戏曲艺术感染力的根源。但至于如何感发人心，以及所能达到的效果，徐渭在此并未明言。明嘉靖二十一年（1542）杨悌为堂兄杨慎《洞天玄记》所作的《洞天玄记前序》中说：

---

① （明）王世贞：《曲藻》，中国戏曲研究院编：《中国古典戏曲论著集成》（四），中国戏剧出版社 1959 年版，第 38 页。

② （明）徐渭：《南词叙录》，中国戏曲研究院编：《中国古典戏曲论著集成》（三），中国戏剧出版社 1959 年版，第 243 页。

三百篇之作，有益于风教，尚矣。世降俗末，今不古著，冬葛夏裘，不无恐泥。是以古诗之体，一变而为歌吟律曲，再变而为诗余乐府。体虽不同，其感人则一也。世之好事者，因乐府之感，又捃摭故事，若忠臣烈士、义夫节妇、孝子顺孙，编作戏文，被之声容，悦其耳目。虽曰俳优末技，而亦有感人之道焉。①

杨悌认为，戏曲继承了《诗经》传统，并且通过舞台表演、情节推进，从而获得感动人心的艺术效果，所以"亦有感人之道"。值得注意的是，这里提到了"忠臣烈士、义夫节妇、孝子顺孙"这些戏曲里面经常表现的题材，说明作者已经意识到，题材与情感传递之间的关系。至于采取什么手段达到"动人"效果，在明中期时人的戏曲观念中，则分为以"理"（教化）动人与以"情"（情词）动人两大类。

主张以"理"（教化）动人的，如《伍伦全备记》第一出《副末开场》：

〔鹧鸪天〕书会谁将杂曲编？南腔北曲两皆全。若于伦理无关紧，纵是新奇不足传。风日好，物华鲜，万方人乐太平年。今宵搬演新编记，要使人心忽惕然。……

〔西江月〕……是以圣贤出来，做出经书，教人习读，做出诗章，教人歌诵，无非劝化世人，使他个个都尽五伦的道理。然经书却是论说道理，不如待（诗）歌吟口（咏）性情，容易感动人心。曾见古时老先生，每古人之诗，如今人之歌曲。古人歌诗，而今见在。虽然读书秀才说与他也不晓得，况其余人。不读（独）是古诗，今人佐（做）的律绝选诗，说与小人妇女，也不知他说个甚的。若是今世南北歌曲，虽是街市子弟，田里农夫，人人都晓得唱念。其在今日，亦如古诗之在古时，其言语既易知，其感人尤易入。近世以来做成南北戏文，用人搬演。虽非古礼，然人人观者，皆能通晓，尤易感动人心，使人手舞足蹈，亦不自觉。但他做的多是淫词艳曲，专说风情闺怨，非惟不足以感化人心，倒反被他败坏了风俗。间或有一两件关系风化，亦只是

---

① （明）杨悌：《洞天玄记前序》，《洞天玄记》卷首，《孤本元明杂剧》影印本。

专说一件事，其间不免驳杂不纯。近日才子新编出这场戏文，叫
佐（做）伍伦全备。发乎性情，生乎义理，盖因人所易晓者以感
动之。搬演出来，使世人为子的看了便孝，为臣的看了便忠，为
弟的看了敬其兄，为兄的看了友其弟，为夫妇的看了相和顺，为
朋友看了相敬信，为继母的看了不管（虐）前子，为徒弟的看了
必念其师，妻妾看了不相嫉妒，奴婢看了不相忌害。善者可以感
发人之美心，恶者可以惩创人之恶志。劝化世人，使他有则改
之，无则加勉。自古以来转音（传奇）都没这个样子，虽是一场
假托之言，实万世纲常之理，其于出以教人，不无小补云。在于
君子有心观看，肃静。

《伍伦全备记》把当世的南北戏文与古代的经书、诗歌相提并论，认
为它们都是"尤易感动人心"的作品，这是看到了戏曲与经书、诗歌所具
有的共同功用。同时，它认为当世的戏文在"感动人心"上较之古诗更有
效，原因在于戏文语言通俗易懂，戏曲形式生动活泼，使得观众喜闻乐
见，正所谓"其言语既易知，其感人尤易入"，"然人人观者，皆能通晓，
尤易感动人心，使人手舞足蹈，亦不自觉"。对戏曲感动人心的效果，《伍
伦全备记》阐述得很有道理。明末刘宗周在《人谱类记》引用王阳明的话
说："今要民俗反朴还淳，取今之戏子，将妖淫词调俱去了，只取忠臣孝
子故事，使愚俗百姓，人人易晓，无意中感激他良知起来，却于风化有
益。"① 可见王阳明认为戏曲有益于风化，这说明明中期哲学思潮与戏曲观
念的互动。那么，如何"动人"，或者说"动人"的手段是什么呢？《伍
伦全备记》提出自己的主张：反对风流艳情，纯以伦理动人；不仅主题有
关风化，而且要综合性、全方位地宣扬风化，"近日才子新编出这场戏文，
叫佐（做）伍伦全备"。它意欲在一部戏文中，囊括三纲五常的种种人伦
关系，以此达到"感发人心"的创作主旨。"发乎性情，生乎义理，盖因
人所易晓者以感动之"，它认为义理能够动人心魄，"善者可以感发人之美
心，恶者可以惩创人之恶志"，善能引发美德，恶能惩罚邪念。对于普通
人而言，道德的影响是深刻的，但完美的道德不可能是普通人所能全面具

---

① （明）刘宗周：《人谱类记》，《文渊阁四库全书》子部第 23 册，台湾商务印书馆 1986 年
版，第 234 页。

备的，因此戏剧里的人物，成为道德对现实对抗的展现。观众在欣赏戏剧的过程中，从戏剧人物道德与现实的冲突中，受到教育、熏陶、感染。这是明前中期理学思想影响下的产物。晚明时期，许多曲评家对《伍伦全备记》提出了批评：

> 一记中尽述伍伦，非酸则腐矣。①

> 大老巨笔，稍近腐。②

> 《龙泉记》《五伦全备》，纯是措大书袋子语，陈腐臭烂，令人呕秽，一蟹不如一蟹矣。③

然而，应该指出，他们批评的只是《伍伦全备记》的艺术效果，但并不反对《伍伦全备记》以义理、教化动人的艺术主张。更有甚者，高儒《百川书志》对此备极称赞："所述皆名言，借为世劝。天下大伦大理，尽寓于是，言带诙谐，不失其正，盖假此以诱人之观听，苟存人心，必入其善化矣。"④高儒认为戏曲作为一种区别于传统诗文的艺术形式，以"诙谐"的方式在传达教化伦理方面更有优势，达到了诗文所无法达到的效果。这种理解无疑是正确的。以伦理、教化动人的艺术主张，在郑之珍那里也得到了响应。明万历十年（1582）郑之珍在《目连救母劝善记》的自序中提到：

> 然道能惧者，犹为中人之资。若夫中人以下，愚夫愚妇懵焉而莫之惧者，大众也。况世变江河，日不逮于古者乎？乃取目连救母之事，编为《劝善记》三册。敷之声歌，使有耳者之共闻；著之象形，使有目者之共睹。至于离合悲欢，抑扬劝惩，不惟中

① （明）祁彪佳：《远山堂曲品》，中国戏曲研究院编：《中国古典戏曲论著集成》（六），中国戏剧出版社 1959 年版，第 46 页。
② （明）吕天成：《曲品》，中国戏曲研究院编：《中国古典戏曲论著集成》（六），中国戏剧出版社 1959 年版，第 228 页。
③ （明）徐复祚：《曲论》，中国戏曲研究院编：《中国古典戏曲论著集成》（四），中国戏剧出版社 1959 年版，第 236 页。
④ （明）高儒：《百川书志》卷六，古典文学出版社 1957 年版，第 88 页。

人之能知，虽愚夫愚妇，靡不悚恻涕洟感悟通晓矣，不将为劝善
之一助乎？①

在郑之珍看来，普通大众愚昧无知，世道日衰，人心不古，于是决意
以音乐歌词、舞台形象等戏曲手段刺激观众的视听，从而达到"靡不悚恻
涕洟感悟通晓矣"的感动人心之效果。《目连救母劝善记》虽然是宗教剧，
却宣扬忠孝节义等儒家传统伦理道德。郑之珍这段话的意图是强调戏曲在
以伦理、教化动人上的优势，是对戏曲功能更加深刻的认识。明万历十一
年（1583）倪道贤在《读郑山人目连劝善记》中说：

大丈夫不能乘时策勋，以自表见于世，孰若秉仁义、窃风雅
默挽人心漓俗于千载之下，俾同阎艺苑聆其音节耶？爰摘连救母
事，宫商其节而神赫之。庶偷薄者由良心入吾彀，曰：此郑某化
俗之遗响也，三不朽之谓。②

这段材料充分肯定了曲家的价值，也充分肯定了戏曲在教化世人上的
巨大优势。将戏曲创作归入立德、立功、立言"三不朽"之事，实际给予
了戏曲创作与传统诗文同等的地位与价值。事实上，明中期《伍伦全备
记》以教化动人的艺术主张影响了晚明时期沈璟的戏曲主题选择，其作品
《义侠记》《桃符记》《坠钗记》《博笑记》的教化意图都非常明显，吕天
成《义侠记序》云："先生诸传奇命意皆主风世。"③ 沈璟在《致郁蓝生
书》中，也从伦理教化角度点评吕天成传奇作品，称赞其"扬厉世德"，
"警戒贪淫，大俾风教"，"可令道学解嘲"。④ 同时，我们还可以在李渔
"名教风流兼具"的戏曲创作中依稀看见"教化动人"的影子。

与《伍伦全备记》以伦理动人相反，何良俊在《曲论》中提出的则是
以情辞打动人心的口号：

---

① （明）郑之珍：《自序》，《目连救母劝善记》上卷首，《古本戏曲丛刊》编辑委员会编：
《古本戏曲丛刊·初集》，商务印书馆1954年影印本。
② （明）倪道贤：《读郑山人目连劝善记》，《目连救母劝善记》上卷首，《古本戏曲丛刊》
编辑委员会编：《古本戏曲丛刊·初集》，商务印书馆1954年影印本。
③ （明）吕天成撰，吴书荫校注：《曲品校注》，中华书局1990年版，第398页。
④ （明）吕天成撰，吴书荫校注：《曲品校注》，中华书局1990年版，第406页。

大抵情辞易工。盖人生于情，所谓"愚夫愚妇可以与知者"。观十五国《风》，大半皆发于情，可以知矣。是以作者既易工，闻者亦易动听。即《西厢记》与今所唱时曲，大率皆情词也。至如《王粲登楼》第二折，摹写羁怀壮志，语多慷慨，而气亦爽烈，至后〔尧民歌〕〔十二月〕，托物寓意，尤为妙绝，岂作调脂弄粉语者可得窥其堂庑哉！①

何良俊认为曲是以"情词"打动人心的。这一点要比《伍伦全备记》纯以义理"感发人心"，显得更加体贴人情、洞悉物理。因为包括"愚夫愚妇"在内的每一个人，都是有七情六欲的，"盖人生于情"，因此发乎情意之曲最易为人所知，也最容易拨动人之心弦，"闻者亦易动听"。这就合理解释了《西厢记》等表现才子佳人悲欢离合故事的作品大受欢迎的原因，因为男女风情，人人都"可以与知者"。这是从欣赏者的主体情感来阐发戏曲打动人心的缘由。同时，何良俊的曲论能够摆脱对风月之情的沉溺。因此他对像《王粲登楼》这样的作品更为欣赏。他认为此剧突破风月情欲之囿，能够摹写人生坎坷的悲愁，抒发壮怀激烈的慷慨，格调显得更加高爽远旷，因此也更能打动人心。他认为风月情词，只是"调脂弄粉语者"，这样的情词不能够与《王粲登楼》这样的作品同日而语。何良俊的立场并非面对于普通的观众，他是把"愚夫愚妇"的普通大众与文人士大夫作为两个接受群体，他曾直指"《西厢》全带脂粉"，可见在对待打动人心的"情词"上，他更倾心于"托物寓意"之作。这也许与他木人"宦途屡不得意"的人生际遇有关，因此他更属意于类似《王粲登楼》这样抒发士人怀才不遇的情词作品。

何良俊从观众与戏曲产生情感共鸣的角度来探讨戏曲动人的原因，与他观点大体相近的是王世贞，他在《曲藻》中说：

《拜月亭》之下，《荆钗》近俗而时动人，《香囊》近雅而不动人，《五伦全备》是文庄元老大儒之作，不免腐烂。②

---

① （明）何良俊：《曲论》，中国戏曲研究院编：《中国古典戏曲论著集成》（四），中国戏剧出版社1959年版，第7页。

② （明）王世贞：《曲藻》，中国戏曲研究院编：《中国古典戏曲论著集成》（四），中国戏剧出版社1959年版，第34页。

　　从这几剧的对比中，我们大致可以了解王世贞"动人说"主要指的是以风情动人。《拜月亭》与《荆钗记》通过男女主人公的悲欢离合，与观众产生共鸣，从而打动人心。王世贞虽然是当时文坛领袖，对戏曲等通俗文学的理解却能站在普通观众的立场，悲欢离合是普通人能够理解甚至亲身经历的，与大众情感世界没有隔阂。所以他认为虽然《荆钗记》语言近于俚俗，但不影响作品"动人"的效果。而《香囊记》的语言风格虽然符合王世贞倡导的文采化，但此剧以教化为主旨，缺乏以风情感发人心的艺术效果，"《香囊》近雅而不动人"；纯以伦理说教的《伍伦全备记》，罔顾"以情动人"的艺术效果，因此被他嗤笑为"腐烂"之作。以"动人"来品评这几部戏文或传奇，是《曲藻》戏曲评论中最有价值之处。

　　以理动人、以情动人，其实说的是戏曲效果。明中期曲评家在这个问题上展开的论述，实质上反映了明中期思想领域中的"情理之辩"。《伍伦全备记》大约成书于成化年间，这时候社会思想领域仍然笼罩在理学的阴影中。这时候所出现的戏曲作品，如《性天风月通玄记》《伍伦全备记》《香囊记》《东窗记》等，不是宗教题材就是教化题材，都没有超越封建伦理规范，因此"以理动人"说应时而生。正德、嘉靖年间《明珠记》《怀香记》《南西厢记》等风情剧的相继问世，已经让世人看见"情"开始出现在戏曲领域中。嘉靖、隆庆、万历年间，杂剧领域相继出现《四声猿》《大雅堂杂剧》《僧尼共犯》《不伏老》等作品，传奇领域则产生了《宝剑记》《鸣凤记》《玉簪记》等作品，这些文人剧、风情剧、政治剧大都反映了情理之争。随着王阳明心学的兴起，明中期戏曲领域开始了对"理"的质问，"情"开始在戏曲作品中得到高扬。由此可见，何良俊、王世贞戏曲观念中"以情动人说"的诞生并不是偶然的。《大雅堂杂剧》《太和记》《小雅四纪》等文人剧的出现，与何良俊认为反映世人悲苦的情词更能打动人心的论断，正是戏曲创作与戏曲观念之间的彼此呼应。

（二）戏曲功能的实现途径：虚构与寓言

　　关于戏曲思想的表达方式，即戏曲功能的实现途径，明中期曲家也进行了思考。作为一种综合性的文学样式，与诗文相比，戏曲在表达思想、反映现实上具有更加直接、更易于被一般大众所接受的优势。明中期曲家在戏曲主题思想的表达上，大多延续诗文的传统习惯，强调戏曲虚构与寓言的艺术特征。

如《伍伦全备记》第一出《副末开场》：

〔临江仙〕每见世人搬杂剧，无端诬赖前贤。伯皆负屈十朋冤。九原如可作，怒气定冲天。这本《伍伦全备记》，分明假托扬传，一场戏里五伦全。备（借）他时世曲，写我圣贤言。

第二十九出《会合团圆》：

这戏文一似庄子的寓言流传，在世人搬演，但凡世上有心人，须听俺谆谆语。

"分明假托扬传"，点明此剧不遵历史、不依传说，独立构思，不打算"无端诬赖前贤"，因此借助虚构的艺术手段来传达作者的创作意图，以期达到"备（借）他时世曲，写我圣贤言"的创作目的，即以戏曲寓含圣贤之理。《伍伦全备记》明确地提出了虚构与寓言的戏曲观念，这对戏曲在明中期逐渐取得独立的文学地位具有深刻的意义。庄子用"寓言""重言""卮言"表达自己的思想，"寓言"即将所要表达的思想寄寓于故事当中，作家以全知全能的视角充分构建故事，以自己需要的方式展现思想主旨。曲家借用庄子的"寓言"概念，表达了戏曲不应再作为史传小说、历史故事、民间传说的附庸与传声筒，而是独立虚构戏曲情节，用更加自由的方式来传扬主旨意图。"这戏文一似庄子的寓言流传"，既是对作品的自信，相信能够传于后世，也是再次表明本剧的虚构性与寓言性。

《伍伦全备记》在《副末开场》中提出的戏曲的虚构与寓言特征，得到了明中期其他曲家与曲评家的回应。王世贞写有《见有演〈关侯斩貂蝉〉传奇者，感而有述》一诗，曰：

董姬昔为吕，貂蝉居上头。自夸预帷幄，肯作抱衾裯。一朝事势异，改服媚其仇。心心托汉寿，语语厌温侯。忿激义鹘拳，眦裂丹凤眸。孤魄残舞衣，腥血溅吴钩。兹事岂必真，可以快千秋。旦闻抱琵琶，夕弄他人舟。售者何足言，受者能不羞。宁如楚虞姬，一死不徇刘。①

《关侯斩貂蝉》演三国故事，虽然其中涉及部分历史人物，但故事情节基本是虚构或基于民间传说。但是，这种虚构的故事对于塑造人物形象更加有力，也更富于艺术感染力。诗中的"兹事岂必真，可以快千秋"二句，正是道出了艺术虚构所取得的戏曲效果。

杨慎说：

> 予按此传（按：指《史记·滑稽列传》），以"滑稽"名，乃优孟自为寓言，……如今人下尽发科打诨之类。②

他在此明言，历史上"优孟衣冠"现象的实质就是"寓言"手法的运用，而当时的戏曲则与之相类。李开先则在《贤贤续集后序》中说：

> 欲无言，然有不得不言者；欲有言，然有难直言者。续集之刻，不直言而直在其中，似无言而意在言外矣。③

他在《醉乡小稿序》中又云：

> 不出乎座侧眼前，而实超于意表言外。④

对于作家而言，处理"难以直言""不得不言"的矛盾，最好的途径就是"不直言"，熟悉戏曲的李开先主张写曲应该达到"似无言而意在言外""超于意表言外"的境界，实质说的也是"寓言"精神。因此李开先在自己散曲、剧曲前后的序跋中，多次提醒听众关注自己曲作的寓意之处，如《园林午梦院本跋》云："但望更索诸言外，是则为幸不浅耳。"⑤

---

① （明）王世贞：《弇州续稿》卷六，《文渊阁四库全书》集部第 221 册，台湾商务印书馆 1986 年版，第 82-83 页。
② （明）杨慎：《升庵集》卷七十二，《文渊阁四库全书》集部第 209 册，台湾商务印书馆 1986 年版，第 710 页。
③ （明）李开先著，卜键笺校：《李开先全集》（上册），文化艺术出版社 2004 年版，第 506 页。
④ （明）李开先著，卜键笺校：《李开先全集》（上册），文化艺术出版社 2004 年版，第 418 页。
⑤ （明）李开先著，卜键笺校：《李开先全集》（中册），文化艺术出版社 2004 年版，第 918 页。

曲家能够直接提醒受众作品有言外之言，说明曲家已经将需要表达的意义付之于文字之外、寄托于故事之中，这是直接将戏曲作为寓言了。

明万历十年（1582）陈昭祥在《劝善记序》中说：

> 吾闻之先王之教人也，莫深于孝。故即目犍连救母事而编次之，而阴以寓夫劝惩之微旨焉。①

他指出《目连救母劝善记》的表面结构虽是"目连救母"，深层结构却寄寓了"劝惩"的微言大旨，这与《伍伦全备记》的"备（借）他时世曲，写我圣贤言"的表达手法异曲同工。针对有人指责目连故事荒诞不实的问题，陈昭祥以道家经典《庄子》的寓言性来说明，戏曲创作采用虚构手法是为了阐发创作主旨。他说：

> 说者以其事诞无可征信，盖亦拘儒曲学内典冈闻，并昧玄旨。乃南华三十三篇，重言十七，寓言十九，岂其一言一事尽可核实者否耶。……所谓借外论之者也。以法眼观，何幻不真？奚必尽规陈往实而为能教于世也。②

这段话值得注意的地方在于，作者提出"奚必尽规陈往实而为能教于世"，即能起到教化世人的戏曲，不必去追求是否具有真实性。正如《庄子》书中，体现庄子思想的手段也不是生活中实际发生的事情，而是将意旨蕴含于虚构的故事中。明万历十年（1582）胡元禄在《劝善记跋》中也阐明了寓言手法对宣扬主题的作用：

> 予详观之，不过假借某事以寓劝善惩恶之意。至于崇正之说，未尝不严其旨，关于世教不小矣。③

---

① （明）陈昭祥：《劝善记序》，《目连救母劝善记》上卷首，《古本戏曲丛刊》编辑委员会编：《古本戏曲丛刊·初集》，商务印书馆 1954 年影印本。

② （明）陈昭祥：《劝善记序》，《目连救母劝善记》上卷首，《古本戏曲丛刊》编辑委员会编：《古本戏曲丛刊·初集》，商务印书馆 1954 年影印本。

③ （明）胡元禄：《劝善记跋》，《目连救母劝善记》下卷末，《古本戏曲丛刊》编辑委员会编：《古本戏曲丛刊·初集》，商务印书馆 1954 年影印本。

可见，明中期文人赞同虚构与寓言的表达方式，认为虚构情节、寓言手法能够恰当体现曲家的创作主旨。虚妄的情节、荒诞的结构都是艺术手段，它们是服务于主题表达的。明中期淋漓尽致地运用了虚构和寓言手法的曲作，当推杨慎的杂剧作品《洞天玄记》。此剧纯粹以寓言来构思，通篇采用拟人手法，寓深奥的道家玄理于具体的物象之中。明嘉靖三十七年（1558），张天粹在《洞天玄记跋》中说：

> 记义之陈，微辞奥旨，意在言外。……曰形山道人者，吾之主人翁也。曰昆仑六贼者，吾人物交之蠹性也。先欲寂然不动，克去视听言动之非，然后感而自通，以复吾天然自有之真也。曰中秋赏月者，喻金精之旺盛也。曰三日月出庚者，指大药之时至也。曰没弦琴、无孔箫者，喻二气绸缪，造化争驰之机也。曰降苍龙、捉金虎者，取坎内之阳精，伏离宫之阴气也。曰收婴儿夺姹女者，取先天之未判，夺后天之初弦也。又曰"两弦会花开上苑，一阳动漏永中霄"，是盖采地癸之初生，用天壬之始判也。曰虎变金钗者，见九鼎火符抽添之用也。曰六贼驯伏者，显抱元守一无为之旨也。曰山顶鸣雷者，示九载羽化妙隐显之神。①

杨悌《洞天玄记前序》则说：

> 其曰形山者，身也。昆仑者，头也。六贼者，心意眼耳口鼻也。降龙伏虎者，降伏身心也。

可见剧中关目、角色乃至谋篇布局都是有所指向的，全篇采用了寓言手法。

寓言手法的应用，赋予了曲家极大的创造性和语言表达的自由度。明中期戏曲在思想表达上较之元杂剧更为驳杂，覆盖面更为广泛，这与曲家不再拘泥于从历史中寻找素材或者借用历史人物进行演绎、再创造有很大关系。从这个角度上看，在戏曲文学发展过程中，虚构和寓言的表达方式解放了曲家的创造力，具有深刻的意义。

---

① （明）张天粹：《洞天玄记跋》，《洞天玄记》卷末，《孤本元明杂剧》影印本。

第二节 南北曲之辩

明中期戏曲创作处于北曲杂剧新变、南曲传奇定型的复杂状况之中，这样的创作现状折射到戏曲评论领域中，最突出的就是"南北曲之辩"的命题。这一命题的广泛争论，实质是曲家与曲评家对于曲体自身特性的认识差异，对于当时戏曲发展具有直接而深入的影响。

南北曲的差异

（一）南北曲风格的差异

关于"南北曲之辩"的讨论，明中期曲家首先是从南北曲整体风格差异的问题入手。康海在《沜东乐府序》中说："然南词主激越，其变也为流丽；北曲主慷慨，其变也为朴实。惟朴实故声有矩度而难借，惟流丽故唱得宛转而易调。"[1] 李开先在《乔龙溪词序》中说："北之音调舒放雄雅，南则凄婉优柔，均出于风土之自然，不可强而齐也。故云北人不歌，南人不曲，其实歌曲一也，特有舒放雄雅、凄婉优柔之分耳。"[2] 魏良辅说："北曲以遒劲为主，南曲以宛转为主，各有不同。"[3] 南北曲文风的差异在唐代就被人深刻了解，如李延寿说："江左宫商发越，贵于清绮；河朔词义贞刚，重乎气质。"[4] 康海、李开先等人的看法，显然延续了李延寿的观点。不过，李延寿评价的是诗文等传统文学，而明中期曲家则把这一评价用在了戏曲上。

徐渭在《南词叙录》中从听曲的角度分析了南北曲的差异：

> 听北曲使人神气鹰扬，毛发洒渐，足以作人勇往之志，信胡

---

① （明）康海：《沜东乐府序》，续修四库全书编纂委员会编：《续修四库全书》（第1738册）集部曲类，上海古籍出版社1995年版，第501页。

② （明）李开先著，卜键笺校：《李开先全集》（上册），文化艺术出版社2004年版，第436页。

③ （明）魏良辅：《曲律》，中国戏曲研究院编：《中国古典戏曲论著集成》（五），中国戏剧出版社1959年版，第6页。

④ （唐）李延寿：《北史·文苑传论》，中华书局1974年版，第2781-2782页。

人之善于鼓怒也，所谓"其声噍杀以立怨"是已；南曲则纤徐绵眇，流丽婉转，使人飘飘然丧其所守而不自觉，信南方之柔媚也，所谓"亡国之音哀以思"是已。①

北曲和南曲，一北一南，一刚一柔，风格不同，给人带来的审美体验也不一样。北曲杂剧多从历史中取材，战争、历史、公案、豪侠等题材流行，与题材相匹配的乐曲风格自然会选取豪放、壮阔、激烈的类型。南戏传奇多写儿女情长，富于文人情调，曲风自然偏向于温婉清秀。地域文化与相应的文化接受是匹配的，戏曲亦然。魏良辅则从南北曲曲调、用字等方面分析两者的不同：

> 北曲与南曲，大相悬绝，有磨调、弦索调之分。北曲字多而调促，促处见筋，故词情多而声情少。南曲字少而调缓，缓处见眼，故词情少而声情多。北力在弦索，宜和歌，故气易粗。南力在磨调，宜独奏，故气易弱。近有弦索唱作磨调，又有南曲配入弦索，诚为方底圆盖，亦以坐中无周郎耳。②

曲调与用字习惯本来就有地域特征，正如音乐与方言一样，其形成有漫长的历史过程。戏曲必然会因为这些原因而出现风格上的不同，魏良辅的说法诚为卓见。王世贞延续了魏氏观点，其《曲藻》说：

> 凡曲：北字多而调促，促处见筋；南字少而调缓，缓处见眼。北则辞情多而声情少，南则辞情少而声情多。③

相比那种简单延续传统南北之别的做法，曲家从听觉、曲调、用字等角度探讨南北曲风格的差异是具有进步意义的，这说明文人开始从戏曲本

---

① （明）徐渭：《南词叙录》，中国戏曲研究院编：《中国古典戏曲论著集成》（三），中国戏剧出版社 1959 年版，第 245 页。

② （明）魏良辅：《曲律》，中国戏曲研究院编：《中国古典戏曲论著集成》（五），中国戏剧出版社 1959 年版，第 7 页。

③ （明）王世贞：《曲藻》，中国戏曲研究院编：《中国古典戏曲论著集成》（四），中国戏剧出版社 1959 年版，第 27 页。

身来思考南北差异的问题。明中期曲家在南北之别上，并没有表达出对南北曲的褒贬倾向，比较客观。

（二）南北曲演奏乐器的差异

明中期曲家看到了南北曲曲调选择差异，也看到了演奏乐器的差异，音乐风格与乐器本身关联就比较紧密。徐渭在《南词叙录》中叙述了南曲昆山腔所用的乐器情况："今昆山以笛、管、笙、琵按节而唱南曲者，字虽不应，颇相谐和，殊为可听，亦吴俗敏妙之事。"① 南曲主要用传统汉民族乐器来演奏，而北曲主要用胡乐器伴奏，王世贞说："曲者，词之变。自金、元入主中国，所用胡乐，嘈杂凄紧，缓急之间，词不能按，乃更为新声以媚之。"② 他还说："北力在弦，南力在板。北宜和歌，南宜独奏。"③ 但魏良辅比王世贞说得更加清楚："至于北曲之弦索，南曲之鼓板，犹方圆之必资于规矩，其归重一也。"④

随着戏曲的发展，南北曲的演奏乐器也出现了新变化。虽然杨慎在《升庵诗话》中说"南方歌词不入管弦"⑤，但经过明前期与明中期艺人的改良，南曲也可入弦索、用北调演唱。陆采《冶城客论》写道："国初教坊有刘色长者，以太祖好南曲，别制新腔歌之，比涮音稍合宫调，故南都至今传之。近始尚涮音，伎女辈或弃北而南，然终不可入弦索也。"⑥ 又如徐渭《南词叙录》云："（太祖）由是日令优人进演（按，指《琵琶记》）。寻患其不可入弦索，命教坊奉銮史忠计之。色长刘杲者，遂撰腔以献，南曲北调，可于筝琶被之；然终柔缓散戾，不若北之铿锵入耳也。"⑦ 王骥德《曲律》云："或谓南曲原不配弦索，不必拘拘宫调，不知

---

① （明）徐渭：《南词叙录》，中国戏曲研究院编：《中国古典戏曲论著集成》（三），中国戏剧出版社 1959 年版，第 242 页。

② （明）王世贞：《曲藻》，中国戏曲研究院编：《中国古典戏曲论著集成》（四），中国戏剧出版社 1959 年版，第 25 页。

③ （明）王世贞：《曲藻》，中国戏曲研究院编：《中国古典戏曲论著集成》（四），中国戏剧出版社 1959 年版，第 27 页。

④ （明）魏良辅：《曲律》，中国戏曲研究院编：《中国古典戏曲论著集成》（五），中国戏剧出版社 1959 年版，第 6 页。

⑤ （明）杨慎：《升庵诗话》卷九，丁福保编：《历代诗话续编》，中华书局 1983 年版，第 819 页。

⑥ （明）陆采：《冶城客论》"刘史二伶"条，四库全书存目丛书编纂委员会编：《四库全书存目丛书》子部第 246 册，齐鲁书社 1995 年版，第 667 页。

⑦ （明）徐渭：《南词叙录》，中国戏曲研究院编：《中国古典戏曲论著集成》（三），中国戏剧出版社 1959 年版，第 240 页。

南人第取按板，然未尝不可取配弦索。"① 以上材料说明南曲也可以用弦索
伴奏。但这种混同南北的做法与观点，在恪守南北之别的曲家看来是不可
取的，魏良辅就认为这样毫无章法，有违矩度："近有弦索唱作磨调，又
有南曲配入弦索，诚为方底圆盖，亦以坐中无周郎耳。"②

明中期曲家显然认识到南北曲演奏乐器的差异，也认识到乐器的不同
而导致南北戏曲交流的不便，他们试图用乐器本身来消除这种差距。此
外，在部分明中期曲家如魏良辅身上，恪守南北之别的观念比较强烈。

（三）南北曲宫调的差异

明中期曲家大都承认北曲宫调的存在，但对于南曲宫调的有无，则存
在分歧。何良俊、蒋孝等人认为南曲有自己的宫调系统。《曲藻》引何良
俊之语说："北人之曲，以九宫统之。九宫之外，别有道宫、高平、般涉
三调。南人之歌，亦有南九宫。"③ 嘉靖二十八年（1549），蒋孝以陈氏、
白氏《九宫》与《十三调》二谱为底本，撰成《旧编南九宫谱》。但祝允
明、杨慎、徐渭则认为南曲无宫调。祝允明说：

> 不幸又有南宋温浙戏文之调，殆禽噪尔，其调果在何处？④

> 自国初以来，公私尚用优伶供事。数十年来，所谓南戏盛
> 行，更为无端。于是声乐大乱。南戏出于宣和之后、南渡之际，
> 谓之温州杂剧。如《赵真女》《蔡二郎》等，亦不甚多。以后日
> 增。今遍满四方，转以多益，又不如旧，而歌愈谬，极厌观听，
> 盖已略无腔调（音者，七音；律者，十二律吕；腔者，章句字
> 数，长短高下，疾徐抑扬之节，各有部位；调者，旧八十四调，
> 后十七宫调，今十一调，正宫不可为中吕之类）。愚人蠢工，徇
> 意更改，妄名余姚腔、海盐腔、弋阳腔、昆山腔之类。变易喉

---

① （明）王骥德：《曲律》，中国戏曲研究院编：《中国古典戏曲论著集成》（四），中国戏剧
出版社 1959 年版，第 128 页。

② （明）魏良辅：《曲律》，中国戏曲研究院编：《中国古典戏曲论著集成》（五），中国戏剧
出版社 1959 年版，第 7 页。

③ （明）王世贞：《曲藻》，中国戏曲研究院编：《中国古典戏曲论著集成》（四），中国戏剧
出版社 1959 年版，第 27 页。

④ （明）祝允明：《怀星堂集》卷二十四，《文渊阁四库全书》集部第 199 册，台湾商务印
书馆 1986 年版，第 705 页。

舌，趁逐抑扬，杜撰百端，真胡说耳。若以被之管弦，必至失笑
矣。而昧士喜之，互自为谩耳。①

　　熟悉北曲的祝允明，对于以温州地方流行的南戏声腔逐渐渗透剧坛，
并不认同。这大概是艺术接受的一种习惯使然。他认为所谓的"温州杂
剧"并无所谓声腔，或是这些地方戏根本没有遵循北曲的声腔系统。对于
这一点杨慎说：

　　　　南方歌词，不入管、弦，亦无腔调，如今弋阳腔也。盖自
　　唐、宋已如此。②

徐渭进一步说：

　　　　其曲，则宋人词而益以里巷歌谣，不叶宫调，故士夫罕有留
　　意者。……今南九宫不知出于何人，意亦国初教坊人所为，最为
　　无稽可笑。……"永嘉杂剧"兴，则又即村坊小曲而为之，本无
　　宫调，亦罕节奏，徒取其畸农、市女顺口可歌而已，谚所谓"随
　　心令"者，即其技欤？间有一二叶音律，终不可以例其余，乌有
　　所谓九宫？必欲穷其宫调，则当自唐、宋词中别出十二律、二十
　　一调，方合古意。是九宫者，亦乌足以尽之？多见其无知妄
　　作也。③

　　祝允明、杨慎、徐渭强调了南戏的民间特性，认为它是一种没有进入
文人视野，到了明代中期依然缺乏规范的一种地方戏曲形式。他们对南曲
宫调的认识存在误区，其实是受到了北曲严谨宫调体制的影响，或者说是
站在北曲严密的宫调系统上反观南曲，故而觉得南曲没有系统的宫调。当

---

　　① （明）祝允明：《猥谈》，续修四库全书编纂委员会编：《续修四库全书》（第1192册），
上海古籍出版社2002年版，第365页。
　　② （明）杨慎：《升庵诗话》卷九，丁福保编：《历代诗话续编》，中华书局1983年版，第
819页。
　　③ （明）徐渭：《南词叙录》，中国戏曲研究院编：《中国古典戏曲论著集成》（三），中国戏
剧出版社1959年版，第239—240页。

　　然，这与南曲本身的历史发展水平有很大关系。由于南曲戏文长期流传于民间，没有经过文人的系统整理，所以南曲戏文除了语言质朴外，宫调安排也显得比较粗陋。在明中期，文人刚刚开始大量改编、创作南曲传奇，曲家自身对南曲宫调亦不甚熟悉。在本书第三章"体制论"中已述，明中期传奇作家大多遵循南戏的民间音乐传统。因此，相比经过文人认真打磨而特点精严的北曲宫调系统，自由、松散、简陋且未经文人修饬整理的南曲宫调系统自然相形见绌。所以祝允明才会说："今遍满四方，转以多益，又不如旧，而歌愈谬，极厌观听，盖已略无腔调。"但事实上，作为源于宋词的南曲小调，本身自有其宫调系统。徐于室、纽少雅《南曲九宫正始》中就披露"大元天历间《九宫十三调谱》"已经存世。而嘉靖二十八年（1549），蒋孝在陈氏、白氏所藏《九宫》《十三调》的基础上，重编了《南九宫十三调词谱》，现在通称为《旧编南九宫谱》，以区别沈璟所编《增定查补南九宫十三调曲谱》。① 早期的南曲宫调系统确实粗疏，但不能因为其简陋而认为其没有宫调系统。从南曲宫调有无的争辩上，可以看出明中期南曲传奇的音律化进程仅仅是处于探索当中，远远未达到晚明时期沈璟他们所倡导的境界。因此蒋孝才会说"人各以耳目所见，妄为述作，遂使宫徵乖误，不能比诸管弦，而谐声依永之义远矣"②。

（四）南北曲语音的差异

　　南北曲存在差异不仅仅体现在音乐上，也体现在语音上，两种戏曲音乐与南北方言之间存在因相互适应而产生的特殊模式。明中期曲家对此有所认识，他们主要是从演唱角度来考辨关于南北曲的语音差异。徐渭认为在宫调上，北曲占优势；但在语音上，南曲则占了上风：

　　　　南之不如北有宫调，固也；然南有高处，四声是也。北虽合律，而止于三声，非复中原先代之正，周德清区区详订，不过为胡人传谱，乃曰《中原音韵》，夏虫、井蛙之见耳！③

　　众所周知，北方语音发展到中古时代，入派三声，语音体系从四声缩

---

① 参见周维培：《曲谱研究》，江苏古籍出版社 1997 年版，第 80—103 页。
② （明）蒋孝：《南小令宫调谱序》，《旧编南九宫谱》，《玄览堂丛书》影印本三集，卷首。
③ （明）徐渭：《南词叙录》，中国戏曲研究院编：《中国古典戏曲论著集成》（三），中国戏剧出版社 1959 年版，第 241 页。

减到三声；但南方许多地区的语音则保留了入声，语音体系相比北方语音要完整，因此徐渭认为南曲语音真正代表了远古中原地区的"正体"，这是南曲的"高处"。在此，徐渭对南音的自豪感溢于言表。他甚至嘲讽周德清将书命名为《中原音韵》，认为周德清"不过为胡人传谱"，不能成为中原音韵的正宗代表，因此是"夏虫、井蛙之见耳"！由此可见，他虽然认为南曲不像北曲那样有宫调可以合律，但南曲自有高出一筹之处，就是以完整的四声体现"中原先代之正"，古风犹存。这是他崇古心态的一种表现，也是他抑北扬南的一种倾向。

对于南北曲语音的区别，魏良辅强调在演唱中不能混淆南北字音，语音要与曲调音乐相匹配："曲有两不杂：南曲不可杂北腔；北曲不可杂南字。"[1] 王世贞则对王九思作南曲而误用北音有所不满："然敬夫南曲'且尽杯中物，不饮青山暮'，犹以'物'为'护'也。南音必南，北音必北，尤宜辨之。"[2] 颜俊彦在《度曲须知序》中亦说："以王敬夫之填词，不免南北混淆，而以物作护。"[3] 这说明明中期曲家在作曲时，十分注意区别南北字音的不同。

虽然南音比北音完整，但徐渭认为在具体演唱上，即使是南方字音也要讲究字正腔圆："凡唱，最忌乡音。吴人不辨清、亲、侵三韵，松江支、朱、知，金陵街、该，生、僧，扬州百、卜，常州卓、作，中、宗，皆先正之而后唱可也。"[4] 他主张南方各地人要有意识地针对乡音缺陷而扬长避短。

南北曲的地位

南北曲既然存在诸多差异，那么在明中期的地位肯定存在区别。这一点，在明中期曲家的评论中也有所体现。

文人对南曲戏文的态度前后有变。宋代是南戏发展的初期，形式简

---

① （明）魏良辅：《曲律》，中国戏曲研究院编：《中国古典戏曲论著集成》（五），中国戏剧出版社 1959 年版，第 7 页。

② （明）王世贞：《曲藻》，中国戏曲研究院编：《中国古典戏曲论著集成》（四），中国戏剧出版社 1959 年版，第 39 页。

③ （明）沈宠绥：《度曲须知》，中国戏曲研究院编：《中国古典戏曲论著集成》（五），中国戏剧出版社 1959 年版，第 188 页。

④ （明）徐渭：《南词叙录》，中国戏曲研究院编：《中国古典戏曲论著集成》（三），中国戏剧出版社 1959 年版，第 244 页。

陋，因此会出现"士大夫罕有留意"的现象。明前期的南戏体制依然粗鄙，远远没有达到精致化的程度。士大夫既不明白南戏发展的趋势，又过分重视北曲宫调，于是出现了鄙视、歪曲和否定南戏的论调。弘治、正德年间，祝允明说："不幸又有南宋温浙戏文之调，殆禽噪耳，其调果在何处？"① 与祝允明同时代，且被推为"乐府为我朝第一人"的陈铎，也同样鄙视民间戏文，他在散套《嘲南戏》中说："教坊一色为南戏，几辈儿流传到你，新腔旧谱欠攻习。打帮儿四散求食，听的文人墨客麕来谩，富室豪民跑的来疾。这等人何足计，胎胞儿轻贱，骨格儿低微。"② 陈铎还在散套《嘲川戏》中以戏谑的态度描绘了民间川戏的表演情况。今摘引数支录之如下：

〔七煞〕黄昏头唱到明，早晨间唱到黑，穷言杂语诸般记。把那《骨牌名》尽数说一遍，《生药名》从头数一回，有会家又把《花名》对。称呼也称呼的改样，礼数也礼数的蹊跷。

〔六煞〕《刘文斌》改了头，《辛文秀》换了尾，《刘电光》搽和着《崔君瑞》。一声蛮了一声畲，一句高了一句低，异样的丧声气，妆生的说手打着马房门叫保子跟随。

〔五煞〕提起东忘了西，说着张诌李，是个不南不北乔杂剧。一声喝聒的耳挣重敷演，一句话缠的头红不捅移，一会家夹着声施展喉咙细，草字儿念了又念，正关目提也休提。

〔四煞〕士大夫见了羞，村浊人见了喜，正是村里鼓儿村里擂。这等人专供市井歪衣饭，罕见官员大酒席。也弄的些歪乐器，筝篾儿乱弹乱研，笙笛儿胡捏胡吹。③

生存于民间的南戏戏文虽然粗鄙，但从陈铎的描述中可以看出，南戏极富生命力，而且深受老百姓欢迎。它们受到士大夫鄙视的原因之一是太过自由，民间艺人的演出本经常根据实际需要进行现场改编，虽然很有舞台效果，但这种改编让文人认为没有规范，亦对此颇为轻视。说

---

① （明）祝允明：《怀星堂集》卷二十四，《文渊阁四库全书》集部第199册，台湾商务印书馆1986年版，第705页。
② 谢伯阳编：《全明散曲》，齐鲁书社1994年版，第619页。
③ 谢伯阳编：《全明散曲》，齐鲁书社1994年版，第618页。

到底，文人性审美趣味与民间性审美趣味之间存在难以调和的冲突。

当然，祝允明等人对南曲戏文表示不满有深刻的文学背景。首先，散曲历经元明两代的发展，在艺术形式上已经趋于成熟、精巧。文人对待散曲的心态与传统诗文大体一致。南散曲与民间盛行的南戏相比，前者是阳春白雪，后者是下里巴人，因此祝允明扬散曲抑剧曲。其次，祝允明生活的时代主要是弘治、正德年间，这时候的绝大部分南曲戏文都未经具有较高文化素养的文人整理加工，参加南戏创作的文人并不多，这时候的南戏更多地体现出民间性审美趣味，形式粗鄙简陋。如创作于景泰、成化年间的《伍伦全备记》，无论是曲词宾白还是主题建构，都显得非常质朴简陋。正德、嘉靖年间的杨慎也认为北曲优于南曲。何良俊曾转述杨慎的评论：

> 杨升庵曰："《南史》蔡仲熊云：'五音本在中土，故气韵调平；东南土气偏诐，故不能感动木石。'斯诚公言也。近世北曲，虽郑、卫之音，然犹古者总章，北里之韵，梨园、教坊之调，是可证也。"[①]

杨慎生于弘治元年（1488），卒于嘉靖三十八年（1559）。从杨慎的评论中，可以看出他喜爱北曲，他甚至引用《南史》中的语句来证明北曲的纯正醇和，并以北里、梨园、教坊这些不同演出机构仍然演唱北曲作为佐证。南教坊著名艺人顿仁于正德年间在北京教坊习得北曲，说明北曲在当时具有深厚的观众土壤。[②]

因此，尽管徐渭在《南词叙录》中为南曲振臂高呼，但我们不得不看到这样一个事实：在徐渭写作《南词叙录》的时代，即嘉靖年间，北曲在社会上仍然占据了较为优势的地位：

> 今日北曲，宜其高于南曲。……有人酷信北曲，至以伎女南歌为犯禁，愚哉是子！北曲岂诚唐、宋名家之遗？不过出于边鄙

---

① （明）何良俊：《曲论》，中国戏曲研究院编：《中国古典戏曲论著集成》（四），中国戏剧出版社1959年版，第5—6页。

② （明）何良俊：《曲论》，中国戏曲研究院编：《中国古典戏曲论著集成》（四），中国戏剧出版社1959年版，第9页。

裔夷之伪造耳。夷、狄之音可唱，中国村坊之音独不可唱？原其
意，欲强与知音之列，而不探其本，故大言以欺人也。①

　　这表明在徐渭生活的年代即嘉靖年间，人们依然崇尚北曲，甚至达到
"以伎女南歌为犯禁"的夸张地步。世人扬北抑南的做法被徐渭评曰"愚
哉是子"，认为相当愚蠢。他认为北音不过是边鄙夷狄之音，既然可以唱
边鄙之音，那么南方的乡间小调为何不能登台演出呢？徐渭为了抬高南曲
地位，特意把南曲置于北曲之上，从而为南曲争一席之地。所以他在《南
词叙录》中说：

　　北杂剧有《点鬼簿》，院本有《乐府杂录》，曲选有《太平
乐府》，记载详矣。惟南戏无人选集，亦无表其名目者，予尝惜
之。客闽多病，呫呫无可与语，遂录诸戏文名，附以鄙见。岂曰
成书，聊以消永日，忘歊蒸而已。②

　　有感于无人关注南曲戏文，徐渭才有为南曲正名之举。这恰恰可以从
反面说明当时北曲地位仍高的事实。我们再联系一下生于天顺四年
（1460），卒于嘉靖五年（1526）的祝允明在《猥谈》《重刻中原音韵序》
中对南曲戏文的鄙视以及生于明弘治十五年（1502），卒于隆庆二年
（1568）的李开先在《词谑》中对北曲的欣赏之情，就可以明白徐渭在嘉
靖三十八年（1559）写作《南词叙录》时，有意为南曲戏文正名之举动的
时代背景。
　　但是，随着南戏在民间的影响日益增强，它逐渐被文人认识、接受。
明中期南北曲都在发展，人们的欣赏趣味也在不断变化，南北消长的现象
开始出现，北曲的固化导致艺术生命力逐渐减弱，而更加自由的南戏传奇
则开始崭露头角。如以北曲为尚的李开先也开始尝试南曲传奇的创作，并
以《宝剑记》一新曲坛。主要生活于嘉靖、隆庆年间的南方曲家何良俊，
在他的《四友斋丛说》中明显表达了对北曲地位在南方地区日益衰微的唏

---

①　（明）徐渭：《南词叙录》，中国戏曲研究院编：《中国古典戏曲论著集成》（三），中国戏
剧出版社1959年版，第241页。
②　（明）徐渭：《南词叙录》，中国戏曲研究院编：《中国古典戏曲论著集成》（三），中国戏
剧出版社1959年版，第239页。

噱与无奈：

> 近日多尚海盐南曲，士夫禀心房之精，从婉娈之习者，风靡
> 如一，甚者北土亦移而耽之，更数世后，北曲亦失传矣。①

相同的说法亦见于杨慎《丹铅总录》（明刊本有嘉靖三十三年梁佐序）
卷十四"北曲"条②，只是文字略有出入，可见此说法广为流传。这段话
一则说明何良俊当时身处的南方地区（主要是南京、上海一带，因为何良
俊为华亭人，但后来移居金陵），开始盛行以海盐腔为代表的南曲；二则
说明北方地区也渐染南方风气，因此身为南方人却是北曲酷爱者的何良
俊，对这种情状忧心忡忡，"更数世后，北曲亦失传矣"。《金瓶梅词话》
中描写的是以山东为中心的北方地区，虽然书中以演北曲为主，但此书也
多次提及海盐戏班出入官绅府中，正可以印证何良俊所说的"甚者北土亦
移而耽之"。此外，何良俊在自己书中不止一次地描述了当时的演出现状：

> 祖宗开国，尊崇儒术，士大夫耻留心辞曲，杂剧与旧戏文本
> 皆不传，世人不得尽见，虽教坊有能搬演者，然古调既不谐于俗
> 耳，南人又不知北音，听者即不喜，则习者亦渐少。③

这一材料将北曲不振归因于士大夫对戏曲参与度的减弱，但是明代初
年民间的杂剧北曲演出依然存在，甚至皇室成员朱权、朱有燉等人也参与
杂剧的创作。何良俊没有看到从元入明因为社会环境变化带给杂剧的冲
击，也没有看到文体生命力消长的根本原因是自身艺术生命力的变化，地
方经济、文化也会对文学产生影响。对于戏曲而言，观众的审美趣味更会
因剧场风尚而消长，即使教坊能够搬演北曲，但因为南方观众喜南曲恶北
曲，所以教坊中人也就逐渐减少了对北曲的操练：

---

① （明）何良俊：《曲论》，中国戏曲研究院编：《中国古典戏曲论著集成》（四），中国戏剧
出版社 1959 年版，第 6 页。

② （明）杨慎撰，（明）梁佐编：《丹铅总录》卷十四订讹类"北曲"条，《文渊阁四库全
书》子部第 161 册，台湾商务印书馆 1986 年版，第 494 页。

③ （明）何良俊：《曲论》，中国戏曲研究院编：《中国古典戏曲论著集成》（四），中国戏剧
出版社 1959 年版，第 6 页。

今教坊所唱，率多时曲，此等杂剧古词，皆不传习，三本中独《㑳梅香》头一折〔点绛唇〕尚有人会唱，至第二折"惊飞幽鸟"，与《倩女离魂》内"人去阳台"、《王粲登楼》内"尘满征衣"，人久不闻，不知弦索中有此曲矣。①

这一材料可证在南方地区，随着世易俗迁，南曲逐渐盛行，北曲确有衰颓之势。再看一段引言：

余家小鬟记五十余曲，而散套不过四五段，其余皆金、元人杂剧词也，南京教坊人所不能知。老顿言："顿仁在正德爷爷时随驾至北京，在教坊学得，怀之五十年。供筵所唱，皆是时曲，此等辞并无人问及。不意垂死，遇一知音。"是虽曲艺，然可不谓之一遭遇哉！②

以南京为代表的南方地区在何良俊时代已不尚北曲，"供筵所唱，皆是时曲"，因此连南京教坊中人都听不懂何良俊家中戏班所唱曲目，可见北曲在当时南方已落入"此等辞并无人问及"的凄凉境地。但是，北曲演出在明中期并未消亡。上引这段话透露另外一个信息：正德十五年（1520）左右，艺人顿仁在北京教坊习得北曲，这说明北曲在北方地区至少在宫廷、官府中仍然具有观众土壤，这与李开先在山东地区的听曲情况可以相互印证。李开先《词谑》记载：

双调三套：一、《范蠡归湖》，范子安所作；一、《夜月追韩信》，作者乃费唐臣；又一、《昭君和番》，则亦东篱也，较之"百岁光阴"，不及远甚。三词唱者极多，虽是元人气魄，然太不整搦。姑载之，以随时好。③

---

① （明）何良俊：《曲论》，中国戏曲研究院编：《中国古典戏曲论著集成》（四），中国戏剧出版社 1959 年版，第 6-7 页。

② （明）何良俊：《曲论》，中国戏曲研究院编：《中国古典戏曲论著集成》（四），中国戏剧出版社 1959 年版，第 9 页。

③ （明）李开先：《词谑》，中国戏曲研究院编：《中国古典戏曲论著集成》（三），中国戏剧出版社 1959 年版，第 318 页。

这说明此时北方地区喜好演唱、欣赏北曲名段，因此李开先要随文引录北曲曲词"以随时好"。这种喜好北曲的风气与《金瓶梅词话》的描述相似。

从上面的论述中，我们可以看到，南北曲地位在明中期是因地区、时段不同而呈现出彼此消长的复杂态势。但是必须指出，南曲势力逐渐强大，至少在以何良俊晚年移居的南京为代表的南方地区，南曲开始占据上风。同时，随着南曲在南方逐渐取得优势，南曲的影响力日渐北上，这不仅可以从《金瓶梅词话》中山东西门庆以海盐戏文宴客看出，还可以从天顺年间南方某戏班在京师的遭遇中略见端倪（详见本书第五章"演出论"部分所述）。从创作上看，明中期传奇数量多于杂剧，而杂剧在此时呈现南曲化特征（详见本书第三章"体制论"部分所述），可见南曲在创作领域中越来越得到曲家的青睐。随着南曲创作数量的增多，在演出领域中南曲出现的频率也在逐渐上升。因此我们在明中期时人的有关曲评中就看到与创作、演出状况保持一致的情形。然而，从整体上看，明中期南北曲的地位彼此平衡，这种状况反映到文人著述中，我们会看到两种不同的论调：要为南曲正名的徐渭在《南词叙录》中对南曲处于劣势而愤愤不平，酷爱北曲的何良俊则在《四友斋丛说》中担忧北曲在南方地区的日益衰微。但有关后者这种情绪的记录总体偏少。

第三节　"本色"之辩

在明中期曲家的戏曲观念中，"本色"之辩也是一个热烈而且复杂的论题。"本色"观因人而异，每个人有自己特定的范畴，其外延与内涵各异。但从整体上说，明中期曲家所讲的"本色"大致可分为偏俗与偏雅二途。以下分而述之。

偏俗之"本色"观

徐渭《南词叙录》在点评南曲作品时，提出了他的"本色"观，他说：

　　南曲固是末技，然作者未易臻其妙。《琵琶》尚矣，其次则
《玩江楼》《江流儿》《莺燕争春》《荆钗》《拜月》数种，稍有可
观，其余皆俚俗语也；然有一高处：句句是本色语，无今人时
文气。①

　　徐渭所谓之"本色"，关键在"无今人时文气"，"时文"者，当时科
举八股之称。他在批评以《香囊记》为代表的一派作品时，再次提到了
"本色"：

　　以时文为南曲，元末、国初未有也，其弊起于《香囊记》。
《香囊》乃宜兴老生员邵文明作，习《诗经》，专学杜诗，遂以二
书语句勾入曲中，宾白亦是文语，又好用故事作对子，最为害
事。……《香囊》如教坊雷大使舞，终非本色，然有一二套可取
者，以其人博记，又得钱西清、杭道卿诸子帮贴，未至澜倒。至
于效颦《香囊》而作者，一味孜孜汲汲，无一句非前场语，无一
处无故事，无复毛发宋、元之旧。三吴俗子，以为文雅，翕然以
教其奴婢，遂至盛行。南戏之厄，莫甚于今。②

　　从上面所引的材料，我们大致可以了解徐渭"本色"观的内涵：语言
通俗易晓，"无今人时文气"，即不要在宾白曲词中堆砌典故，填塞故实。
他认为，一定要让观众理解曲词之意，因为"夫曲本取于感发人心，歌之
使奴、童、妇、女皆喻，乃为得体；经、子之谈，以之为诗且不可，况此
等耶？"戏曲的功能主要是感发人心，要达到此目的，必须使广大受众，
如文化素养层次较低的奴、童、妇、女都能听明白才行，这是通俗戏曲所
要追求的境界。经、子之谈等内容，以之入诗尚且破坏诗境，更何况是直
接移植到曲词中来？因此，在堆垛故实而求"文采"与鄙俗之间，他甚至
说："直以才情欠少，未免辏补成篇。吾意：与其文而晦，曷若俗而鄙之
易晓也？"这倒不是说他崇尚"俚俗"，他在这里只是以极端的方式表明了

　　① （明）徐渭：《南词叙录》，中国戏曲研究院编：《中国古典戏曲论著集成》（三），中国戏
剧出版社1959年版，第243页。
　　② （明）徐渭：《南词叙录》，中国戏曲研究院编：《中国古典戏曲论著集成》（三），中国戏
剧出版社1959年版，第243页。

他对"三吴俗子，以为文雅"做法的厌恶，同时表明了自己"本色"观的底线要求。

徐渭的这种主张既有文学的因素，也有个性的因素。一方面，正德、嘉靖时期，社会变化开始引导文学变革。明初政治高压已经不复存在，文学出现自由发展的可能性。明代早期戏曲适应政治而强调教化，并受到科举文学影响，戏曲创作开始出现炫才之风。徐渭对戏曲文体功能的理解是准确的，他要求戏曲回归本体，与散文等传统文学区别开来。另一方面，徐渭天才气质明显，个性敏感，极度渴望入仕而不得，混迹宦门幕府。《南词叙录》作于徐渭中年时期，那时他已经深受科举八股文伤害，自然无法认同戏曲向八股文风靠近的观念。

主张戏曲语言通俗的观点，在明中期戏曲中得到创作上的回应。《伍伦全备记》第一出《副末开场》〔西江月〕中就提出：

> 要得看的，个个易知易见。……若是今世南北歌曲，虽是街市子弟，田里农夫，人人都晓得唱念。其在今日，亦如古诗之在古时，其言语既易知，其感人尤易入。

虽然《伍伦全备记》的艺术成就颇受诟病，但它在第一出《副末开场》中所提出的若干戏曲理论颇有价值。例如上述所引材料，说明作者希望戏曲获得"个个易知易见"的艺术效果，也就是说要营造通俗易懂的语言风格。虽然沈德符嗤之为"亦俚浅甚矣"[1]、吕天成评之曰"庶末俗之可风"[2]，但唯其通俗，才能达到"若是今世南北歌曲，虽是街市子弟，田里农夫，人人都晓得唱念"的效果。因此，《伍伦全备记》才会漂洋过海，成为朝鲜学习汉语的官方教科书。[3]

但徐渭"本色"观的最高境界并不是单纯追求通俗，而是在雅俗之间掌握合适尺度，胜在妙不可言传：

---

[1] （明）沈德符：《顾曲杂言》，中国戏曲研究院编：《中国古典戏曲论著集成》（四），中国戏剧出版社 1959 年版，第 204 页。

[2] （明）吕天成：《曲品》，中国戏曲研究院编：《中国古典戏曲论著集成》（六），中国戏剧出版社 1959 年版，第 211 页。

[3] 参见徐朔方：《奎章阁藏本〈伍伦全备记〉对中国戏曲史研究的启发》，《徐朔方说戏曲》，上海古籍出版社 2000 年版，第 94-101 页。

> 填词如作唐诗，文既不可俗，又不可自有一种妙处，要在人
> 领解妙悟，未可言传。①

他认为曲词的佳境犹如唐诗境界一样，既不可以过于庸俗，又不可以成为文人孤芳自赏的对象而导致曲高和寡，必须让观众领悟曲意，达到曲家与观众情感共鸣的目的。基于"妙悟"，徐渭评价当世某些名士的曲词为"丽而晦"②，"晦"显然是一种批评的意见。虽然他推崇《琵琶记》的语言成就，认为高则诚"用清丽之词，一洗作者之陋"③，但他并没有一味肯定，而是认为某些地方尚未达到"未可言传"的妙境：

> 或言："《琵琶记》高处在《庆寿》《成婚》《弹琴》《赏月》
> 诸大套。"此犹有规模可寻。惟《食糠》《尝药》《筑坟》《写真》
> 诸作，从人心流出，严沧浪言"水中之月，空中之影"，最不可
> 到。如《十八答》，句句是常言俗语，扭作曲子，点铁成金，信
> 是妙手。④

严羽所言"水中之月，空中之影"（原文为"镜中之象"）的诗境，本针对"盛唐诸人"而发。所以明显可见徐渭的"本色"观受到了诗歌艺术传统的影响，他希望曲词能像盛唐诗歌那样既能通俗，又不失文雅秀美，与严羽所谓"盛唐人有似粗而非粗处，有似拙而非拙处"的意义接近。⑤ 这也体现了明代复古主义文学思潮对戏曲观念的影响。

与徐渭观念相近的是王世贞。在《曲藻》中，王世贞也提到了"本色"：

---

① （明）徐渭：《南词叙录》，中国戏曲研究院编：《中国古典戏曲论著集成》（三），中国戏剧出版社 1959 年版，第 243 页。

② （明）徐渭：《南词叙录》，中国戏曲研究院编：《中国古典戏曲论著集成》（三），中国戏剧出版社 1959 年版，第 243 页。

③ （明）徐渭：《南词叙录》，中国戏曲研究院编：《中国古典戏曲论著集成》（三），中国戏剧出版社 1959 年版，第 239 页。

④ （明）徐渭：《南词叙录》，中国戏曲研究院编：《中国古典戏曲论著集成》（三），中国戏剧出版社 1959 年版，第 243 页。

⑤ （宋）严羽：《沧浪诗话》，（清）何文焕辑：《历代诗话》，中华书局 1981 年版，第 695 页。

马致远"百岁光阴",放逸宏丽,而不离本色。①

近时冯通判惟敏,独为杰出,其板眼、务头、揎抢、紧缓,无不曲尽,而才气亦足发之;止用本色过多,北音太繁,为白璧微颣耳。②

从"放逸宏丽,而不离本色","而才气亦足发之;止用本色过多"来看,"宏丽"与"本色"对举,"才气"与"本色"对比,可见王世贞所说的"本色"与徐渭之"本色"观接近。因为马致远在元曲中以"俊逸"著称,语言清爽易晓;而冯惟敏杂剧《僧尼共犯》《不伏老》也以通俗见长,尤其《僧尼共犯》更是以俚俗绝妙而令人捧腹,因此王世贞才会说其"止用本色过多"。但在王世贞的戏曲语言观念中,"本色"并不占主导位置,他是在评说辞藻与才气时,顺便提及,并没有进一步去深入阐发。

徐渭"本色"观主要用于品评宋元以及明前中期戏文,这些作品大多风格质朴,语言通俗乃至俚俗,像《张协状元》《宦门子弟错立身》《小孙屠》《荆钗记》《白兔记》《杀狗记》等,都具有这一特色。徐渭"本色"观得到了不少作品的响应,除了《伍伦全备记》《目连救母劝善记》等传奇外,还有像《僧尼共犯》等杂剧在语言上都延续了通俗本色的传统。晚明清初沈璟、李渔的戏曲创作、戏曲理论都受到徐渭"本色"观的影响。在创作《红蕖记》之后,沈璟开始倡导并模仿宋元戏文质朴通俗的语言风格。祁彪佳《远山堂曲品》评论沈璟的后期戏曲创作:"先生此后一变为本色,正惟能极艳者方能极淡。"③ 王骥德《曲律》卷四《杂论下》评云:"(沈璟)《红蕖》蔚多藻语。《双鱼》而后,专尚本色。"④ 由"案头之曲"向"场上之曲"转变,奠定了吴江派戏曲语言的基本风格。当然,沈璟过分追求朴淡、俚俗的"古风",以至于被凌濛初在《谭曲杂札》

---

① (明)王世贞:《曲藻》,中国戏曲研究院编:《中国古典戏曲论著集成》(四),中国戏剧出版社 1959 年版,第 28 页。

② (明)王世贞:《曲藻》,中国戏曲研究院编:《中国古典戏曲论著集成》(四),中国戏剧出版社 1959 年版,第 37 页。

③ (明)祁彪佳:《远山堂曲品》,中国戏曲研究院编:《中国古典戏曲论著集成》(六),中国戏剧出版社 1959 年版,第 18 页。

④ (明)王骥德:《曲律》,中国戏曲研究院编:《中国古典戏曲论著集成》(四),中国戏剧出版社 1959 年版,第 164 页。

中批评道："直以浅言俚句，捆拽牵凑，自谓独得其宗。"① 清初李渔的语言风格也倾向于通俗一派的"本色"，他在《闲情偶寄》中说："曲文之词采与诗文之词采非但不同，且要判然相反。何也？诗文之词采，贵典雅而贱粗俗，宜蕴藉而忌分明。词曲不然，话则本之街谈巷议，事则取其直说明言。凡读传奇而有令人费解，或初阅不见其佳，深思而后得其意之所在者，便非绝妙好词；不问而知为今曲，非元曲也。……若云作此原有深心，则恐索解人不易得矣。索解人既不易得，又何必奏之歌筵，俾雅人俗子同闻而共见乎？……此等妙语，止可作文字观，不得作传奇观。……以其意深词浅，全无一毫书本气也。"②

徐渭戏曲语言"本色"观，符合戏曲本体特征，对于戏曲自我发展有积极意义。古典戏曲进入明代中期，开始在文人手中逐渐雅化、文人化，戏曲开始受到传统诗文文风的影响，自我文体特征开始弱化，案头化倾向日益突出。这种发展在促进戏曲文学成熟的同时，无疑给戏曲套上了枷锁，使戏曲走上了传统诗词发展的旧路，对戏曲的持续性发展是不利的。从这个角度看，徐渭的"本色"观在后世产生深远的影响力，也就不难理解了。

偏雅之"本色"观

在明中期复古思潮的影响下，文学领域有追求盛唐气象的趋向，戏曲领域也不可避免。徐渭的"本色"观符合戏曲的本体特征，而戏曲的本体特征源于其民间性与娱乐性。这种观念在复古思潮笼罩之下的曲坛，肯定无法说服所有的曲家。如何良俊在《曲论》中也多次提到"本色"。但他所说的"本色"与徐渭所说的"本色"明显不同。如果说徐渭的"本色"观以雅俗共赏为最高标准的、一般而言倾向于"俗"的话，那么何良俊的"本色"观则是倾向于俊雅的戏曲语言观念。首先看他涉及"本色"的论述：

盖《西厢》全带脂粉，《琵琶》专弄学问，其本色语少。盖

---

① （明）凌濛初：《谭曲杂札》，中国戏曲研究院编：《中国古典戏曲论著集成》（四），中国戏剧出版社1959年版，第254页。

② （清）李渔著，江巨荣、卢寿荣校注：《闲情偶寄》，上海古籍出版社2000年版，第33—35页。

填词须用本色语，方是作家，苟诗家独取李、杜，则沈、宋、
王、孟、韦、柳、元、白，将尽废之耶？

郑德辉《倩女离魂》〔越调·圣药王〕内："近蓼花，缆钓
槎，有折蒲衰草绿兼葭。过水洼，傍浅沙，遥望见烟笼寒水月笼
纱，我只见茅舍两三家。"如此等语，清丽流便，语入本色；然
殊不称郁，宜不谐于俗耳也。

王实甫《丝竹芙蓉亭》杂剧仙吕一套，通篇皆本色，词殊简
淡可喜。

《拜月亭》《赏春》〔惜奴娇〕如"香闺掩珠帘镇垂，不肯放
燕双飞"，《走雨》内"绣鞋儿分不得帮底，一步步提，百忙里褪
了根"，正词家所谓"本色语"。①

从上述涉及"本色"的语句，以及何良俊对曲词优劣的点评，我们大
致可以理解何良俊的"本色"观内涵。他认为"盖填词须用本色语，方是
作家"，这首先表明在他的戏曲语言观念中，"本色"是点评曲家的重要标
准，那么什么是他所谓的"本色"呢？他采取了先破后立的阐释手法。他
指出两部名作的不足，"《西厢》全带脂粉，《琵琶》专弄学问，其本色语
少"。诚然，《西厢记》叙写丽情，《琵琶记》使事用典，从而削弱了"本
色"。在他心目中，符合"本色"标准的首推元曲四大家之一郑德辉的戏
曲作品。他对元曲四大家的评价，独树一帜、别具一格：

元人乐府称马东篱、郑德辉、关汉卿、白仁甫为四大家。马
之词老健而乏姿媚，关之词激厉而少蕴藉，白颇简淡，所欠者俊
语，当以郑为第一。②

---

① （明）何良俊：《曲论》，中国戏曲研究院编：《中国古典戏曲论著集成》（四），中国戏剧
出版社 1959 年版，第 6、7、8、12 页。
② （明）何良俊：《曲论》，中国戏曲研究院编：《中国古典戏曲论著集成》（四），中国戏剧
出版社 1959 年版，第 6 页。

　　为什么对郑德辉情有独钟？他认为郑作"清丽流便，语入本色；然殊不称郁，宜不谐于俗耳也"。也就是说，他所谓的"本色"并不是"俚俗"，也不是辞藻浓郁、卖弄学问，而是"清丽流便""简淡可喜"。简言之，"本色"就是简淡流畅，清丽文雅。他尚简淡、黜浓郁，所以认为"《西厢》全带脂粉"，确非本色，同时不满"《琵琶》专弄学问"，因此提倡戏曲语言要达到"清丽流便"的境界。此外，他的"本色"观还与蕴藉、有趣味相关：

　　　　郑德辉所作情词，亦自与人不同，如《伥梅香》头一折〔寄生草〕"不争琴操中单诉你飘零，却不道窗儿外更有个人孤零"，〔六么序〕"却原来群花弄影将我来唬一惊"，此语何等蕴藉有趣！〔大石调〕〔初开口〕内"又不曾荐枕席，便指望同棺椁，只想夜偷期，不记朝闻道"，〔好观音〕内"上覆你个气咽声丝张京兆，本待要填还你枕剩衾薄"，语不着色相，情意独至，真得词家三昧者也。①

　　因为提倡蕴藉，他批评《西厢》"内如'魂灵儿飞在半天'，'我将你做心肝儿看待'，'魂飞在九霄云外'，'少可有一万声长吁短叹，五千遍捣枕椎床'"这些语句为"语意皆露，殊无蕴藉"，也才会点评"关之词激厉而少蕴藉"。也就是说"本色"之语，除了要淡雅峻拔、不俚俗、不繁复浓艳之外，还要有意味、有兴味，即推崇言尽而意无穷的含蓄境界。与徐渭"本色"观以通俗为基点、以雅俗之"不可言传"为最高境界的二重结构一样，何良俊的"本色"观也有双重内涵：以简淡流畅、清丽文雅为底层要求，而含蓄蕴藉、意趣无穷则为最高境界。"止是寻常说话，略带讪语，然中间意趣无穷，此便是作家也。"② 在写作关涉闺阁的曲词之时，为了冲淡脂粉艳气，他主张运用"冷言剩句""杂以讪笑"，这样才能达到"有趣味"的艺术境界：

---

　　① （明）何良俊：《曲论》，中国戏曲研究院编：《中国古典戏曲论著集成》（四），中国戏剧出版社 1959 年版，第 7 页。
　　② （明）何良俊：《曲论》，中国戏曲研究院编：《中国古典戏曲论著集成》（四），中国戏剧出版社 1959 年版，第 9 页。

　　此等皆俊语也。夫语关闺阁，已是浓艳，须得以冷言剩句出
之，杂以讪笑，方才有趣；若既着相，辞复浓艳，则岂画家所谓
"浓盐赤酱"者乎？画家以重设色为"浓盐赤酱"，若女子施朱傅
粉，刻画太过，岂如靓妆素服，天然妙丽者之为胜耶！①

　　而这种观念明显可以看出诗文批评对戏曲批评的渗透。何良俊基本
上是以诗歌语言风格作为戏曲语言的规范与标准，忽视了戏曲的表演性
特征。总的来说，何良俊的戏曲语言"本色"观明显趋雅，更多地体现
了文人审美趣味。值得注意的是，何氏的戏曲语言"本色"观主要针对
杂剧作品，因此明中期创作领域与他这种"本色"观相呼应的，就是一
批以汪道昆《大雅堂杂剧》、许潮《太和记》、程士廉《小雅四纪》等为
代表的文人剧。这些主要抒发文人闲情逸致的南杂剧，曲词风格确实淡
雅含蓄。

第四节　戏曲观念差异的个案解读：《琵琶记》与《拜月亭》之争

　　《琵琶记》与《拜月亭》，孰高孰低，孰优孰劣？这一段公案是中国古
典戏曲学中的热点，许多曲家都参与了这场争论。而这一段公案的始作俑
者则是明中期的何良俊与王世贞。

　　何良俊在《曲论》中提到：

　　《拜月亭》是元人施君美所撰，《太和正音谱》"乐府群英姓
氏"亦载此人。余谓其高出于《琵琶记》远甚。盖其才藻虽不及
高，然终是当行。其"拜新月"二折，乃隐括关汉卿杂剧语。他
如《走雨》《错认》《上路》、馆驿中相逢数折，彼此问答，皆不
须宾白，而叙说情事，宛转详尽，全不费词，可谓妙绝。《拜月
亭》"赏春"〔惜奴娇〕如"香闺掩珠帘镇垂，不肯放燕双飞"，

---

　　① （明）何良俊：《曲论》，中国戏曲研究院编：《中国古典戏曲论著集成》（四），中国戏剧
出版社 1959 年版，第 8 页。

"走雨"内"绣鞋儿分不得帮底，一步步提，百忙里褪了根"，正词家所谓"本色语"。

> 盖《西厢》全带脂粉，《琵琶》专弄学问，其本色语少。

> 高则成才藻富丽，如《琵琶记》"长空万里"，是一篇好赋，岂词曲能尽之！然既谓之曲，须要有蒜酪，而此曲全无，正如王公大人之席，驼峰、熊掌，肥腤盈前，而无蔬、笋、蚬、蛤，所欠者，风味耳。①

王世贞在《曲藻》中则说：

> 北曲故当以《西厢》压卷。……是骈俪中景语。……是骈俪中情语。……是骈俪中诨语。……是单语中佳语。只此数条，他传奇不能及。

> 则成所以冠绝诸剧者，不唯其琢句之工、使事之美而已，其体贴人情，委曲必尽；描写物态，仿佛如生；问答之际，了不见扭造：所以佳耳。

> 《琵琶记》之下，《拜月亭》是元人施君美撰，亦佳。元朗谓胜《琵琶》，则大谬也。中间虽有一二佳曲，然无词家大学问，一短也；既无风情，又无裨风教，二短也；歌演终场，不能使人堕泪，三短也。②

关于何良俊、王世贞二人的"《琵琶记》与《拜月亭》之争"，许多论者做出了精彩评论。但笔者认为，何、王之争，实质是二人戏曲语言观念的分歧。何良俊承认"高则成才藻富丽"，也承认《拜月亭》"其才藻

---

① （明）何良俊：《曲论》，中国戏曲研究院编：《中国古典戏曲论著集成》（四），中国戏剧出版社1959年版，第12、6、11页。

② （明）王世贞：《曲藻》，中国戏曲研究院编：《中国古典戏曲论著集成》（四），中国戏剧出版社1959年版，第29、33、34页。

虽不及高"，但他依然得出结论：《拜月亭》远高于《琵琶记》。原因在于，他认为《拜月亭》曲词正体现了"词家所谓'本色语'"。上文已述，何良俊所谓的"本色"语是指简淡俊雅而不俚俗，最高境界是语意不露而蕴藉有味。有鉴于此，何良俊虽然承认高则诚曲词才藻富丽，但他认为《琵琶记》曲词缺乏所必需的"蒜酪"，即所谓风味；同时，他还讥其《琵琶记》"专弄学问"而破坏了曲词的"本色"境界。也就是说，何良俊的"本色"观虽然总体偏向雅，但只是偏向俊雅、清雅，而不是富雅骈俪，因此他欣赏郑德辉戏曲语言的简淡洁净而蕴藉有味，不喜欢王实甫与高则诚戏曲语言的富赡华丽与雍容华贵。

作为明代复古派后七子的代表人物，王世贞强调语言要有文采。他所崇尚的戏曲语言观恰恰是何良俊所批评的"才情""富丽"，因此王世贞推崇《琵琶记》"琢句之工、使事之美"的语言特色，认为《拜月亭》之短则在于"无词家之大学问"。事实上，王世贞在《曲藻》中对许多曲家的品评，都是使用了明中期复古派诗文鉴赏中所用的"才情"与"学问"：

"暗想当年罗帕上把新诗写"南北大散套，是元人作。学问才情，足冠诸本。

周宪王者，定王子也。好临摹古书帖，晓音律。所作杂剧凡三十余种，散曲百余，虽才情未至，而音调颇谐，至今中原弦索多用之。李献吉《汴中元宵绝句》云："齐唱宪王新乐府，金梁桥上月如霜。"盖实录也。

陈大声，金陵将家子。所为散套，既多蹈袭，亦浅才情。然字句流丽，可入弦索。"三弄梅花"一阕，颇称作家。

徐髯仙霖，金陵人。所为乐府，不能如陈大声稳协，而才气过之。

吾吴中以南曲名者：祝京兆希哲、唐解元伯虎、郑山人若庸。希哲能为大套，富才情，而多驳杂。伯虎小词翩翩有致。郑所作《玉玦记》最佳，它未称是。《明珠记》即《无双传》，陆天池采所成者，乃兄浚明给事助之，亦未尽善。张伯起《红拂记》洁而俊，失在轻弱。梁伯龙《吴越春秋》，满而妥，间流冗长。①

　　王世贞心目中的才情与学问是什么？"琢句之工、使事之美"表明了他的戏曲语言标准，即文采。他所称赞的朱有燉、陈铎、徐霖等人，在戏曲创作中，都非常重视文采，与元代杂剧的朴素形成鲜明对比。也就是说，他认为戏曲语言的典范是辞藻富丽、文采华美。正是因为这样，徐霖"才气过之"，"郑所作《玉玦记》最佳"。郑若庸《玉玦记》是明中期文词派的开山之作，以文词藻丽、用典繁多而著称。虽然吕天成《曲品》称道为"典雅工丽"②，却遭到王骥德《曲律》、徐复祚《曲论》等的批评，臧懋循《元曲选序》甚至说它"始用类书为之"③。王世贞对这样一部作品推崇备至，誉为"最佳"，那么就可以理解他在戏曲品评时所采取的语言标准确实是才情与学问。

　　二人之争，表面上看是语言之争：简淡俊雅与富丽典雅，更深一层则是戏曲作家与诗文作家之争。在论证《拜月亭》高于《琵琶记》时，何良俊还拈出了"当行"一语，说明他认为优秀的戏曲作品除了要具备"本色"语外，还需要舞台表演性。何良俊不仅点评曲词的文学性，更重视戏曲的舞台表演性。作为北曲的酷爱者，他在戏曲音律性、舞台表演性等方面具有很高的造诣。因此，何良俊是用"知音者"的专业眼光鉴赏戏曲。而王世贞作为当时的文坛领袖，学问、才情固然雄踞一时，但不可否认他确实是戏曲的"门外汉"。他只写过一些质量不高的散曲，被王骥德评为"用韵既杂，亦词家语，非当行曲"④，又不曾创作过戏曲⑤，他的戏曲造

---

　　① （明）王世贞：《曲藻》，中国戏曲研究院编：《中国古典戏曲论著集成》（四），中国戏剧出版社1959年版，第34、34、36、36、37页。

　　② （明）吕天成：《曲品》，中国戏曲研究院编：《中国古典戏曲论著集成》（六），中国戏剧出版社1959年版，第232页。

　　③ （明）臧懋循：《元曲选序》，《元曲选》（第一册），中华书局1958年版，第3页。

　　④ （明）王骥德：《曲律》，中国戏曲研究院编：《中国古典戏曲论著集成》（四），中国戏剧出版社1959年版，第162页。

　　⑤ 《鸣凤记》非王世贞作。参见苏寰中：《关于〈鸣凤记〉的作者问题》，《中山大学学报》（哲学社会科学版）1980年第3期，第82-86页。

诟被凌濛初讥为"其实于此道不深"①，因此他的戏曲点评更多地使用诗文标准。然而不得不承认，王世贞对明中期曲坛的影响力重大，尤其是对于明中期传奇语言的典雅之风起到了推波助澜的作用。对此，凌濛初早有论述："自梁伯龙出，而始为工丽之滥觞，一时词名赫然。盖其生嘉、隆间，正七子雄长之会，崇尚华靡；弇州公以维桑之谊，盛为吹嘘，且其实于此道不深，以为词如是观止矣，而不知其非当行也。以故吴音一派，兢为剿袭。靡词如绣阁罗帏、铜壶银箭、黄莺紫燕、浪蝶狂蜂之类，启口即是，千篇一律。甚者使僻事，绘隐语，词须累诠，意如商谜，不惟曲家一种本色语抹尽无余，即人间一种真情语，埋没不露已。至今胡元之窍，塞而未开，间以语人，如锢疾不解，亦此道之一大劫哉！"②可见明中期传奇文词派与王世贞之间的密切联系。

关于《拜月亭》《琵琶记》之争，其实犹如李白、杜甫孰优孰劣一样，是一场仁者见仁、智者见智的争论，难以定评。我们今天再来审视何良俊、王世贞之争，也不是为了断定孰高孰低，而是希望能够挖掘其中所蕴含的分歧实质，进一步理解明中期曲家的戏曲观念以及对戏曲创作所产生的影响。应该说，王世贞对当时戏曲创作尤其是传奇创作的影响更大，但在晚明时期除了王骥德在《曲律》中赞同王世贞外，沈德符的《顾曲杂言》、徐复祚的《曲论》、凌濛初的《谭曲杂札》以及臧懋循的《元曲选序》都批评了王世贞的观点。这固然与晚明时期已经不再盛行从雅趋俗、骈俪曲风有关，但更重要的是晚明时期的戏曲观念比明中期戏曲观念更接近戏曲本体，也更加重视场上之曲以及舞台当行性。

余 论

除了上诉几个争论比较热烈而集中的戏曲观念外，明中期还有若干有价值的戏曲观念，不仅在明中期当时颇有影响力，对后世也颇具启迪

---

① （明）凌濛初：《谭曲杂札》，中国戏曲研究院编：《中国古典戏曲论著集成》（四），中国戏剧出版社1959年版，第253页。

② （明）凌濛初：《谭曲杂札》，中国戏曲研究院编：《中国古典戏曲论著集成》（四），中国戏剧出版社1959年版，第253页。

意义。

首先，何良俊的音律说在明中期独具特色。何良俊在《曲论》中说：

> 此九种，即所谓戏文，金、元人之笔也，词虽不能尽工，然
> 皆入律，正以其声之和也。夫既谓之辞，宁声叶而辞不工，无宁
> 辞工而声不叶。①

何良俊本人精通音律，他在《曲论》中对南曲戏文、杂剧作品的点评，常常从舞台实践的"能唱""入乐"等角度来论述。他认为像《拜月亭》《吕蒙正》《王祥》《杀狗》《江流儿》《南西厢》《玩江楼》《子母冤家》《诈妮子》这九种金元人所作的戏文，曲词虽然不工整、不富丽，但是颇具合乐性，能够入律，具有"声和"特征。作为精通音律的知音人，何良俊又与顿仁这样具有丰富表演经验的老艺人过从甚密，所以他在此所说的"宁声叶而辞不工，无宁辞工而声不叶"是以他深厚的舞台实践经验作为立论背景的。作为一个音律家，他没有创作过戏曲作品，在曲词文学性与音乐性二者之间，他无疑更为重视曲词的音乐合律性，更为看重曲词能否入弦索而奏之于舞台。这与王世贞重视剧本文学性、可读性相映成趣。也就是说，在戏曲表演本体与戏曲文学本体之间，何良俊更趋向于戏曲表演性。这一要点作为他戏曲观念的基石，在他的戏曲评论中一以贯之。所以，他批评《琵琶记》卖弄学问而赞扬《拜月亭》当行于舞台；因此，他指斥《西厢记》多脂粉气而褒扬《㑳梅香》"得词家三昧"。由于重视舞台表演性，他才会对王实甫、高则诚这些举世闻名的曲家提出中肯的批评，不是指摘他们曲词的文学性而是质问其"蒜酪""风味""语意皆露""过于浓艳"。当然也是基于这一立场，他对郑德辉、施君美、王九思赞誉有加，认为他们或是本色，或是当行，或是蕴藉，大多从场上实践、表演经验而立论。他清晰地看到戏曲文学性与舞台性的优劣长短，因此"宁声叶而辞不工，无宁辞工而声不叶"是他的音乐心得。毋庸置疑，这肯定启迪了晚明时期沈璟"重音律而轻文词"的观点，也与晚明汤显祖

---

① （明）何良俊：《曲论》，中国戏曲研究院编：《中国古典戏曲论著集成》（四），中国戏剧出版社 1959 年版，第 12 页。

"余意所至，不妨拗折天下人嗓子"① 的宣言形成了鲜明对比。

其次，魏良辅在《曲律》中所提出的"演唱论"，对后来昆山腔逐渐取得舞台优势起到了很大的推动作用。在明中期，昆山腔作为四大声腔之一，一开始只能占据吴中一隅，影响不大。"今唱家称'弋阳腔'，则出于江西，两京、湖南、闽、广用之；称'余姚腔'者，出于会稽，常、润、池、太、扬、徐用之；称'海盐腔'者，嘉、湖、温、台用之。惟'昆山腔'止行于吴中，流丽悠远，出乎三腔之上，听之最足荡人。"② 但是经过魏良辅等人的改良后，昆山腔在演唱效果、欣赏品质上愈趋精巧。魏良辅的"演唱论"涉及了许多重要技巧，包括：

第一，辨清字音，以四声为正。他认为"五音以四声为主，四声不得其宜，则五音废矣。平上去入，逐一考究，务得中正，如或苟且舛误，声调自乖，虽具绕梁，终不足取。其或上声扭做平声，去声混作入声，交付不明，皆做腔卖弄之故，知者辨之"③。在唐宋古音（南音）与当时北方语音之间找到了平衡点，对明清之后的戏曲声腔与语音的探索具有非常重要的意义。

第二，拍曲要分清板眼。他说"如迎头板，随字而下；彻板，随腔而下；绝板，腔尽而下"④，体现出非常深厚的戏曲演唱体验。

第三，长腔、短腔、过腔要求各异，要尽心玩味体会。"如长腔要圆活流动，不可太长；短腔要简径找绝，不可太短。至如过腔接字，乃关锁之地，有迟速不同，要稳重严肃，如见大宾之状。"⑤

第四，清唱与剧唱不同，清唱要注意腔调与板眼的结合。"清唱，俗语谓之'冷板凳'，不比戏场借锣鼓之势。全要闲雅整肃，清俊温润。其有专于磨拟腔调，而不顾板眼；又有专主板眼而不审腔调，二者病则一

① （明）王骥德：《曲律》，中国戏曲研究院编：《中国古典戏曲论著集成》（四），中国戏剧出版社 1959 年版，第 165 页。

② （明）徐渭：《南词叙录》，中国戏曲研究院编：《中国古典戏曲论著集成》（三），中国戏剧出版社 1959 年版，第 242 页。

③ （明）魏良辅：《曲律》，中国戏曲研究院编：《中国古典戏曲论著集成》（五），中国戏剧出版社 1959 年版，第 5 页。

④ （明）魏良辅：《曲律》，中国戏曲研究院编：《中国古典戏曲论著集成》（五），中国戏剧出版社 1959 年版，第 5 页。

⑤ （明）魏良辅：《曲律》，中国戏曲研究院编：《中国古典戏曲论著集成》（五），中国戏剧出版社 1959 年版，第 5 页。

般。惟腔与板两工者，乃为上乘。"①

第五，根据不同风格，唱出各曲的情趣。"曲须要唱出各样曲名理趣，宋元人自有体式。如：〔玉芙蓉〕〔玉交枝〕〔玉山供〕〔不是路〕要驰骤。〔针线箱〕〔黄莺儿〕〔江头金桂〕要规矩。〔二郎神〕〔集贤宾〕〔月云高〕〔念奴娇序〕〔刷子序〕要抑扬。〔扑灯蛾〕〔红绣鞋〕〔麻婆子〕虽疾而无腔，然而板眼自在，妙在下得匀净。"②

魏良辅还提出了"曲有三绝""曲有两不杂""曲有五难""曲有两不辨"等若干原则，对演唱方法以及注意事项做出了条分缕析的规定，给演唱者提供了切实的学习方法。总的来说，魏良辅的演唱论以强调吐字、板眼、过腔为核心，以字清、腔纯、板正为标准。中国古代戏曲理论以零散的点评、鉴赏见长，对于舞台演出，尤其是对具体的演唱技巧和方法关注不够。在魏良辅《曲律》之前，元代的《唱论》主要是总结了杂剧的唱法，但技巧描述较为模糊；魏良辅的演唱论则相对而言更为清晰，更富于操作性，对明晚期沈宠绥写作《弦索辨讹》具有启迪意义。

最后，明中期曲论中表现出来的史传眼光也值得一提。像《南词叙录》末尾辑录了"宋元旧篇""本朝"的戏文剧目，类似史书中的《艺文志》体例，对保留剧目、梳理戏文发展源流很有帮助；而李开先在《词谑》中记载了当时若干位著名演员的逸事，还列举了当时南北知名的弦索家和歌唱家，颇有史传观念，为后人了解当时的戏曲表演现状与演奏、歌唱水平提供了参考价值。这种把史传的实录精神和保留文学遗产的尝试引入戏曲论著中的做法，对后世的戏剧学有很大的影响。

---

① （明）魏良辅：《曲律》，中国戏曲研究院编：《中国古典戏曲论著集成》（五），中国戏剧出版社 1959 年版，第 6 页。

② （明）魏良辅：《曲律》，中国戏曲研究院编：《中国古典戏曲论著集成》（五），中国戏剧出版社 1959 年版，第 6 页。

第五章　演出论

随着明中期曲家队伍的日益壮大、戏曲创作的逐渐繁荣、戏曲观念的日趋开放，明中期戏曲演出也开始活跃起来。从城市到乡野，从宫廷到民间，四处可见戏曲演出。这一阶段的演剧形式逐渐突破之前的模式，产生了不少新的演剧形态，对于戏曲在社会上的传播具有积极的影响。

第一节　南曲各地声腔争胜

在戏曲各要素中，声腔的稳定性最差、活跃性最强，因此最易发生变异。所以王骥德《曲律》卷二"论腔调"条云："世之腔调，每三十年一变，由元迄今，不知经几变更矣！"[①] 南方地区音乐发达，不同声腔之间存在较大的差异。在这种环境中，南曲不同地方声腔之间不断相互借鉴、吸收，当然也存在竞争，共同促进了南曲演出的繁荣。

众多的南曲地方声腔

江南吴越地区地形复杂，地势的阻隔造成了方言种类的繁多，也造成了地方音乐的复杂。与北方相比，明中期吴越与江南地区经济和文化较为繁荣，南曲随经济文化活动的开展渐趋流行，涌现了丰富多样的地方声

---

① （明）王骥德：《曲律》，中国戏曲研究院编：《中国古典戏曲论著集成》（四），中国戏剧出版社 1959 年版，第 117 页。

腔。成书于嘉靖三十八年的《南词叙录》描述了当时盛行于世的弋阳腔、余姚腔、海盐腔、昆山腔:

> 今唱家称"弋阳腔",则出于江西,两京、湖南、闽、广用之;称"余姚腔"者,出于会稽,常、润、池、太、扬、徐用之;称"海盐腔"者,嘉、湖、温、台用之。惟"昆山腔"止行于吴中,流丽悠远,出乎三腔之上,听之最足荡人。[①]

上述四种声腔由于在明中期流布最广、影响最大,因此也被誉为明中期"四大声腔"。随着这些地区的士人与商人的流动,这些地方声腔逐渐突破地域的限制,传播开来。从《南词叙录》的记载可以看出,迄至嘉靖三十八年(1559),源于江西的弋阳腔传唱最广,北至北京,南至福建、广东,西至湖南,东至南京,都有演出。源于会稽的余姚腔则传至江苏、安徽、江西境内,这些地区主要属于当时的南直隶六府。海盐腔则局限在浙江省内。后世势力最大的昆山腔在当时四大声腔中势力最弱,只是囿于以苏州为中心的吴中地区。除了《南词叙录》中提及的四大声腔外,在明中期流行的南曲声腔还有杭州腔、潮州腔、宜黄腔、徽州腔、青阳(池州)腔、义乌腔、四平腔、乐平腔、太平腔等。

(1)杭州腔:二十世纪六十年代初发现的毗陵吴昆麓校正、文徵明写本"娄江尚泉魏良辅《南词引正》",总共二十条,是魏良辅《曲律》版本中最为齐全的一个本子,其中有论"腔调"一条,曰:

> 腔有数样,纷纭不类。各方风气所限,有昆山、海盐、余姚、杭州、弋阳。自徽州、江西、福建俱作弋阳腔;永乐间,云、贵二省皆作之;会唱者颇入耳。惟昆山为正声,乃唐玄宗时黄幡绰所传。

这是迄今为止关于杭州腔的唯一记载。这说明在魏良辅生活的年代,早已有杭州腔的存在。只是由于这是孤证,难以梳理杭州腔的来龙去脉以

---

① (明)徐渭:《南词叙录》,中国戏曲研究院编:《中国古典戏曲论著集成》(三),中国戏剧出版社1959年版,第242页。

及详细情况。

（2）潮州腔。《重刊五色潮泉插科增入诗词北曲勾栏荔镜记附刻〈颜臣〉》（明嘉靖年间刻本）中，第二十一出〔驻云飞〕、第二十二出〔黄莺儿〕、第二十四出〔梁州序〕、第二十八出〔醉扶归〕、第四十九出〔四朝元〕都注明"潮腔"。《重补摘锦潮调金花女大全附刻〈苏六娘〉》（明万历年间刻本），特别标明"潮调"。说明在明中期，潮州地区确实流行潮州腔。祝允明曾为广东兴宁县令，在其所著的《兴宁县志》中说："弘治前后，兴宁有南杂剧演出。"正德九年（1514），宋元翰担任潮阳县令，《潮阳县志》记其在任情况时说："其治人也，亦必先礼教而后刑罚，凡椎结戏剧之俗，一时为之丕变。"① 可见弘治、正德年间，南戏曾流行于潮州地区。1975 年 12 月潮州出土了对折纸本《刘希必金钗记》，封面左上方朱书"迎春集"三字；第五页第四出，写道"宣德六年六月十九日"；全剧末尾又写"宣德柒年六月日在胜寺梨园置立"等字样。② 1958 年揭阳出土题名《蔡伯皆》的三个写本，其一上有"嘉靖"年号题记。③ 这两本都属于潮州地区的民间唱本和演出手册。属于明嘉靖、万历年间的潮州腔剧本还有《荔镜记》（附刻〈颜臣〉）、《荔枝记》、《金花女》（附刻〈苏六娘〉）。日本天理大学图书馆、英国牛津大学图书馆均藏《荔镜记》（附刻〈颜臣〉），卷末有题记云："买者须认本堂余氏新安云耳。嘉靖丙寅年。"可见此本刻于嘉靖丙寅年即嘉靖四十五年（1566）。奥地利维也纳国家图书馆藏万历刻本《荔枝记》，卷首题"书林南阳堂叶文桥绣梓，潮州东月李氏编集"，末有牌记"万历辛巳岁冬月朱氏与耕堂梓行"，万历辛巳即万历九年（1581）。

（3）宜黄腔。嘉靖年间，随着海盐腔四处流布，它与各地声腔相互学习、吸收、借鉴，从而产生了新的声腔，江西"宜黄腔"就是其中的代表之一。汤显祖《宜黄县戏神清源师庙记》中记载：

> 我宜黄谭大司马纶闻而恶之。自喜得治兵于浙，以浙人归教

① 《潮阳县志》第十一卷《名宦列传》，上海古籍书店据宁波天一阁藏明隆庆刻本影印，1963 年。
② 陈历明：《明初南戏演出本〈刘希必金钗记〉》，《文物》1982 年第 11 期，第 43-46 页。
③ 曹腾騑：《广东揭阳出土明抄戏曲〈蔡伯皆〉略谈》，《文物》1982 年第 11 期，第 46-48 页。

其乡子弟，能为海盐声。大司马死二十余年矣，食其技者殆千余人。①

谭纶是当时抗倭名将，官至兵部尚书。他热爱戏曲，精通音律。明代郑仲夔《冷赏》说：

至今宜黄子弟咸尸祀谭公唯谨，若香火云。②

可见曾治兵浙江的谭纶把当地海盐腔带回家乡宜黄县，从而促进了宜黄腔的产生，这也可视为海盐腔的演出外延不断在扩展。宜黄腔约产生于嘉靖年间，其盛行约在万历中叶的晚明时期。因为汤显祖《宜黄县戏神清源师庙记》说："大司马死二十余年矣，食其技者殆千余人。"谭纶卒于万历五年（1577），二十多年后约为万历三十年（1602）。千余人以演唱宜黄腔为生，可见其盛行之广。

（4）徽州腔、青阳（池州）腔。汤显祖《宜黄县戏神清源师庙记》曰："至嘉靖而弋阳之调绝，变为乐平，为徽、青阳。"③ 可见徽州腔、青阳腔产生于嘉靖年间。青阳县隶属于池州府，所以也称为池州腔。关于徽州、青阳（池州）二腔的发展状况，我们可以从万历初年刊刻印行的大量戏曲选集中略见一斑。万历元年（1573）刊行了汝川（临川）黄文华编选的《鼎镌昆池新调八能奏锦》，将昆山腔与池州腔并列而选；万历元年福建书林叶志元刊印黄文华选辑的《新刻京板青阳时调词林一枝》，专收当时传唱的青阳腔戏曲选本；万历初年还刊印了黄儒卿选录的《新选南北乐府时调青昆》，将青阳腔与昆山腔同书而辑。这些万历初年所刊行的戏曲选集，说明青阳腔（池州腔）等在嘉靖年间确曾盛行。此后，不断有徽腔、青阳（池州）腔戏曲选集问世，证明这些地方声腔迄至明末仍在演出。如明吉州景居士编选《鼎刻时兴滚调歌令玉谷新簧》［明万历三十八年（1610）书林刘次泉刻本］、明龚正我编选《新刊徽板合像滚调乐府官

① （明）汤显祖著，徐朔方笺校：《汤显祖全集》（二），北京古籍出版社1999年版，第1189页。

② 引自叶德均：《明代五大腔调及其支流》，《戏曲小说丛考》，中华书局2004年版，第54页。

③ （明）汤显祖著，徐朔方笺校：《宜黄县戏神清源师庙记》，《汤显祖全集》（二），北京古籍出版社1999年版，第1189页。

腔摘锦奇音》［明万历三十九年（1611）书林敦睦堂张三怀刻本］、明程万里编选《鼎锲徽池雅调南北官腔乐府点板曲响大明春》（明万历间福建书林林金魁刻本）、明熊稔寰编选《新锲天下时尚南北徽池雅调》（明万历间福建书林燕石居主人刻本）、明无名氏编选《新镌南北时尚青昆合选乐府歌舞台》① 等。

（5）义乌腔、四平腔、乐平腔、太平腔。沈宠绥在《度曲须知》上卷《曲运隆衰》中论述南曲声腔："腔则有'海盐''义乌''弋阳''青阳''四平''乐平''太平'之殊派。虽口法不等，而北气总已消亡矣。"② 此处所说"义乌"腔，现已失传，无从考之，但对浙中戏曲影响颇大。四平腔则见于顾起元《客座赘语》卷九"戏剧"条"后则又有四平，乃稍变弋阳而令人可通者"③，可见四平腔最晚也应产生于嘉靖年间，并且与弋阳腔有非常紧密的关系。乐平腔见于汤显祖《宜黄县戏神清源师庙记》所说"至嘉靖而弋阳之调绝，变为乐平，为徽、青阳"④，可见也源于嘉靖年间，亦是弋阳腔变化遗存。太平腔之名见于范濂《云间据目抄》卷二"纪风俗"记松江演戏情况，"其后渐觉丑恶，弋阳人复学为太平腔、海盐腔以求佳，而听者愈觉恶俗"⑤，此处所说时间约为嘉靖、隆庆交会之时，那么太平腔最迟也应诞生于嘉靖末年。太平腔在晚明时期依然演出，王骥德《曲律》卷二《论腔调》曰："今则'石台'、'太平'梨园几遍天下，苏州不能与角什之二三。"⑥ 这些地方声腔各擅一时，对当时南方尤其是安徽吴越剧坛影响尤为深刻。不仅如此，这些声腔多与弋阳腔有较为亲密的关系，也可以看出弋阳腔在当时的强大影响。

在众多的南曲地方声腔中，弋阳腔、海盐腔占据了明中期南曲演出的舞台优势。顾起元《客座赘语》卷九"戏剧"条写道：

---

① 上述材料出自王秋桂主编：《善本戏曲丛刊》，台湾学生书局 1984 年版。

② （明）沈宠绥：《度曲须知》，中国戏曲研究院编：《中国古典戏曲论著集成》（五），中国戏剧出版社 1959 年版，第 198 页。

③ （明）顾起元：《客座赘语》卷九，中华书局 1987 年版，第 303 页。

④ （明）汤显祖著，徐朔方笺校：《汤显祖全集》（二），北京古籍出版社 1999 年版，第 1189 页。

⑤ （明）范濂：《云间据目抄》，《笔记小说大观》二十二编第五册，台湾新兴书局 1978 年版，第 2629 页。

⑥ （明）王骥德：《曲律》，中国戏曲研究院编：《中国古典戏曲论著集成》（四），中国戏剧出版社 1959 年版，第 117 页。

　　南都万历以前，公侯与缙绅及富家，凡有燕会，小集多用散乐，或三四人，或多人，唱大套北曲，乐器用筝、纂、琵琶、三弦子、拍板。若大席，则用教坊打院本，乃北曲大四套者。……大会则用南戏，其始止二腔，一为弋阳，一为海盐。弋阳则错用乡语，四方士客喜阅之；海盐多官语，两京人用之。后则又有四平，乃稍变弋阳而令人可通者。①

　　这说明万历以前的南京，小宴会规模不大，空间受限，多演唱北曲；大宴会人数众多，时间较长，则用弋阳腔、海盐腔演唱较为繁杂的南戏。从顾起元的描述中可以看出，弋阳腔因为地方性更加突出，夹杂了各地方言，因此其受众群体比海盐腔更大。

　　弋阳腔在北方的演出也很常见。沈德符《万历野获编》卷二十四"畿辅"条云：

　　若套子宴会但凭小唱，云请面即面，请酒即酒，请汤即汤，弋阳戏数折之后，各拱手揖去。②

　　从这个材料可以看出，弋阳腔传奇整体虽然比较长，但可以分折演奏，表演形态自由，这也显示了万历前期弋阳腔在北京的受欢迎程度。海盐腔在北方也很流行，大约成书于万历之前的《金瓶梅词话》中总共出现了八次海盐子弟唱曲的记录。一类是拍手清唱：第三十六回中，《香囊记》第六出〔朝元歌〕二首、第二出〔锦堂月〕二首；《玉环记》第十三出〔画眉序〕二首；第七十四回中，《南调西厢记》第十五折〔宜春令〕。另一类是演唱戏曲，用锣、鼓、板等打击乐器伴奏：第六十三回中，演《韦皋玉箫牛女两世姻缘玉环记》；第七十六回中，演《四节记》；第七十四回中，演《双忠记》；以及第七十六回中，演《裴度还带记》。③可见海盐腔在北方也有很大市场，而且演出形式更加灵活。

　　以上材料证明明中期南曲演出多唱弋阳腔、海盐腔。弋阳腔、海盐腔是明中期南曲声腔中最具有演出优势的两种。昆山腔在明中期南曲各种声

---

①　（明）顾起元：《客座赘语》卷九，中华书局 1987 年版，第 303 页。

②　（明）沈德符：《万历野获编》卷二十四，中华书局 1959 年版，第 611 页。

③　参见叶德均：《明代五大腔调及其支流》，《戏曲小说丛考》，中华书局 2004 年版，第 20–21 页。

腔中属于后起之秀，此时主要用于清唱的演出场合，在梁辰鱼《浣纱记》问世后才开始广泛应用到戏场表演中。

◈ 弋阳腔与海盐腔：民间性审美趣味与文人性审美趣味

虽然明中期南曲地方声腔数目甚多，但若从审美趣味上看，大体上分为两类：一是充满民间性审美趣味的声腔，包括弋阳腔、余姚腔、潮州腔、徽州腔、青阳（池州）腔、乐平腔、太平腔、四平腔等，以弋阳腔为代表；二是充满文人性审美趣味的声腔，包括海盐腔、昆山腔，以此时的海盐腔为代表。

在充满民间性审美趣味的南曲声腔中，弋阳腔的传唱传统由来已久。魏良辅在《南词引正》论"腔调"条中说：

> 腔有数样，纷纭不类。各方风气所限，有昆山、海盐、余姚、杭州、弋阳。自徽州、江西、福建俱作弋阳腔，永乐间，云、贵二省皆作之，会唱者颇入耳。惟昆山为正声，乃唐玄宗时黄幡绰所传。

从这一材料可以看出，弋阳腔早在永乐年间就传播到了云、贵二省。这是明代四大声腔传唱时间记载中最早的记录。根据上引《南词叙录》的记载，明中期弋阳腔的传唱范围最广。关于弋阳腔的特点，汤显祖在《宜黄县戏神清源师庙记》中这样描述："江以西弋阳，其节以鼓。其调喧。"[①] 弋阳腔用鼓伴奏，以场面热闹喧哗为特征，非常符合民间欣赏戏剧的风格。但弋阳腔的宫调系统没有系统化，音乐体式质朴自由。因此杨慎在《升庵诗话》中说："南方歌词，不入管、弦，亦无腔调，如今弋阳腔也。盖自唐、宋已如此。"[②] 王骥德《曲律》卷二《论腔调》谈弋阳腔："其声淫哇妖靡，不分调名，亦无板眼。"[③] 凌濛初《谭曲杂札》则说："况江西

---

① （明）汤显祖著，徐朔方笺校：《汤显祖全集》（二），北京古籍出版社1999年版，第1189页。
② （明）杨慎：《升庵诗话》卷九，丁福保编：《历代诗话续编》，中华书局1983年版，第819页。
③ （明）王骥德：《曲律》，中国戏曲研究院编：《中国古典戏曲论著集成》（四），中国戏剧出版社1959年版，第117页。

弋阳土曲，句调长短，声音高下，可以随心入腔，故总不必合调。"① 弋阳
腔的民间特性对于文人而言不熟悉、不理解，在态度上，也自然颇为
轻视。

弋阳腔有自己的规范，采用了帮腔、滚调的演唱方式。李调元《剧
话》云：

> 弋腔始弋阳……向无曲谱，只沿土俗，以一人唱而众和之。②

弋阳腔源自民间，带有民间音乐演唱表演的痕迹，王正祥《新订十二
律京腔谱·总论》云：

> 尝阅乐志之书，有"唱""和""叹"之三义。一人发其声
> 曰"唱"；众人成其声曰"和"；字句联络纯如、绎如，而相杂于
> "唱""和"之间者，曰"叹"。兼此三者，乃成弋曲。由此观
> 之，则"唱"者，即起调之谓也；"和"者，即世俗所谓接腔也；
> "叹"者，即今之有滚白也。③

王正祥所谓之"唱"与"和"，正是李调元所说的"一人唱而众和
之"，即指帮腔的演唱方式：一人领唱，众人接腔附和，确实带有唐宋民
间踏摇娘等歌谣演唱的痕迹。④

除了弋阳腔外，余姚腔、潮州腔也有帮腔演唱方式。据钱南扬先生在
《戏文概论》中的论述，现存的明中期刊刻的一部分剧本为余姚腔剧本：
《薛平辽金貂记》《韩朋十义记》《何文秀玉钗记》《刘秀云台记》《范雎绨
袍记》《薛仁贵跨海征东白袍记》《韩湘子九度文公升仙记》《高文举珍珠
记》《刘汉卿白蛇记》《王昭君出塞和戎记》《古城记》《青袍记》《苏英皇

---

① （明）凌濛初：《谭曲杂札》，中国戏曲研究院编：《中国古典戏曲论著集成》（四），中国
戏剧出版社 1959 年版，第 254 页。

② （清）李调元：《剧话》，中国戏曲研究院编：《中国古典戏曲论著集成》（八），中国戏剧
出版社 1959 年版，第 46 页。

③ （清）王正祥：《新订十二律京腔谱》，王秋桂主编：《善本戏曲丛刊》，台湾学生书局
1984 年版，第 38-39 页。

④ 参见罗世琴：《〈踏摇娘〉演变考论》，《民族文学研究》2020 年第 4 期，第 103-112 页。

后鹦鹉记》《香山记》《观音鱼篮记》《袁文正还魂记》等。① 在《薛平辽金貂记》《薛仁贵跨海征东白袍记》等剧本中,多以"又""叠"等字或重复号标出帮腔。明嘉靖本《重刊五色潮泉插科增入诗词北曲勾栏荔镜记》中多以"合""内唱""ヒヒ"等重复号表示帮腔。万历年间《重补摘锦潮调金花女大全》中有大量的叠唱、合唱,《夫妻乐业》中〔倒板四朝元〕一段,叠唱达十二处之多。②

滚调也是弋阳腔唱法的标志之一。王骥德在《曲律》中说:"今至'弋阳''太平'之'衮唱',而谓之'流水板',此又拍板之一大厄也。"③ 可见弋阳腔采用了"滚唱"的方式。现存最早的采用滚唱的弋阳腔戏曲实例,是叶宪祖《鸾镜记》(作于万历二十三年至三十八年间,即1595—1610)的第二十三出中:

> (丑)他们都是昆山腔板,觉道冷静。生员将〔驻云飞〕带些滚调在内,带做带唱何如?(末)你且念来看!(丑唱弋阳腔带做介)(下曲词略)(末笑介)好一篇弋阳!文字虽欠大雅,到也热闹可喜。

张庚、郭汉城主编的《中国戏曲通史》(中册)说:"滚调是以流水板的急促节奏和接近口语的朗诵的歌腔来表现情绪的。"④ 滚调的特征是在长短句的曲词中间或者后面,增加以七字句为主的韵语,用通俗易懂的韵语来解释深奥难懂的曲词,同时使用近于朗诵的流水板方式来演唱。这样就能够使文化层次不太高的观众更容易理解曲词含义,同时能够活跃气氛、热闹场面。产生于嘉靖年间的滚调方法,对于展开剧情、理解曲词、增强演出效果起到了很大的作用,是一种富于创造力的新唱法。根据李连生先生在《弋阳腔艺术形态刍论》中的观点,《绣襦记》中的《莲花落》《目连救母劝善记》中的长篇〔观音词〕、"十不亲""三大苦"等都是滚

---

① 钱南扬:《戏文概论》,上海古籍出版社 1981 年版,第 58-59 页。
② 陈历明:《〈金钗记〉及其研究》,广西师范大学出版社 1992 年版,第 104-105 页。
③ (明)王骥德:《曲律》,中国戏曲研究院编:《中国古典戏曲论著集成》(四),中国戏剧出版社 1959 年版,第 119 页。
④ 张庚、郭汉城主编:《中国戏曲通史》(中册),中国戏剧出版社 1981 年版,第 376 页。

调的表现。① 除了弋阳腔外，徽州腔、青阳（池州）腔、太平腔等也用滚调。《新刻京板青阳时调词林一枝》题名"海内时尚滚调"、《新刊徽板合像滚调乐府官腔摘锦奇音》题名"滚调"、《鼎刻时兴滚调歌令玉谷新簧》题名"滚调"、《鼎锲徽池雅调南北官腔乐府点板曲响大明春》题名"徽池滚唱新白"，内录许多曲文加有滚白，可见徽州腔、青阳（池州）腔大多采用了滚唱的演唱方法。根据王骥德在《曲律》中"今至'弋阳''太平'之'衮唱'，而谓之'流水板'"② 的说法，可知太平腔与弋阳腔一样也采用滚调的演唱方式。明中期除了海盐腔、昆山腔外，其他各腔大都采用了滚调。流风所及，连曾批评滚唱为"拍板之一大厄也"的王骥德也在自己的传奇作品《韩夫人题红记》中三次使用了滚调，用以加强热闹的场面气氛。

无论是帮腔还是滚调，都是适应下层观众需要而采用的通俗易晓、热闹喧哗的演唱方式。因此，弋阳腔等代表了明中期南曲的民间性审美趣味。因为通俗易懂、热闹活泼、粗鄙质朴而适合下层民众的口味，所以这些声腔虽然在民间广为流传，却常常受到文人士大夫的鄙视。罗贯中二十回本《三遂平妖传》卷首张誉序曰：

> 如弋阳劣戏，一味锣鼓了事。③

非常明显，以热闹喧哗为舞台特征的弋阳腔，贴近民间大众审美，符合民众情感宣泄需求，带有"下里巴人"的色彩，与士大夫的戏曲审美存在明显的偏差。与弋阳腔非常亲近的余姚腔也保留了朴素的民间化特征，同样得不到文人士大夫的欣赏。《想当然》传奇卷首有署名为"蚕室主人"所撰的《成书杂记》：

> 俚词肤曲，因场上杂白混唱，犹谓以曲代言，老余姚虽有德

---

① 李连生：《弋阳腔艺术形态刍论》，《戏剧艺术》2004 年第 6 期，第 90—100 页。

② （明）王骥德：《曲律》，中国戏曲研究院编：《中国古典戏曲论著集成》（四），中国戏剧出版社 1959 年版，第 119 页。

③ （明）罗贯中：《三遂平妖传》附录，北京大学出版社 1983 年版，第 143—144 页。

色，不足齿也。①

这种态度在其他很多文人的论述中都有所体现。

在明中期南曲地方声腔中，海盐腔较早被文人士大夫所接受。杨慎《丹铅总录》（明刊本有嘉靖三十三年梁佐序）卷十四"北曲"条写道：

> 近日多尚海盐南曲，士大夫禀心房之精，从婉娈之习者，风靡如一。甚者北土亦移而耽之，更数十百年北曲亦失传矣。②

由杨慎的描述可以看出，海盐腔在嘉靖时期已经为北方听众所接受，尤其为士大夫阶层所喜。张牧《笠泽随笔》说：

> 万历以前，士大夫宴集，多用海盐戏文娱宾客。……若用弋阳、余姚，则为不敬。③

这种分化非常值得关注，表明当时的士大夫阶层对于戏曲表演有非常清晰的不同偏向。

在明中期的演出舞台上，海盐腔很受欢迎。明代成化年间海盐腔已经盛行于浙江地区。到了嘉靖年间又有了长足发展。上引《南词叙录》说海盐腔流行于浙江省内嘉兴、湖州、台州、温州等地，其实海盐腔在嘉靖年间的演出情况远不止此。当时的安徽等地也演唱海盐腔。潘之恒《鸾啸小品》卷二云："金娘子字凤翔，越中海盐班所合女旦也。余五岁时从汪太守筵上见之。"④ 上引顾起元《客座赘语》卷九"戏剧"条的记载可证，万历以前海盐腔不仅传至江苏南京，而且远达北京地区。海盐腔被士大夫

---

① 蚕室主人：《成书杂记》，《想当然》传奇卷首，《古本戏曲丛刊》编辑委员会编：《古本戏曲丛刊·初集》，商务印书馆 1954 年影印本。

② （明）杨慎撰，（明）梁佐编：《丹铅总录》卷十四订讹类"北曲"条，《文渊阁四库全书》子部第 161 册，台湾商务印书馆 1986 年版，第 494 页。

③ 叶德均先生认为，此书保存了明代成化间《百二十家戏曲全锦目录》，是有关戏曲的一部重要笔记。书为吴县潘氏所藏，后不知下落。见叶德均：《戏曲小说丛考》，中华书局 2004 年版，第 28 页。

④ 引自徐朔方：《徐朔方集》卷四《晚明曲家年谱·皖赣卷·汪道昆年谱》，浙江古籍出版社 1993 年版，第 26 页。

阶层接受，根本在于其积极调整的态度。明中期的海盐腔是充满文人性审美趣味的声腔，原因在于此时的海盐腔无论在字音还是在曲调上，都渐渐脱离民间性的朴素特征，逐渐呈现高雅、优美的审美特征。如为了迎合观众需要，海盐腔所用语言已从江浙方言改为官话。顾起元《客座赘语》卷九"戏剧"条中说："海盐多官话，两京人用之。"① 所谓"官话"，就是当时上层社会中官僚、士大夫阶层所通用的话语，即中州音。可见此时的海盐腔已经摆脱浙江方言的影响，开始迎合文人士大夫的审美趣味。而且在演出中，海盐腔增加了咏叹的色彩，明万历间姚旅《露书》卷八《风篇上》说：

> 歌永言。永言者，长言也，引其声使长也。所谓"逸清响于浮云，游余音于中路"也。故古歌者，上如抗，下如坠，曲如折，止如槁木。倨中矩，勾中钩，累累如贯珠。按今唯唱海盐腔者似之，音如细发，响彻云霄。每度一字，几尽一刻，不背永言之义。②

所谓"音如细发，响彻云霄。每度一字，几尽一刻"，说明海盐腔的音乐旋律表现出细腻、婉转、柔美、低缓的特点，符合了文人士大夫的审美趣味。这与弋阳腔等充满民间性审美趣味的地方声腔，形成了鲜明的对比。海盐腔本来也是产生于民间的南曲地方声腔，但它在演出实践中根据受众的审美需要做出了积极调整，适应了戏曲发展的时代要求。海盐腔影响范围的日益扩大，与自身的应时而变有直接的关系。

随着海盐腔演出势力的北上，昆山腔在南方地区的演出势力也逐渐巩固扩大。昆山腔源于吴中地区③，以南方为据点，逐渐向各方推进，最终在明末清初成为影响最大的一种演出声腔。必须指出，昆山腔在明中期还未能取得统治地位。关于昆山腔产生的时间，明末沈宠绥在《度曲须知》

---

① （明）顾起元：《客座赘语》卷九，中华书局 1987 年版，第 303 页。

② （明）姚旅：《露书》，明天启年间刻本。

③ 在元末明初，昆山地区已经有地方声腔演唱的活动，见李倩瑜、徐尚会：《元末明初昆山文人曲唱活动研究》，苏州博物馆编：《苏州文博论丛（2020 年）》，文物出版社 2021 年版，第 108-114 页。

中断定为嘉靖、隆庆之间①，但根据祝允明在《猥谈》中的叙述，昆山腔在正德年间（1506—1521）已经开始流行，因此钱南扬先生认为昆山腔的产生时间"应在嘉靖之前，弘、正之际。……隆庆间乃始盛行，故后人误以为起于嘉、隆也"②。这一论断符合明末徐树丕《识小录》卷四《梁姬传》中的叙述："吴中曲调，起魏氏良辅。隆、万间精妙益出。四方歌曲必宗吴门，不惜千里重资致之，以教其伶、妓，然终不及吴人远甚。"③ 在具体演出上，昆山腔最初用于清唱散曲和戏曲。万历以前宴会唱曲，"间或用昆山腔，多属小唱"④。可见万历以前，昆山腔的剧场演出频率并不高，且形式多是清唱。因此魏良辅在《曲律》中专门介绍了清唱技巧，并说："清唱，俗语谓之'冷板凳'，不比戏场借锣鼓之势。"⑤ 沈宠绥在《度曲须知》上卷《曲运隆衰》中，谈到魏良辅改良昆山腔时说："要皆别有唱法，绝非戏场声口，腔曰'昆腔'，曲名'时曲'。"⑥ 在各种地方声腔演唱剧曲的历史上，昆山腔应该是较晚的一个。梁辰鱼《浣纱记》是第一本用昆山腔创作的传奇作品，由此把昆山腔的应用范围从清唱领域扩展到了演戏领域，为昆山腔在晚明清初取得舞台优势奠定了坚实的基础。改良后的昆山腔与海盐腔一样，非常全面地体现了文人性的审美趣味，职业性更加突出。⑦ 昆山腔也用当时通用的字音即中州音来演唱，摆脱了方言的束缚。与海盐腔的优美旋律相比，昆山腔更加细腻、柔婉，并增加了笛、箫、笙、琵琶、月琴等管弦乐器伴奏，音调犹如被水磨过似的，因此又被称为"水磨腔"。所以沈宠绥在《度曲须知》上卷《曲运隆衰》中这样描述昆山腔：

---

① （明）沈宠绥：《度曲须知》，中国戏曲研究院编：《中国古典戏曲论著集成》（五），中国戏剧出版社 1959 年版，第 198 页。

② 钱南扬：《戏剧概论》，《文史杂志》1944 年第 4 卷第 10、11 期合刊，第 26 页。

③ （明）徐树丕：《识小录》卷四《梁姬传》，孙毓修编：《涵芬楼秘笈》（第一册），北京图书馆出版社 2000 年版，第 1053 页。

④ （明）张牧：《笠泽随笔》，叶德均：《戏曲小说丛考》，中华书局 2004 年版，第 44 页。

⑤ （明）魏良辅：《曲律》，中国戏曲研究院编：《中国古典戏曲论著集成》（五），中国戏剧出版社 1959 年版，第 6 页。

⑥ （明）沈宠绥：《度曲须知》，中国戏曲研究院编：《中国古典戏曲论著集成》（五），中国戏剧出版社 1959 年版，第 198 页。

⑦ 张婷婷：《论明代京师的昆曲演出》，《南京艺术学院学报》（音乐与表演）2021 年第 3 期，第 152-158 页。

尽洗乖声，别开堂奥，调用水磨，拍捱冷板，声则平上去入
之婉协，字则头腹尾音之毕匀，功深镕琢，气无烟火，启口轻
圆，收音纯细。①

海盐腔和昆山腔的细腻多变，以及其对方言的突破，使其逐渐摆脱民
间唱腔粗陋简单的特征，具备了更加广阔的地域适应性，也具备了从民间
走向士大夫生活领域的条件。这也让各种明代地方戏具有了模拟的范本与
调整的方向。

海盐腔作为南曲声腔处于探索阶段的产物，吸收借鉴了南北曲的很多
要素，做出了非常有意义的探索，在明代戏曲演进过程中具有相当重要的
地位。然而在文人性的探索上，海盐腔做得并不彻底。所以在万历之后，
它逐渐被以昆山腔为代表的其他声腔取代。②

（三）南曲地方声腔与传奇剧本的关系

不同的南曲地方声腔可以演出相同的传奇剧本，只是演唱方式各异。
从这个角度而言，某些论者把嘉靖年间魏良辅改良昆山腔后所产生的传奇
剧本都归入昆山腔系统③，似为不妥。

诚然，从明末许多戏曲选集可以看到，许多在明中期产生的传奇剧本
后来都被用于昆山腔演出，但并不代表这些明中期剧本一开始就是为了昆
山腔而作。梅鼎祚《鹿裘石室集》书牍卷五《与梁伯龙》云："章台故事
颇行乐部，闻吴中曾有谱者，倘不得伯龙一顾，误可知矣。"④"章台故事"
指梅鼎祚早期所作的传奇《玉合记》。根据徐朔方先生的观点，《玉合记》
是海盐腔作品。⑤梅鼎祚在信中说"闻吴中曾有谱者"，表明原本不为昆山
腔而作的《玉合记》曾被吴人改为昆山腔。这恰恰说明了用某一南曲声腔

---

① （明）沈宠绥：《度曲须知》，中国戏曲研究院编：《中国古典戏曲论著集成》（五），中国
戏剧出版社 1959 年版，第 198 页。

② 参见戴和冰：《海盐腔消亡原因考》，《文化艺术研究》2021 年第 6 期，第 61—70 页。

③ 胡忌、刘致中：《昆剧发展史》，中国戏剧出版社 1989 年版，第 83 页。胡忌、刘致中先
生认为"《曲品》所载'新传奇'是以昆山腔演唱的剧本"，因此胡、刘二先生认为像陆采、郑若
庸、汤显祖、梅鼎祚等人的作品都是昆山腔作品。

④ （明）梅鼎祚：《鹿裘石室集》书牍卷五，四库禁毁书丛刊编纂委员会编：《四库禁毁书
丛刊》集部第 58 册，北京出版社，第 586 页。

⑤ 徐朔方：《徐朔方说戏曲》，上海古籍出版社 2000 年版，第 106 页。

创作的传奇剧本，大体上可以供不同声腔演出通用，这是因为南曲诸腔演唱的方式都沿袭了宋元南曲的传统，与之一脉相承。正如其他诸腔可以演唱昆山腔剧本一样，一开始并不为昆山腔而作的剧本后来也可用昆山腔演唱：上文所引钱南扬先生判断的那一批余姚腔剧本，其中有不少散出，后来都被收入明末昆山腔戏曲选集中；汤显祖《紫箫记》原为宜黄腔而作，但后来被臧懋循、沈璟等人改为昆山腔剧本。这实际涉及了文学创作本与戏曲演出本的不同。然而，我们不可以凭借"可用昆山腔演唱"这一标准来断定某剧就是昆山腔作品。

客观上说，明中期许多剧本是为除昆山腔以外的其他诸腔所作的。如上述余姚腔剧本；又如1954年在山西万泉县百帝村发现的四部剧本：《三元计》《黄金印》《涌泉》《陈可忠》，即分别是《商辂三元记》、《金印记》、《姜诗跃鲤记》、《剔目记》（郑汝耿），据赵景深先生推测，这些在嘉靖三十八年（1559）左右流传下来的剧本为青阳腔系统，并认为"青阳腔是从安徽池州到山东再到山西的"[1]。史春燕先生认为："《宝剑记》乃是李开先创作的海盐腔作品。"[2] 根据徐朔方先生考证，梅鼎祚的传奇作品《玉合记》是海盐腔剧本；汤显祖传奇作品包括创作于明中期的《紫箫记》《紫钗记》等是宜黄腔[3]，因此晚明人评论说："临川多宜黄土音，腔、板绝不分辨，衬字、衬句凑插乖舛，未免拗折人嗓子。"[4] 可见明人亦作是观。其他如《观音鱼篮记》为弋阳诸腔剧本[5]，《刘希必金钗记》《蔡伯皆》《荔镜记》《荔枝记》《金花女》《苏六娘》《颜臣》是潮腔剧本，等等，这些剧本都不是为昆山腔而作的传奇作品。由上可知，明中期传奇剧本的声腔并不是单一化的。

---

① 赵景深：《明代青阳腔剧本的新发现》（五），《戏曲笔谈》，上海古籍出版社1980年版，第102页。

② 史春燕：《〈宝剑记〉声腔管窥》，吴敢、杨胜生编：《古代戏曲论坛》，江苏古籍出版社2001年版，第83页。

③ 徐朔方：《徐朔方说戏曲》，上海古籍出版社2000年版，第105–110页。

④ （明）吴侬荀鸭：《梦花酣序》，（明）范文若：《梦花酣》传奇卷首，《古本戏曲丛刊》编辑委员会编：《古本戏曲丛刊·二集》，商务印书馆1955年影印本。

⑤ 郭英德编著：《明清传奇综录》（上册），河北教育出版社1997年版，第112页。

第二节　北曲的演出

由于明中期南曲戏文、文人传奇的兴起，北曲演出（包括北曲杂剧与北曲清唱）失去了昔日一统天下的演出市场垄断地位，这很容易使人误以为北曲演出在明中期已经消亡而成绝响。而事实上，正如各体文学具有强大的弹性一样，北曲杂剧的创作和演出在明代尤其在明中期并没有人们所想象的那么冷清寂静。

从唱腔的角度而言，与南曲唱腔丰富的史料不同，北曲演唱声腔的历史资料保留相对较少。魏良辅《南词引正》论"腔调"条云：

> 北曲与南曲大相悬殊。……五方言语不一，有中州调、冀州调；有磨调、弦索调。乃东坡所仿，偏于楚腔。

此条为北曲声腔孤证，因此无法对明中期北曲地方声腔做进一步的分析。① 所以本节主要探讨明中期北曲的演出情况。

宫廷中的北曲演出

明中期宫廷以演出金元以来相传的北曲杂剧为主。沈德符《万历野获编》补遗卷一曰："内廷诸戏剧俱隶钟鼓司，皆习相传院本，沿金元之旧。"② 这些相传院本是内廷搜集而来，明初朱元璋、朱棣等帝王都喜欢戏曲，钟鼓司除了演剧，还负责剧本搜集，"洪武初年，亲王之国，必以词曲一千七百本赐之"③。朱元璋所赐之物应该就是内廷搜集到的各种剧本，另外各种史籍、文人笔记中的记载也可以证明沈德符的判断。李开先《张小山小令后序》记明宪宗"好听杂剧及散词，搜罗海内词本殆尽"④。武宗

---

① 北方地方唱腔也极为丰富，如大平调、豫剧、曲剧、河南坠子、河北梆子、山东梆子等，可惜元明时期期未系统记载。

② （明）沈德符：《万历野获编》补遗卷一，中华书局 1959 年版，第 798 页。

③ （明）李开先著，卜键笺校：《李开先全集》（上册），文化艺术出版社 2004 年版，第 533 页。

④ （明）李开先著，卜键笺校：《李开先全集》（上册），文化艺术出版社 2004 年版，第 533 页。

正德年间，宫廷演剧之风更盛。武宗刚即位时，刘瑾等人为讨好皇帝，在宫中多次搬演杂剧以满足武宗的声色之好：

> （刘瑾等）各恃其技能工巧，言辞捷给，每早退朝，辄引圣驾……搬做杂剧以纵观，……内帑财帛，用如泥沙。①

> 刘瑾、高凤等置造巧伪……俳优杂剧，错陈于前……日游不足，夜以继之。②

正德十五年（1520），武宗在南京迎春，演剧作乐，命江宁徐霖、吴县杨循吉为之制乐曲；当时以吏部尚书直内阁的杨一清在镇江私宅演出杂剧《西厢记》，以供武宗娱乐之需；后来武宗把南教坊著名艺人顿仁带回北京。③ 武宗南巡对当时剧坛影响很大，直接促进了南教坊伎乐的发展、文人的参与和南北曲或雅俗乐的交融。④

受帝王戏曲审美影响，地方藩王府中也演出北曲杂剧。明代初年，周王朱有燉不仅仅创作杂剧，还在王府演出杂剧。似朱权、朱有燉这样喜爱杂剧的藩王，有明一代层出不穷。潘之恒《亘史·贾扣传》记载，彰德赵王在宴请诗人谢榛时，曾演出杂剧。据潘之恒《鸾啸小品》卷三《曲馀》记载，汪道昆曾告诉他，自己创作的杂剧《高唐记》《洛神记》是献给襄王朱厚颍之作⑤，那么可见当时襄王府中也在上演杂剧。毫无疑问，明中期宫廷乃至藩府中，戏剧演出是以北杂剧为主。但随着南戏影响的日益增强，宫廷演出也有了南曲的一席之地。宋懋澄《九籥集》卷十"御戏"条曰：

> 南九宫亦演之内廷，至战争处，两队相角，旗杖数千，别有

---

① （明）周玺：《论内侍刘瑾等奸邪疏》，《御选明臣奏议》卷十二，《文渊阁四库全书》史部第 203 册，台湾商务印书馆 1986 年版，第 200 页。

② （明）韩文：《劾宦官疏》，《御选明臣奏议》卷十二，《文渊阁四库全书》史部第 203 册，台湾商务印书馆 1986 年版，第 203 页。

③ 参见《列朝诗集》丙集徐霖小传、明顾元庆《夷白斋诗话》、明何良俊《曲论》、清程廷鹭《练水画征录》的有关记载。

④ 李舜华：《南教坊、武宗南巡与金陵士风的渐变》，《文化遗产》2009 年第 2 期，第 20—25 页。

⑤ 参见徐朔方：《徐朔方集》卷四《晚明曲家年谱·皖赣卷·汪道昆年谱》，浙江古籍出版社 1993 年版，第 10 页。

女伎，亦几千人，特设内侍领其职。凡傅朱粉人，虽司礼亦时加
厚犒，恐于至尊前有所讽刺也。①

南戏传奇演出规模较大，有些剧本在宫廷演出效果较之民间更好。但
是，宫廷之中对南北曲的演出内容颇有倾向性，嘉靖年间，御史汪珊曾针
对南曲新腔进入教坊一事进谏，"今教坊司毋得以新声巧伎进"②，南曲内
容多悲欢离合、儿女情长，与北杂剧存在一定差异，在演出的音乐风格上
更加丰富多变。宫廷对于南曲的警惕是一种文学惯性，历朝历代乐制对于
新出的音乐（包括戏曲）都有这种态度。我们也可以从这一材料窥见当时
宫廷对南曲并不是非常信任。

🟣 官绅府第中的北曲演出

宫廷艺术审美对社会影响巨大，帝王对北曲的喜爱引导了明中期士大
夫群体观看北剧的风尚。弘治、正德年间的祝允明，鄙视粗陋的南曲戏
文，十分喜爱北曲杂剧。观看元人周文质杂剧《持汉节苏武还朝》的演出
之后，他写下了《观〈苏卿持节〉剧》一诗，曰：

> 观苏便欲拜，见李还生嗤。遇霍乃张胆，睹卫遽轩眉。萧萧
> 十年节，淹淹五言诗。皓皓阴山雪，能疗首阳饥。飞雁旧孤愤，
> 羝羊触余悲。勿云戏剧微，激义足吾师。③

诗中详细写出了自己观剧的体验，对于剧作激励人心的效果尤为赞
赏。顾璘也非常喜欢北曲，何良俊《四友斋丛说》云：

> 顾东桥（按，即顾璘）文誉籍甚，又处都会之地，都下后进
> 皆来请业。……先生每燕必用乐，乃教坊乐工也。以筝、琵
> 佐觞。④

① （明）宋懋澄：《九籥集》卷十"御戏"条，李肇翔编：《四库禁书》（第16册），京华
出版社2001年版，第12346页。
② （清）张廷玉等：《明史·乐志一》，中华书局1974年版，第1509页。
③ （明）祝允明：《枝山文集》卷三，清同治十三年（1874）刻本。
④ （明）何良俊：《四友斋丛说》，中华书局1959年版，第124页。

　　明中期教坊所演唱基本是北曲，顾璘在与其他文人交往的时候，将北曲作为重要的娱乐内容，他对北曲的这种态度，有利于其他文人认识、理解戏曲。同书又载严嵩宴请顾璘，"戏剧盈庭，教坊乐工约有六七十人"①。顾璘、严嵩均为嘉靖朝台阁重臣，他们虽是南方人，却如此喜爱北曲，可见明中期仍然流行北曲风尚。

　　然而，南曲也逐渐渗透到士大夫的娱乐生活之中。士大夫宴乐时南北曲一起出现的情况时有发生。胡应麟有《湖上酒楼听歌王检讨敬夫、汪司马伯玉二乐府及张伯起传奇戏作》（三首）：

　　　　光阴百岁迅流霞，一曲东篱擅马家。何似翰林〔新水令〕，
　　秋风迁客走天涯。

　　　　水云深处木兰航，白雪纷飞《大雅堂》。莫向五湖寻旧迹，
　　于今司马在郧阳。

　　　　掩径频年侣博徒，阳春堂上白云孤。才闻北里歌《红拂》，
　　又见东园演《窃符》。②

　　这三首七绝说的就是万历年间西湖酒楼演出王九思、汪道昆、张凤翼曲作的情况，应当是胡应麟与好友酒宴中进行的佐酒娱乐行为：其一写王九思〔双调·新水令〕套曲的演唱，其二写汪道昆杂剧作品《大雅堂乐府》之《五湖游》的演出，其三写张凤翼传奇作品《红拂记》《窃符记》的演出。这正好说明了明中期杂剧与传奇同演、散曲与剧曲同演、清唱与剧唱同演的舞台现状。

　　关于北曲（包括剧曲与散曲）在官绅士宦府中盛演的情形，我们还可以从小说《金瓶梅词话》以及《痴婆子传》的有关记载中略见一斑。徐朔方先生在《金瓶梅成书新探》中认为，小说成书于嘉靖二十六年之后、万历元年之前（1547—1573）。③《金瓶梅词话》以南宋为故事背景，但书中

---

①　（明）何良俊：《四友斋丛说》，中华书局 1959 年版，第 126 页。
②　（明）胡应麟：《少室山房文集》卷七十六，《文渊阁四库全书》集部第 229 册，台湾商务印书馆 1986 年版，第 549 页。
③　徐朔方：《金瓶梅成书新探》，《徐朔方集》卷一，浙江古籍出版社 1993 年版，第 664 页。

所反映的戏曲演出情况则是明中期的社会现实。书中多次出现了杂剧演出场面：《抱妆盒》（第三十一回）、《金童玉女》（第三十二回）、《两世姻缘》（第四十一回）、《倩女离魂》（第五十四回）、《北西厢》（第五十八回）、《流红叶》（第六十一回）、《风云会》（第七十一回）、《世间配偶》（第七十二回）。① 《痴婆子传》的成书时间与《金瓶梅词话》大致相近。《痴婆子传》中也有杂剧演出的描述：

> 寿日，三子张宴肆席，为翁庆眉寿，演优于庭。优之中有正末者、孤者、卜者、嗑瓜者、旦者，演元剧。

此处明言以元杂剧演出庆寿，并详细描述了北曲角色行当，可见当时盛演北剧的风尚。

北曲在明清士大夫与乡绅阶层群体中有较大影响力，尤其是小规模、非正式的聚会场合和带有轻松交流性质的活动中，北曲演唱还是非常普遍的。喜爱北曲的士人、乡绅于明清两代甚多，如曹雪芹就比较偏好北曲。②

🈁 乡野之地的北曲演出

不仅在士绅官宦府中演出北曲，在广大的乡野之地也频繁演出杂剧。据张谊《宦游纪闻》记载，某个流动戏班的杂剧演出曾在四川绵州引起轰动：

> 嘉靖乙丑，有游食乐工乘骑者七人至绵州，未详何省人。其所持舞襦衫服，整洁鲜明；抛戈掷瓮，歌喉宛转，腔调琅然，咸称有遏云之态。适余宪副至。举城士夫商贾无不忻悦，以为奇遇。搬作杂剧，连宵达旦者数日夕而情洽。③

嘉靖乙丑即嘉靖八年（1529）。上引材料中，这个流动戏班规模不大，适合杂剧的演出。而且，其技艺高超，演出得到了上至文人士绅，下至商

---

① 参见孙崇涛：《〈金瓶梅〉所叙剧曲考》，《文献》1990 年第 1 期，第 39-56 页。

② 参见李玫：《"群芳夜宴"芳官唱〔山花子〕〔赏花时〕众人一拒一迎辨因》，《红楼梦学刊》2021 年第 5 期，第 111-134。

③ （明）张谊：《宦游纪闻》"伶人眩骗"条，《丛书集成续编》（第 213 册），台湾新文丰出版社 1988 年版，第 450 页。

人农民的欢迎，可见演出效果非常热烈。范濂《云间据目抄》则描述了苏州乡村定期演出杂剧的情况：

> 倭乱后，每年乡镇二三月间迎神赛会，……般演杂剧故事，如《曹大本收租》《小秦王跳涧》之类，皆野史所载，俚鄙可笑者。①

从材料中可以看出，民间的迎神赛会演出的杂剧或与民间生活联系紧密，或是普通百姓喜爱的历史题材。又据王穉登《吴社编》记载，苏州在春夏之交举办五方贤圣会，其中演出的杂剧剧目有：《虎牢关》《曲江池》《楚霸王》《单刀会》《游赤壁》《刘知远》《水晶宫》《劝农丞》《采桑娘》《三顾草庐》《八仙庆寿》②，非常明显的是，民间赛会所演出的剧目有很多是元代以来流行的作品。元杂剧中历史题材作品较为丰富，在民间有广泛受众。山西潞城县崇道乡南舍村发现了明万历二年（1574）《迎神赛社礼节传簿四十曲宫调》抄本，记载山西上党地区赛神祭祀的程序为：上午敬盏，下午演"正队戏"，即祀神的本戏；晚间演出"院本""杂剧"。③元代以来杂剧题材就非常贴近普通大众，这让杂剧有了广泛的民间接受基础。

（四）北曲演出与哑剧表演

明中期北曲演出具有如下特点。首先，剧唱与清唱形式并行，但因场合而异。平时小宴多清唱，重大场合则剧唱，这与顾起元在《客座赘语》中的描述相一致。其次，都市中的北曲演出多安排在酒筵过程中，乡村中的北曲演出则与百戏等混杂在一起。北曲演出大多不是一个独立的娱乐单位，多穿插在觥筹交错之间。由于北曲演出只是众多娱乐手段中的一种，因此它时常与杂耍、百戏、院本的演出相并而行。如《金瓶梅词话》第二十回所述：

---

① （明）范濂：《云间据目抄》卷二《纪风俗》，《笔记小说大观》第二十二编第五册，台北新兴书局 1978 年版，第 2635 页。
② （明）王穉登：《吴社编》，《笔记小说大观》第四编第六册，台北新兴书局 1978 年版，第 4044 页。
③ 参见赵山林：《中国戏曲观众学》，华东师范大学出版社 1990 年版，第 21 页。

西门庆家中吃会亲酒，插花筵席，四个唱的，一起杂耍步戏。……先吃小割海青卷儿，八宝攒汤，头一道割烧鹅大下饭。乐人撮撮弄杂耍回数，就是笑乐院本。下去，李铭、吴惠两个小优上来弹唱，间着清吹。①

最后，明中期演出北曲杂剧，剧目多是前代已有作品，但也有新出杂剧的上演。潘之恒《鸾啸小品》卷三《吴剧》指出，万历七年至万历十年（1579—1582），"《大雅堂》《红拂》《窃符》《虎符》《祝发》四部甚传"②，《大雅堂》即指汪道昆的杂剧合集。

明中期民间北曲演出受历史传统影响，经常与杂耍、百戏等相杂而演，因此非常注意舞台动作。据《脉望馆钞校本古今杂剧》本所收《玉通和尚》，后有"音释"提到："科唱处凡生字俱是玉字，盖玉通师能耍者即扮；耍，不拘生、外、净也。"③ 又收《木兰女》剧，后有"音释"云："凡木兰试器械，换衣鞋，须绝妙踢腿跳打。每一科打完方唱，否则混矣。"④ 可见徐渭作品《翠乡梦》《雌木兰》的舞台表演重在动作科介，也说明徐渭非常重视戏剧的舞台表演。此外，杂剧演出技巧也颇有新意，出现了哑剧表演。如李开先作品《打哑禅》：

老舒出一个指头来，屠舒两个指头，老舒三指，屠舒出五指；老点一点头，屠将老僧指一指，又将自己指一指；老把眼唧一唧，屠把胡髭摸一把；老舒出十个指头，拳回三个，屠也照样；老把手往地下拍两拍，屠往空中指两指；老腰两边摸两摸，屠把双手缠几缠；老舒出三个指头来，拳回一个，屠舒手掐算道：可是？老往城墙上指一指，回身向地上坐着，屠也照样。

---

① （明）兰陵笑笑生著，戴鸿森校点：《金瓶梅词话》，人民文学出版社 1985 年版，第 236 页。
② 引自徐朔方：《徐朔方集》卷四《晚明曲家年谱·皖赣卷·汪道昆年谱》，浙江古籍出版社 1993 年版，第 11 页。
③ （明）赵琦美辑：《脉望馆钞校本古今杂剧》，《古本戏曲丛刊》编辑委员会编：《古本戏曲丛刊·四集》，商务印书馆 1958 年影印本。
④ （明）赵琦美辑：《脉望馆钞校本古今杂剧》，《古本戏曲丛刊》编辑委员会编：《古本戏曲丛刊·四集》，商务印书馆 1958 年影印本。

此剧学习了民间哑谜的表现形式，通过不发一言的哑剧表演，展示滑稽、幽默的意味，是一种新颖的舞台形式。通过真如长老与贾屠夫对这些动作所进行的截然相反、南辕北辙的阐释，从而让人忍俊不禁，产生喜剧效果。

再如徐渭《玉禅师翠乡一梦》也有哑剧表演，但与李开先《打哑禅》两人默不作声做手语不同，此剧采取了一人扮哑一人解说的方式：

（旦做游行见和尚介云）你这长老，从那里来？（三问三不应）（外举手指西，又指天介）（旦）一手指西，一手指天，终不然你是西天来的？又胡说了，也罢。就依你说，你从西天来下届何干？（外手打自头一下，手妆三尖角作厶字，又妆四方角作口字，又妆一圈作月轮介）（旦）那三尖角儿，是个厶字；四方角儿，是个口字；若凑合来，是个台字。圆圈儿是个月字，却又先打头一下，分明是个投胎的说话。我且问你，你和尚家下届投胎，与你何干？你却捏这样怪话。咳，是个疯和尚了。……（外取纱帽自戴作柳尹怒介，复除帽放桌上，又自戴女面具，向桌跪，叩头作问答，起去介）……（外戴女面，走数转，作敲门，却又倒地作肚疼，自揉介。却下女面放地上，起戴僧帽，倒身女面边，解衣作揉肚介）……（外急扯旦耳环，又作猜拳介）（旦）教我还猜，也罢。你再做手势来。（外作眉心介）（旦）这又是头了。（外摇手，又怒目指眉心介）（旦）不是头，是恼了。（外戴女面，指眉心介）（旦）恼这妇人了。（外下女面，换纱帽，又指眉心介）（旦）又恼这官儿了，却怎么？（外指自身，又指头介）（旦）又是恼了？（外摇手介）（旦）不是恼，还是头。（外又用手，如前三次妆成胎字介）（旦）又是投胎了，却不通。……（外取净瓶中柳一枝，又将手作一胎字，双手印扑在柳枝上介）（旦作心惊介）呀！这胎终不然投在我身上了？我想起来，这个冤家对头，敢我也曾造下来？

上述是月明和尚度柳翠的过程。此处采用了一哑一说的方式，帮助观众了解其中含义。在这一出哑剧表演中，月明和尚自始至终不发一言，动用了手势、面部表情、人物面具、服装纱帽等各种手段与方法，终于让柳翠明白了自己前生后世的来龙去脉，动作形象生动、发人深省，因此在舞台表演上非常受欢迎。据载，这是从民间艺术"跳鲍老"演变而来。"跳鲍老，儿童戏也。徐天池有《玉通剧》，此亦戏耳。今俗传月明和尚驮柳翠，灯月之夜，跳舞宣淫，大为不雅。然此俗难革……"① 可见，明中期杂剧为了与南曲戏文传奇争夺舞台演出优势，堪称奇招迭出！

从上面的论述可以看出，北曲杂剧虽然已经过了元代的巅峰时期，但其生命力依然旺盛。我们可以说杂剧在文体的创新性上弱于传奇南曲，但因其根植于民间这一特性，也因有大量经典的、广大受众喜闻乐见的剧本存在，杂剧在明中期依然有广阔的市场，依然在不断刺激文坛创作出新的作品。正如唐诗、宋词一样，北曲杂剧也具有强大的文体惯性。

第三节　艺人的构成与演出

明中期戏曲舞台艺术的发展不仅与戏曲创作、声腔变化有关，与表演者的关系也非常密切。根据《金瓶梅词话》的描述以及其他史籍、笔记的记载，我们可以得知明中期戏曲演出艺人主要由教坊乐人、戏班伶人、家乐三大类组成。这三类表演者，从不同角度促进了当时戏曲的传播。

教坊乐人

始于唐朝开元年间的教坊制度，延至明代，并无很大变动。《明史·乐志一》曰："又置教坊司，掌宴会大乐。设大使、副使、和声郎，左、右韶乐，左、右司乐，皆以乐工为之。后改和声郎为奉銮。"② 《明史·职官志三》"宦官·四司"之"钟鼓司"条注云："掌印太监一员，金书、司房、学艺官无定员，掌管出朝钟鼓，及内乐、传奇、过锦、打稻诸杂戏。"③ 因此，明代宫廷演剧人员分属教坊与钟鼓二司。永乐十九年（1421）迁都北京后，南北二京均有教坊之置，嘉靖中又设显陵供祀教坊

---

① （清）陆次云：《湖壖杂记·月明庵柳翠墓》，《笔记小说大观》第三编第十册，台北新兴书局 1978 年版，第 6366 页。

② （清）张廷玉等：《明史·乐志一》，中华书局 1974 年版，第 1500 页。

③ （清）张廷玉等：《明史·职官志三》，中华书局 1974 年版，第 1820 页。

司；但隶属内廷的钟鼓司则移至北京，南京不再另置。教坊司与钟鼓司分工明确：外朝宴飨大会，由教坊司承应；内廷演出，则由宦官之钟鼓司负责。沈德符《万历野获编》补遗卷一曰："内廷诸戏剧俱隶钟鼓司，皆习相传院本，沿金元之旧，以故其事多与教坊相通。"① 由于演出场合不同，教坊司与钟鼓司所演剧目也有差异。万历时人赵琦美《脉望馆钞校本古今杂剧》中现存"本朝教坊编演者"十八种剧目：

> 宝光殿天真祝万寿、众群仙庆赏蟠桃会、祝圣寿金母献蟠桃、降丹墀三圣庆长生、众神圣庆贺元宵节、祝圣寿万国来朝、争玉板八仙过沧海、庆丰年五鬼闹钟馗、河嵩神灵芝庆寿、紫薇宫庆贺长春寿、贺万寿五龙朝圣、众天仙庆贺长生会、庆冬至共享太平宴、贺升平群仙祝寿、庆千秋金母贺延年、广成子祝贺齐天寿、黄眉翁赐福上延年、感天地群仙朝圣。②

赵琦美抄录的这些教坊司以祝寿、庆贺为主题的剧目，很有可能是明前中期宫廷所演的剧目，而且根据《明史·乐志一》的记载，"弘治之初，孝宗亲耕耤田，教坊司以杂剧承应，间出狎语。都御史马文升厉声斥去"③，可知在内容与风格上，教坊司戏剧表演受到不少限制。与教坊司不同，钟鼓司的演出较为自由。宋懋澄《九籥集》卷十记载了隶属钟鼓司的众多伎艺：猱猊舞、掷索、垒七卓、齿跳板、杂伎、院本及金、元杂剧、南戏。④ 显然，钟鼓司演出的范围比负责外朝承应的教坊司要广阔得多。

明中期开始，宫廷演剧之风愈盛。教坊乐人也不断吸收新的成员，陆采《都公谈纂》卷下记：

> 吴优有为南戏于京师者，门达锦衣奏其以男装女，惑乱风俗。英宗亲逮问之，优具陈劝化风俗状。上命解缚，面令演之。

---

① （明）沈德符：《万历野获编》补遗卷一，中华书局 1959 年版，第 798 页。

② （明）赵琦美辑：《脉望馆钞校本古今杂剧》，《古本戏曲丛刊》编辑委员会编：《古本戏曲丛刊·四集》，商务印书馆 1958 年影印本。

③ （清）张廷玉等：《明史·乐志一》，中华书局 1974 年版，第 1508 页。

④ （明）宋懋澄：《九籥集》卷十，李肇翔编：《四库禁书》（第 16 册），京华出版社 2001 年版，第 12344-12345 页。

一优前云："国正天心顺，官清民自安"云云。上大悦曰："此格言也，奈何罪之？"遂籍群优于教坊。①

这一材料说明英宗天顺年间南戏在北方地区不甚流行，政府对戏剧演出也有严格的控制措施。上述这个戏班成员懂得讨巧，因此英宗将这个地方戏班编入教坊籍。这对教坊乐人成分的变化以及宫廷戏剧的发展有促进作用。

武宗正德年间，教坊乐人数量激增，并得到武宗的宠爱，在宫廷地位有所上升，甚至出现教坊艺人与宦官争宠窃权的现象：

正德三年，武宗谕内钟鼓司康能等曰："庆成大宴，华夷臣工所观瞻，宜举大乐。迩者音乐废缺，无以重朝廷。"礼部乃请选三院乐工年壮者，严督肄之，仍移各省司取艺精者赴京供应。顾所隶益猥杂，筋斗百戏之类日盛于禁廷。既而河间等府奉诏送乐户，居之新宅。乐工既得幸，时时言居外者不宜独逸，乃复移各省司所送技精者于教坊。于是乘传续食者又数百人，俳优之势大张。臧贤以伶人进，与诸佞幸角宠窃权矣。②

深受武宗宠幸的教坊伶人臧贤初任教坊司左司乐，未几升为奉銮。在武宗巡幸南京时，臧贤还曾举荐徐霖、杨循吉。当然，武宗宠幸教坊乐人并没有得到士大夫阶层的接受，这种情况也没有持续很久。

由于迁都北京，南教坊逐渐丧失御前承应演剧的功能，坊中官妓、乐工逐渐为了个人生计而演剧，以新声艳曲取悦于士绅官宦，他们逐渐适应文人的审美情趣，积极调整戏剧的创作与表演风格。从这个方面来说，南教坊对当时江南地区戏曲的繁荣起到了非常积极的作用。像南京教坊著名乐工顿仁，就与何良俊来往甚密。这样，南教坊乐人渐渐失去宫廷色彩，私人演出性质逐渐增强，出现与地方职业戏班合流的趋势。

---

① （明）都穆撰，（明）陆采辑：《都公谈纂》卷下，四库全书存目丛书编纂委员会编：《四库全书存目丛书》子部第 246 册，齐鲁书社 1995 年版，第 392 页。

② （清）张廷玉等：《明史·乐志一》，中华书局 1974 年版，第 1509 页。

二 戏班伶人

教坊艺人承应宫廷之需，而地方公私宴乐则由戏班伶人承担。"自国初以来，公私尚用优伶供事。"① 戏班则分官府戏班和私人职业戏班两类。何良俊《四友斋丛说》卷十三记林小泉为苏州太守的表现：

> 公余多暇日，好客，喜燕乐。每日有戏子一班，在门上伺候呈应，虽无客亦然。长、吴二县轮日给工食银伍钱。②

林小泉，弘治己未（1499）进士，任苏州太守当在嘉靖初年。此处所提的戏班即官府戏班，工钱由官府支付，主要职能是负责官府宴乐。

私人职业戏班的经营目的以营利为主，即依靠戏曲演出来谋生。上述英宗天顺年间戏班在京师的遭遇，说明此时的民间职业戏班艺人已经出外做商业演出。天顺之后的成化、弘治年间，戏班活动渐渐活跃。本书第四章"观念论"中所引的陈铎散套《嘲川戏》以戏谑口吻描述了弘治、正德年间四川伶人演出的盛况。又如陆容《菽园杂记》卷十记："嘉兴之海盐，绍兴之余姚，宁波之慈溪，台州之黄岩，温州之永嘉，皆有习为倡优者，名曰戏文子弟。"③ 从《金瓶梅词话》的叙述可知到了嘉靖年间，海盐戏班已经北上至山东地区演出戏曲。上文引张谊《宦游纪闻·伶人眩骗》，记载了嘉靖四十四年（1565）流动戏班在四川绵州的演出情况。戏曲演出的商业化特征越来越明显，如张瀚《松窗梦语》卷七云：

> 夫古称吴歌，所从来久远，至今游惰之人，乐为优俳，二三十年间……好事者竞为淫丽之词，转相唱和。一郡城之内，衣食于此者不知几千人矣。④

---

① （明）祝允明：《猥谈》，续修四库全书编纂委员会编：《续修四库全书》（第1192册），上海古籍出版社2002年版，第365页。
② （明）何良俊：《四友斋丛说》卷十三，中华书局1959年版，第109页。
③ （明）陆容：《菽园杂记》卷十，中华书局1985年版，第124页。
④ （明）张瀚：《松窗梦语》卷七，中华书局1985年版，第139页。

张瀚说的是嘉靖末年至万历初年苏州的情况，"游惰之人，乐为俳优"，"一郡城之内，衣食于此者不知几千人矣"，可见当时艺人数量之多，也说明演剧当时已经成为一个行业，从业人员很多，市场需求较大。但是，受制于演出角色分类，当时每个戏班的人数规模还不是很大。《金瓶梅词话》中提到两个戏班：一是第三十六回的苏州戏班（亦是唱海盐腔），共四人，分别是一生（苟子孝）、一旦（周顺）、一贴旦（袁琰）、一小生（胡憕）；二是第七十四回的海盐戏班，却是三人，分别是张美、徐顺、苟子孝。上文所引游食四川绵州的戏班为七人，因此嘉靖末年成书的《南词叙录》所列角色有生、旦、外、贴、丑、净、末共七人。明晚期戏班规模进一步扩大。潘之恒《鸾啸小品·乐伎》所述"郝可成小班"有十四个演员。万历末年王骥德《曲律》"论部色"条云："今之南戏，则有正生、贴生（或小生）、正旦、贴旦、老旦、小旦、外、末、净、丑（即中净）、小丑（即小净），共十二人，或十一人，与古小异。"① 换言之，晚明时期由于戏曲的进一步发展，故事情节复杂，演出人数也逐渐增多。

戏班伶人对于戏曲传播具有非常重要的意义。在一定程度上，他们保证了民间演剧的繁荣，并通过这种方式巩固甚至推动了戏剧的健康发展。戏班伶人群体规模的扩大，也表明了当时整个社会对戏剧表演的热衷，这从受众层面推动了当时戏剧创作与表演的进步。

三 家乐

家乐是明中期演出群体中尤为独特的组成部分。《金瓶梅词话》中戏曲演出活动繁多，出现的戏曲艺人类别齐全。第四十一回妓女演唱杂剧，第五十八回乐工唱《升仙会》，第三十六回戏班唱《香囊记》。此外，西门庆府中也有"家乐"。家乐又称家班，戏曲演出目的与职业戏班截然不同。家乐戏曲演出是为了娱乐主人或者是主人的朋友，也就是说家乐的戏曲演出目的主要是自娱。明代中期以前，家乐主要存在于藩王邸中。从明中期开始，随着世人对戏曲态度的转变，文人士大夫也开始设置家乐、训练家班伶人，以供自己赏曲之需。《金瓶梅词话》第二十回写道：

---

① （明）王骥德：《曲律》，中国戏曲研究院编：《中国古典戏曲论著集成》（四），中国戏剧出版社 1959 年版，第 143 页。

　　把金莲房中春梅，上房玉箫，李瓶儿房中迎春，玉楼房中兰香，一般儿四个丫鬟，衣服首饰妆束出来，在前厅西厢房，教李娇儿兄弟乐工李铭来家，教演习学弹唱。春梅琵琶，玉箫学筝，迎春学弦子，兰香学胡琴。每日三茶六饭，管待李铭，一月与他五两银子。①

　　西门庆请专业乐工李铭教演自家丫鬟学习弹唱技艺，这是明中期士绅官宦府中豢养家乐戏班的主要训练方式之一。在第二十一回中，西门庆家乐就开始登台演出：

　　当下春梅、迎春、玉箫、兰香，一般儿四个家乐，琵琶、筝、弦子、月琴，一面弹唱起来。唱了一套《南石榴花》"佳期重会"云云。②

　　家乐成员除了丫鬟，还有书童、小厮。第三十六回，戏班上演《香囊记》时，由于戏班人数不够，西门庆的书童就男扮女装演小旦。上文说过，明中期的职业戏班规模不大，相比之下，同期的家乐规模一般而言都比较大。第五十五回，西门庆到东京给蔡太师祝寿，在蔡府中听翟管家道："这是老爷教的女乐，一班共二十四人。"③ 第七十一回，何太监家乐表演时，仅乐器伴奏就有十二名吹打的小厮，可见当时家乐规模较大。这虽然是小说所描述的故事，但艺术反映生活。事实上，明中期文人士大夫家乐的真实情况与之相比，有过之而无不及。
　　《明史·文苑传二》记载了康海、王九思的家乐情况：

　　（康）海、（王）九思同里同官，同以瑾党废。每相聚沜东鄠、杜间，挟声伎酣饮，制乐造歌曲，自比俳优，以寄其怫郁。九思尝费重资购乐工学琵琶。④

---

① （明）兰陵笑笑生著，戴鸿森校点：《金瓶梅词话》，人民文学出版社1985年版，第240页。
② （明）兰陵笑笑生著，戴鸿森校点：《金瓶梅词话》，人民文学出版社1985年版，第252页。
③ （明）兰陵笑笑生著，戴鸿森校点：《金瓶梅词话》，人民文学出版社1985年版，第722页。
④ （清）张廷玉等：《明史·文苑传二》，中华书局1974年版，第7349页。

又如弘治、正德年间，唐寅和朋友徐经（江阴人）赴京会试，徐经竟然随行带了家班"戏子数人"①一同进京。此时传奇作家沈寿卿也蓄养家乐。归有光《震川先生集》有《朱肖卿墓志铭》一文说：

> 安亭有二沈氏。昔时有沈元寿者，慕宋柳耆卿之为人，撰歌曲，教僮奴，为俳优，以此称于邑人，即君之族。②

此处沈元寿即传奇作家沈寿卿。《安亭志》卷十七《人物二》记述更为详尽，其中数句即采用《震川先生集》文，引录如下：

> 沈龄字寿卿，一字元寿，自号练塘渔者。究心古学，落拓不事生产。尤精乐律，慕柳耆卿之为人，撰歌曲，教僮奴为俳优。画竹仿文洋州，书法出入苏文忠、赵承旨，诗歌清绮绵婉，名满大江南北。太傅杨一清谢政居京口，特招致之，适馆授餐，日与为诗酒之会。武宗南巡，幸一清第。一清张乐侑觞，苦梨园无善本，谋于龄，为撰《四喜传奇》。更令选伶人之绝聪慧者，随撰随习，一夕而成。明旦供奉，武宗喜甚，问谁所为，一清以龄对。召见行在，欲官之，不受而归。③

何良俊在《四友斋丛说》卷十七中记载自己小时所见松江王西园家乐情况：

> 每一入城。好事者争趋之。其舟次常满。喜歌曲。曾教妆戏者数人。名丹桂者亦有声。④

同书卷十八记李开先家乐情况云：

> 有客从山东来者。云李中麓家戏子几二三十人。女伎二人。

---

① （明）何良俊：《四友斋丛说》卷十五，中华书局 1959 年版，第 133 页。
② （明）归有光著，周本淳校点：《震川先生集》，上海古籍出版社 1981 年版，第 480 页。
③ （清）陈树德编纂，朱瑞熙点校：《安亭志》卷十七，上海古籍出版社 2003 年版，第 296 页。
④ （明）何良俊：《四友斋丛说》卷十七，中华书局 1959 年版，第 150 页。

女僮歌者数人。①

李开先家中园亭有一副对联，上书"书藏古刻三千卷，歌擅新声四十人"，可见此处所言家乐"四十人"云云，当非虚语。

沈德符《万历野获编·弦索入曲》记载：

> 嘉隆间，度曲知音者，有松江何元朗，蓄家僮习唱，一时优人俱避舍。然所唱俱北词，尚得金元蒜酪遗风。予幼时犹见老乐工二三人，其歌童也俱善弦索，今绝响矣。何又教女鬟数人，俱善北曲，为南教坊顿仁所赏。②

宋懋澄《九籥集》卷五记何良俊行止：

> 好客，客恒满座，家僮四五十辈，多习金元名家杂剧，与大内院本，各成一队，绮丽如落日云。③

可见何良俊府中的家乐擅演北曲杂剧。

嘉靖年间无锡一地的缙绅巨室之家，广蓄优童。黄印《锡金识小录》卷十《优童》记载：

> 前明邑缙绅巨室，多蓄优童。邹东湖望家二十余辈，柳逢春、江秋水最善。……自后冯观察龙泉，童名桃花雨；苗知县生庵，童名天范；陈参，童名玉交枝；曹梅怀，童名大温柔、小温柔；……同时顾惠岩尤多此辈，俞是堂、安胶峰亦称盛焉。④

很显然，明中期士大夫蓄养家乐的风气在当时非常流行。

那么，明中期家乐的特点是什么呢？首先，明中期家乐具有稳定性、

① （明）何良俊：《四友斋丛说》卷十八，中华书局1959年版，第159页。
② （明）沈德符：《万历野获编》卷二十五，中华书局1959年版，第641页。
③ （明）宋懋澄：《九籥集》卷五《顾思之传》，李肇翔编：《四库禁书》（第16册），京华出版社2001年版，第12219页。
④ （清）黄印：《锡金识小录》卷十《优童》，清光绪二十二年王念祖活字本。

封闭性。职业戏班为了生计问题，四处游食，流动性强，开放性突出；家乐主要为主人以及主人朋友间应酬的声色娱乐服务，因此相对封闭。在某种意义上说，家乐是家班主人的私有财产。其次，明中期家乐的戏曲技艺素养普遍较高。家乐学艺主要有两个途径，一则聘请专业乐人教演，如《金瓶梅词话》所述；一则家乐主人亲自教习，如李开先、何良俊等人。姜大成在《宝剑记后序》中指出，李开先的戏曲造诣很高，"知填词，知小令，知长套，知杂剧，知戏文，知院本，知北十法，知南九宫，知节拍指点，善作而能歌，总之曰知音"①。他创作的传奇《宝剑记》由家乐搬演，观者叹为"呜呼，备之矣"。他还曾到陕西拜访王九思，观看王九思家班演出杂剧《杜甫游春》，并与王九思一起讨论了剧本的曲词、音韵与演唱。② 无论是专业乐人教习，还是家班主人亲自传授，由于家乐艺人衣食无忧，且技艺训练系统完备，因此演唱艺术更为优秀。最后，明中期家乐兼演北曲和南曲。与明中期南北曲创作共同繁荣的状况相一致，此时的家乐既演出南曲，也演出北曲。李开先、何良俊家乐就以擅演北曲而闻名。

教坊乐人、戏班伶人、家乐三者主要构成了明中期戏曲演出艺人队伍。此外，由于明中期文人的戏曲观念渐趋开放，不少文人士大夫也亲自参与戏曲演出，这可算是戏曲演出人员中的另类，即所谓的"串客"。风流文人祝允明"不修行检，常傅粉黛，从优伶间度新声"③。据《唐伯虎全集》所辑遗事，唐寅和祝允明等人在"雨雪中作乞儿鼓节，唱《莲花落》"④，"浪游维扬，极声伎之乐，费用乏绝"⑤。张凤翼自己也经常唱曲、演戏。徐复祚说："伯起善度曲，自晨至夕，口呜呜不已。吴中旧曲师太仓魏良辅，伯起出而一变之，至今宗焉。常与仲郎演《琵琶记》，父

---

① （明）李开先著，卜键笺校：《李开先全集》（中册），文化艺术出版社 2004 年版，第1034 页。

② （明）李开先：《词谑》，中国戏曲研究院编：《中国古典戏曲论著集成》（三），中国戏剧出版社 1959 年版，第 278-279 页。

③ （明）徐复祚：《曲论》，中国戏曲研究院编：《中国古典戏曲论著集成》（四），中国戏剧出版社 1959 年版，第 243 页。

④ （明）唐伯虎：《唐伯虎全集》附录《唐伯虎轶事》卷二，北京中国书店据大道书局 1925年版影印，1985 年。

⑤ （明）唐伯虎：《唐伯虎全集》附录《唐伯虎轶事》卷二，北京中国书店据大道书局 1925年版影印，1985 年。

为中郎，子赵氏，观者填门，夷然不屑意也。"[1] 他自己扮演蔡伯喈，他的儿子扮演赵五娘。父子同台演戏的文人习气，在嘉靖年间就出现了。万历年间潘允端全家爱好串戏。据其《玉华堂日记》记载：

> 戊子四月初二日："予与四儿做戏二本，抵暮散。"
> 戊子四月十三日："阿桂来，留坐，合家人做戏。"

材料中，戊子乃万历十六年（1588）。[2] 文人对演剧的参与，对于当时戏剧创作，尤其是保持戏剧的舞台表演性，具有非常积极的意义。明代戏剧发展逐渐成熟，不但没有走向案头化，而且一直保持很高的舞台表演性，与文人对戏剧表演本质的理解逐渐深入有直接的关系。

第四节　赛社与堂会戏曲演出

明初，统治者对戏剧演出有很多限制，导致元代繁荣的民间演剧被中断。但是与明前期民间戏曲活动沉寂不同，明中期民间戏曲演出相当兴盛。统治者与士大夫阶层对戏剧的理解逐渐深入，导致统治阶层逐渐放开对戏剧表演的限制，民间演剧也从明初的沉寂中逐渐复苏。从演出方式上看，大致分为两类：第一，农村和小城镇常因赛社、祈年、还愿、庆贺丰收等演戏娱乐；第二，都市中阔绰人家的婚丧嫁娶、祝寿生子、朋友宴集等场合的演戏助兴。

第一种戏曲演出属于典型的民间演戏范畴。农村和小城镇的戏曲演出活动以迎神赛社为主要形式，观众以农民为主。对广大农民观众而言，他们之所以热心于迎神赛社，主要是因为能在这样盛大的群众性活动中获得极大的乐趣。明中期民间戏曲演出活动频繁。约活动于嘉靖、万历年间的姜准在《岐海琐谈》一书中，谈到南戏发源地温州当时民间演剧的盛况时说：

---

① （明）徐复祚：《曲论》，中国戏曲研究院编：《中国古典戏曲论著集成》（四），中国戏剧出版社1959年版，第246页。

② 引自朱建明：《从〈玉华堂日记〉看明代上海的戏曲演出》，赵景深主编：《戏曲论丛》（第1辑），甘肃人民出版社1986年版，第130-149页。

　　每岁元夕后，戏剧盛行，虽延过酷暑，弗为少辍。如府县有禁，则托为禳灾、赛祷，率众呈举，非迁就于丛祠，则移香火于戏所，即为瞒过矣。……且戏剧之举，续必再三。附近之区，罢市废业。其延款姻戚至家看阅，动经旬日。①

　　这一则材料说明两个问题。其一，官府对戏剧表演的限制还是存在，只不过名存实亡（明清两代，无论演剧如何繁荣，政府都有压制戏剧演出的政令）。其二，温州乡民热衷演戏看戏，"托为禳灾、赛祷"只不过是障眼法，用以应付府县查禁罢了。当地演戏规模甚大，以至于"罢市废业"，持续时间甚长，"动经旬日"。苏州一带以娱神为名的民间戏曲活动也是热闹非凡。范濂《云间据目抄》卷二《纪风俗》记道：

　　倭乱后，每年乡镇二三月间迎神赛会，……般演杂剧故事，如《曹大本收租》《小秦王跳涧》之类，皆野史所载，俚鄙可笑者。……至万历庚寅，各镇赁马二三百匹。演剧者皆穿鲜明蟒衣靴带，而幞头纱帽，满缀金珠翠花，如扮状元游街，用珠鞭三条，价值百金有余。又增妓女三、四十人，扮为《寡妇征西》《昭君出塞》，色名华丽尤甚。其他彩亭旂鼓兵器，种种精奇，不可悉述。街道桥梁，皆用布幔，以防阴雨。郡中士庶，争挈家往观。游船马船，拥塞河道，正所谓举国若狂也。每镇或四日、或五日，乃止。②

　　从中可以明显看出，民众对戏剧演出的喜爱。王穉登《吴社编》记载了春夏之交"五方贤圣会"中有关戏曲演出的情况：

　　杂剧则：虎牢关、曲江池、楚霸王、单刀会、游赤壁、刘知远、水晶宫、劝农丞、采桑娘、三顾草庐、八仙庆寿……神鬼则：观世音、二郎神、汉天师、十八罗汉、钟馗嫁妹、西竺取经、雷公电母、后土夫人……人物则：伍子胥、孙夫人、姜太公、王彦章、李太白、宋公明、状元归、十八学士、十三太保、征西寡妇、十八诸侯。①

　　演出剧目众多，场面盛大，正所谓"优伶伎乐，粉墨绮缟，角觝鱼龙之属，缤纷陆离，靡不毕陈"②，由于"会行迁缓，弥日不休，行者不及赍粮"，于是"乃有盛壶浆、积果实、制汤饼于门间迎劳之者"③。

　　上述材料大体勾勒了明中期南方乡镇地区的戏曲演出盛况。与此同时，北方农村地区的戏曲活动也毫不逊色。山西潞城县崇道乡南舍村发现了明万历二年（1574）当地所用的《迎神赛社礼节传簿四十曲宫调》抄本，根据这个抄本的记载，我们可以看到北方山西上党地区的农村戏曲演出状况。明中期的南舍村每五年举办一次赛社活动，每逢赛前一年的十月初一，全村成年男子都到大庙开会派戏，分配角色，腊月排练。除了玉皇庙内的固定舞台外，沿街搭建戏台五座、戏棚一座，以供几百人的吹奏、歌舞和队戏演出。次年正月初八至初十，全村大赛三天。《迎神赛社礼节传簿四十曲宫调》记载的祭赛程序按二十八星宿先后排列。④ 根据《迎神赛社礼节传簿四十曲官调》的记载，供馔祀神，共敬七盏后，转移到神庙对面的"赛台"上演出"正队""院本""杂剧"。一般习惯是，上午敬盏，下午演"正队戏"，即祀神的本戏，晚间演出"院本""杂剧"。《迎神赛社礼节传簿四十曲赛调》传达了这样一种信息：上党地区乡民不仅爱观戏，而且全民投入演戏活动当中。由此可见明中期民间演戏的热闹场景。

　　从上面的勾勒中也可以看出，历史题材与仙道题材，确实是民间最感兴趣的内容；场面的喧闹与丰富生动，也很符合农村受众的审美。戏剧根植于民间，是其生命力得以维系的根本。从这些描述中，我们甚至可以看

　　① （明）王稺登：《吴社编》，《笔记小说大观》第四编第六册，台北新兴书局 1978 年版，第 4044-4045 页。

　　② （明）王稺登：《吴社编》，《笔记小说大观》第四编第六册，台北新兴书局 1978 年版，第 4041 页。

　　③ （明）王稺登：《吴社编》，《笔记小说大观》第四编第六册，台北新兴书局 1978 年版，第 4046 页。

　　④ 参见寒声、黄竹三等有关《迎神赛社礼节传簿四十曲宫调》的介绍。山西师范大学戏曲文物研究所编：《中华戏曲》（第三辑），山西人民出版社 1987 年版，第 151-152 页。赵山林：《中国戏曲观众学》，华东师范大学出版社 1990 年版，第 14-29 页。

到元代甚至更加久远的历史中民间的戏剧演出情况。

第二种演出多出现在士绅官宦府中婚丧嫁娶、祝寿生子、朋友宴集等场合。士绅官宦将戏班召至府中演出戏曲，这种戏曲通称为"堂会"。以《金瓶梅词话》第六十三回、第六十四回的戏曲演出叙述为例。李瓶儿病逝，西门庆雇了一起海盐子弟搬演戏文《玉环记》。西门庆在厅堂上搭了大棚，棚外演戏，棚内桌席宴客，厅堂上垂帘，宾客往外观戏。这种大户人家中的堂会演出方式与上述农村地区的迎神赛社演出方式多有不同。

第一，二者的演出场所不同。农村地区的迎神赛社戏曲演出，多在空旷处搭建戏台或者直接借用庙台，目的是吸引更多观众。堂会演出多在府邸陈设雅致的厅堂宴会上，如《金瓶梅词话》和《痴婆子传》所述。有的堂会甚至在厅堂的红氍毹上演出，基本是让特定的观众欣赏。此外，还有豪门巨富别出心裁地将大型船舫作为堂会演出的场所。在船舫上演戏，万历初年已有记载。如"万历戊子（1588），朝廷因直、浙水灾……遣给事中杨文举赈济……文举乘楼船，拥优伶"①，这是官府用船。还有私人自行造船以供戏曲演出之用，李日华《味水轩日记》卷四记载："（吴）珍所，名正儒，字醇之。丙子（1576）乡荐授河南兰阳令，俄罢归。不营俗务，制一楼舫，极华洁，畜歌儿倩美者数人，日拍浮其中。"②

第二，二者的演出艺人不同。迎神赛社中演戏艺人往往是受雇的流动戏班，他们长期游走于民间，非常清楚此类演出的内容与风格。或者如《迎神赛社礼节传簿四十曲宫调》所介绍的一样，由乡人村民自发排演，演艺水平参差不齐，主要是热闹。堂会演出的艺人常是当地职业戏班成员或家乐，演艺水平一般较高，更加贴合士大夫、乡绅的审美品位。

第三，二者的观众群体不同。前者观众群来自乡野田间的下层劳动人民，数量众多，时间较为充裕，可以长期观演；后者观众则是达官贵人、文人士大夫以及他们的亲眷，参与的人员较少，对演出的要求更加具有个性，观剧时间集中。

第四，二者的演出氛围有别。前者在开阔场地进行，以热闹、喧哗、轰动为标志；后者则在较小空间内进行，讲究排场，注重静谧、高雅、

---

① （清）郭廷弼修，（清）周建鼎纂：《松江府志》卷五十四《遗事下》，清康熙二年（1663）刻本。

② （明）李日华：《味水轩日记》卷四，续修四库全书编纂委员会编：《续修四库全书》史部第558册，上海古籍出版社2002年版，第376页。

韵味。

第五，二者的演奏乐器不同。前者以锣鼓等音量大、音调高昂激越的乐器为主，不重和谐而重热闹；后者则以箫、笙、笛、筝等音量小、音调低柔婉转的乐器为主，不重喧闹而重在音律和谐、余韵悠长。

第六，二者最大的差异在于演出剧目大相径庭。从范濂《云间据目抄》、王穉登《吴社编》等叙述可见南方迎神赛社的演出剧目多是具有传奇性的公案剧（如《曹大本收租》等）、历史剧（如《小秦王跳涧》《寡妇征西》《昭君出塞》等）、英雄剧（如《虎牢关》《楚霸王》《单刀会》等）、神鬼剧（如《钟馗嫁妹》《西竺取经》等），涉及的人物形象多是民众熟知的观世音、二郎神、汉天师、十八罗汉、雷公电母、后土夫人、伍子胥、孙夫人、姜太公、王彦章、李太白、宋公明、十三太保、征西寡妇、十八诸侯等。《迎神赛社礼节传簿四十曲宫调》则反映了北方农村地区迎神赛社演出剧目的特色，有英雄剧（如《鸿门宴》《斩韩信》《单刀赴会》《张飞大闹水云寨》《天门阵》《杨宗保救主》《尉迟洗马》等）、神话剧（如《目连救母》《罗成显魂》《西游记》《钟馗传》等）、滑稽剧（如《小儿难夫子》《四公子斗富》《改婚姻簿》等）。由此可见迎神赛社的演出剧目以豪侠征战、仙佛神话、滑稽诙谐为主，特点是排场热闹、节奏鲜明、重宾白、重服饰化妆。堂会演出剧目，先以潘允端《玉华堂日记》中记录潘家所演剧目为例：《琵琶记》《荆钗记》《宝剑记》《西厢记》《三元记》《玉环记》《精忠记》《窃符记》《虎符记》《四节记》《金丸记》《钗钏记》《双环记》《寻亲记》《分钱记》《连环记》《银瓶记》《鸾钗记》《明珠记》等。再举《金瓶梅词话》中所演剧目为例：杂剧有《抱妆盒》《金童玉女》《两世姻缘》《倩女离魂》《北西厢》《流红叶》《风云会》《世间配偶》；戏文或传奇有《唐伯亨》《林招得》《子母冤家》《彩楼记》《香囊记》《玉环记》《宝剑记》《南西厢》《琵琶记》。[①] 可见堂会以忠孝节义、风情离合、文人隐逸等剧目为主，特点是音乐和谐婉转、伴奏乐器音量不大、曲词典雅优美而且往往歌舞同台演出。

因此，二者的审美趣味相去甚远。堂会演出因为与文人士绅的关系较近，为文人所喜爱。而迎神赛社的演出剧目被范濂讥为"俚鄙可笑者"，陈铎《嘲川戏》也表达了同样的意思。不少文人对民间戏曲的审美趣味给

---

① 参见孙崇涛：《〈金瓶梅〉所叙剧曲考》，《文献》1990 年第 1 期，第 39-56 页。

予了种种非议与责难，以王骥德在《曲律》中提出的"曲之亨"与"曲之屯"最具代表性：

> 夫曲曷尝不藉所遇以为幸不幸哉，遇则亨，而不遇则屯也。……
>
> 曲之亨：华堂、青楼、名园、水亭、雪阁、画舫、花下、柳边、佳风日、清宵、皎月、娇喉、佳拍、美人歌、娈童唱、名优、姣旦、伶人解文义、艳衣装、名士集、座有丽人、佳公子、知音客、鉴赏家、诗人赋赠篇、座客能走笔度新声、闺人绣幕中听、玉卮、美醖、佳茗、好香、明烛、珠箔障、绣履点拍、倚箫、合笙、主妇不惜缠头、厮仆勤给事、精刻本、新翻艳词出。
>
> 曲之屯：赛社、酿钱、酬愿、和争、公府会、家宴、酒楼、村落、炎日、凄风、苦雨、老丑伶人、弋阳调、穷行头、演恶剧、唱猥词、沙喉、讹字、错拍、删落、闹锣鼓、伧父与席、下妓侑尊、新莤酒败喉、恶客闯座、客至大嚷、酗酒人、骂座、席上行酒政、将军作调笑人、三脚猫人妄讥谈、村人喝彩、邻家哭声、僧道观场、村妇列座、小儿啼、场下人厮打、主任惜烛、家僮告酒竭、田父舟人作劳、沿街觅钱。[1]

在"华堂、青楼、名园、水亭、雪阁、画舫"这样的华丽场所，于"佳风日、清宵、皎月"的良辰，欣赏"美人歌、娈童唱"，观剧伴侣为"丽人、佳公子、知音客、鉴赏家、诗人"，身旁是"玉卮、美醖、佳茗、好香、明烛、珠箔"，把玩着"精刻本、新翻艳词"，这就是曲之亨，即曲之幸。这恰好是文人士大夫堂会演出方式的氛围。迎神赛社以"赛社、酿钱、酬愿"为演戏理由，常于"村落"以"弋阳调""闹锣鼓"演出，场面热闹，观众混杂，因此"僧道观场、村妇列座""田父舟人作劳"，博得"村人喝彩"，这就是曲之屯，即曲之不幸。据此可知文人性审美趣味与民间性审美趣味的巨大差异。

文人与普通民众的审美趣味存在较大差异，但不存在高下优劣之分。

---

① （明）王骥德：《曲律》，中国戏曲研究院编：《中国古典戏曲论著集成》（四），中国戏剧出版社 1959 年版，第 182-183 页。

其实，从中国古代戏曲的演出模式来看，新出戏曲样式的观众往往先是民间群众，其后才是文人士大夫。一开始，戏曲样式多是粗鄙简陋，但一部分思想较开放的文人受到影响后，就会观看并参与到戏曲创作中，继而使质朴的戏曲形式得到修饰，从而慢慢走向精致化道路。明中期传奇的定型正是这样一个发展过程。因此，不应该过多地指责迎神赛社戏曲演出的简陋与粗鄙，更不应该将其与堂会演出方式对立起来，两种演出方式都有助于戏曲的繁荣发展。

余　论

与作家、剧本、戏曲观念等文献丰富的研究领域相比，演剧因为历史声音与影像的资料无法保存，其研究天然薄弱。但是，通过对明中期戏曲演出相关文献的梳理，我们可以清晰地看出这一时期戏曲演出的重要价值。

第一，明中期南曲声腔的繁多反映了戏曲表演的繁荣，更体现了南方戏曲已经开始深刻地影响着整个社会。南曲声腔是南方音乐、文化乃至南方审美、经济的折射，其交流、更迭体现了各地戏曲审美形态接受的演进变化。明中期南曲声腔与演剧形态规范了晚明、清代甚至近现代的戏剧演出，具有珍贵的历史价值。

第二，北曲的演出在明代中期依然繁盛。宫廷、官绅府第、乡野等地频繁上演北曲剧目，表明北曲并未绝迹于此时。如果将当代北方地区众多的地方剧种、演唱方式与明中期的北曲演出进行关联研究的话，可以发现二者存在较为直接的亲缘关系。

第三，明中期的民间演剧活跃了明代戏曲的演出生态。此时的民间演剧具有鲜明的娱乐性，其对于戏曲的生存与繁荣颇为有利。挖掘民间演剧的历史文献，对于明代戏曲研究本身具有重要意义。近年来，学术界通过田野调查的方式，挖掘民间戏曲活态资源，我们可以从中钩沉出部分历史演剧的遗迹。同时，关注明中期民间演剧对于当代戏曲的时代创新也有重要的参考价值。

附录　明中期戏曲作品存佚状况一览表①

作品	杂剧	传奇	曲家	存佚	版本
《性天风月通玄记》②		√	兰茂 （1397—1476）	存	清乾隆五十七年（1792）抄本，《古本戏曲丛刊·五集》据成都藏清乾隆抄本影印
《伍伦全备记》③		√		存	明万历间金陵世德堂刻本，《古本戏曲丛刊·初集》据之影印，题《新刊重订附释标注出相伍伦全备忠孝记》
《香囊记》		√	邵灿 （成化、弘治间人）	存	明万历间金陵世德堂刻本，四卷；明万历间继志斋刻本，二卷，全名《重校五伦传香囊记》，《古本戏曲丛刊·五集》据之影印；明末汲古阁原刻初印本，二卷；汲古阁刻《六十种曲》所收本；梅兰芳原藏红格抄本（今归中国艺术研究院戏曲研究所资料室）

（续上表）

作品	杂剧	传奇	曲家	存佚	版本
《东窗记》①		√	周礼 （生卒年不详）	存	明万历间金陵富春堂刻本，《古本戏曲丛刊·初集》据之影印
《双忠记》		√	姚茂良 （生卒年不详）	存	明万历间富春堂刻本，近人海盐朱希祖据之过录，《古本戏曲丛刊·初集》据之影印，题《新刻出像音注唐朝张巡许远双忠记》；程砚秋家藏清抄本；许之衡饮流斋抄本；王锁点校本《双忠记》，收入《明清传奇选刊》（中华书局1988年版）
《合璧记》		√	姚茂良 （生卒年不详）	佚	
《双珠记》		√	沈鲸 （生卒年不详）	存	明末汲古阁原刻初印本，《古本戏曲丛刊·初集》据之影印；汲古阁刻《六十种曲》所收本；清康熙五十九年（1720）盛端卿抄本；清内府抄本；北京大学图书馆藏清咸丰、同治间瑞鹤山房抄本；梅兰芳原藏清抄本
《鲛绡记》		√	沈鲸 （生卒年不详）	存	清顺治七年（1650）沈仁甫抄本，《古本戏曲丛刊·初集》据之影印；清抄本，卷尾题云"三十三年十月初一日录完"；红格抄本；前孔德学校图书馆抄本；传抄本
《分鞋记》		√	沈鲸 （生卒年不详）	仅存散出	《群音类选》《八能奏锦》《月露音》等收录散出曲文
《青琐记》		√	沈鲸 （生卒年不详）	仅存散出	《群音类选》《怡春锦》等收录散出曲文

---

　　① 《南词叙录》注云："用礼重编。"郭英德认为"用礼"或疑为"周礼"之误。《古本戏曲剧目提要》将之列入无名氏名下。

（续上表）

作品	杂剧	传奇	曲家	存佚	版本
《绣襦记》①		√	徐霖 （1462—1538）	存	明万历间刻本，题《宝晋斋绣襦记》，二卷；明万历间萧腾鸿刻本，题《陈眉公批评绣襦记》，清乾隆间修文堂辑印《六合同春》用此本重印，二卷；明末刻朱墨套印本，《古本戏曲丛刊·初集》据之影印，四卷；明末汲古阁原刻初印本，二卷；汲古阁刻《六十种曲》所收本；清康熙五十九年（1720）沈氏咏凤堂抄本，二卷；孙崇涛校注、颜长珂批评本，收入《中国十大古典悲喜剧集》（上海文艺出版社1989年版）
《柳仙记》②		√	徐霖 （1462—1538）	残存 曲文 散套	《南北词广韵选》收录曲文散套
《三元记》③		√	徐霖 （1462—1538）	佚	
《枕中记》		√	徐霖 （1462—1538）	佚	
《留鞋记》		√	徐霖 （1462—1538）	佚	
《梅花记》		√	徐霖 （1462—1538）	佚	
《种瓜记》		√	徐霖 （1462—1538）	佚	
《两团圆》		√	徐霖 （1462—1538）	佚	

---

①　徐朔方认为作于1439年或略早；《明清传奇综录》将之归入无名氏名下。

②　《南北词广韵选》征引，并云："兹《柳仙记》乃《幽怪录》所载，及古今所传神仙事。"并见《三家村老委谈》。

③　《金陵琐事》卷二《曲品》云："徐霖，少年数游狭斜，所填南北词，大有才情，语语入律。……武宗南狩时，伶人臧贤荐之于上，令填新曲，武宗极喜之。余所见戏文《绣襦》《三元》《梅花》《留鞋》《枕中》《种瓜》《两团圆》数种行于世。"

（续上表）

作品	杂剧	传奇	曲家	存佚	版本
《中山狼院本》	√		王九思 （1468—1551）	存	明崇祯十三年（1640）张宗孟重刻《王渼陂全集》本；《世界文库》本
《杜甫游春》①	√		王九思 （1468—1551）	存	明崇祯十三年（1640）张宗孟重刻《王渼陂全集》本；明刊《四太史杂剧》本；《盛明杂剧》本；《古今名剧合选·酹江集》本
《善知识苦海回头》	√		陈沂 （1469—1538）	存	明刊《四太史杂剧》本；《杂剧十段锦》本；脉望馆校《古名家杂剧》本，《古本戏曲丛刊·四集》据脉望馆抄校本影印
《四节记》②		√	沈采 （生卒年不详）	仅存散出	西班牙马德里埃斯柯丽亚圣罗伦佐王家图书馆藏《风月锦囊》嘉靖癸丑三十二年（1553）书林詹氏进贤堂重刊本续编卷十二有《杜甫游春》《谢安石东山记》《苏子瞻游赤壁记》《陶穀学士游邮亭记》曲文各一出；《明清传奇钩沉》辑有佚曲一支；《醉怡情》等书收录散出
《裴度还带记》③		√	沈采 （生卒年不详）	存	明万历间金陵富春堂刻本，题《新刻出像音注花栏裴度香山还带记》，二卷；明万历十四年（1586）金陵世德堂刻本，1934年长乐郑振铎《汇印传奇》第一集、《古本戏曲丛刊·初集》皆据之影印，题《新刊重订出像附释标注裴度香山还带记》，二卷；清抄本，不分卷，卷尾题识云"清顺治十年（1653）收"；红格抄本，不分卷；近人番禺许之衡饮流斋抄订本，二卷

---

① 徐子方认为作于1511—1512年，更大可能是1512年返乡后不久。
② 徐朔方认为作于1520年。
③ 徐朔方认为作于1523年；郭英德认为当作于1512—1530年。

（续上表）

作品	杂剧	传奇	曲家	存佚	版本
《千金记》①		√	沈采 （生卒年不详）	存	明万历间金陵富春堂刻本，《古本戏曲丛刊·初集》据之影印，题《新刻出像音注花栏韩信千金记》，四卷；明万历间仇英绘像本，题《仇实父绘像千金记》，二卷；明万历间金陵世德堂刻本，题《新刊重订出相附释标注千金记》，四卷；明末汲古阁原刻初印本，二卷；汲古阁刻《六十种曲》所收本；清康熙间内府抄本，二卷，残存上卷；清康熙五十三年（1714）盛紫仙抄本，二卷；清康熙间抄本，二卷；清乾隆间内府抄本，不分卷；北京大学图书馆藏清咸丰、同治间瑞鹤山房抄本
《临潼记》		√	沈采 （生卒年不详）	佚	
《冯京三元记》		√	沈龄 （约1470—约1523）②	存	明末汲古阁原刻初印本，《古本戏曲丛刊·初集》据之影印；汲古阁刻《六十种曲》所收本
《娇红记》		√	沈龄 （约1470—约1523）	残曲 散出	《群音类选》《八能奏锦》等收录散出曲文
《龙泉记》		√	沈龄 （约1470—约1523）	残曲 散出	《明清传奇钩沉》辑有佚曲一支；《群音类选》《吴歈萃雅》《词林逸响》等收录散出曲文
《四喜记》		√	沈龄 （约1470—约1523）	佚	
《银瓶记》		√	沈龄 （约1470—约1523）	佚	

---

　　① 吕天成将《千金记》作者归之于沈采，俞为民认为该剧为民间艺人所作，沈采只是其中一位改编者。见俞为民：《南戏〈千金记〉的流传和衍变考论》，《戏曲艺术》2020年第3期，第1-7、22页。

　　② 徐朔方认为沈龄与沈寿卿为同一人。

（续上表）

作品	杂剧	传奇	曲家	存佚	版本
《连环记》①		√	王济 （1474—1540）	存	清内府抄本，二卷；清抄本，不分卷，《古本戏曲丛刊·初集》据之影印；抄本，二卷
《中山狼》	√		康海 （1475—1540）	存	《盛明杂剧》本；《古今名剧合选·酹江集》本
《王兰卿》	√		康海 （1475—1540）	存	脉望馆抄校本；王季烈校刊《孤本元明杂剧》本
《南西厢记》		√	李日华 （生卒年不详）	存	明万历间金陵富春堂刻本，题《新刻出像音注花栏南调西厢记》，《古本戏曲丛刊·初集》据之影印；明万历间刻本，署"明姑苏李日华编本"，首载梁辰鱼《南西厢记序》；明万历间周居易校刻本，题《新刊合并李日华西厢记》；明末闵遇五校刻《六幻西厢记》所收本，民国初年贵池刘世珩重编《暖红室汇刻传剧》据此本重刻；明末汲古阁原刻初印本；汲古阁刻《六十种曲》所收本
《四景记》		√	李日华 （生卒年不详）	佚	
《忠孝节义》		√	方谕生 （生卒年不详）	佚	
《唐僧西游记》		√	陈龙光 （生卒年不详）	佚	
《陈可中剔目记》		√	郑汝耿 （生卒年不详）	佚②	
《邹知县湘湖记》		√	丁鸣春 （生卒年不详）	佚	

---

① 徐朔方认为作于 1522 年。

② 据赵景深观点，1954 年在山西万泉县百帝村发现的四部剧本之一《陈可忠》，即郑汝耿所作的《陈可中剔目记》。录此以备一说。

（续上表）

作品	杂剧	传奇	曲家	存佚	版本
《罗帕记》		√	席正吾（生卒年不详）	佚	
《跃鲤记》		√	陈黑斋（生卒年不详）	存	明万历间金陵富春堂刻本，《古本戏曲丛刊·初集》据之影印，四卷；清乾隆间内府抄本，二卷，残存上卷
《风云记》		√	陈黑斋（生卒年不详）	佚	
《纳锦郎》	√		陈铎（约1454—约1507）	存	嘉靖间环翠堂刻《坐隐先生精订陈大声乐府》本，存本第四出末尾有残缺
《太平乐事》	√		陈铎（约1454—约1507）	存	嘉靖间环翠堂刻《坐隐先生精订陈大声乐府》本
《郑耆老义配好姻缘》	√		陈铎（约1454—约1507）	佚	
《玉玦记》①		√	郑若庸（1489—1577）	存	明万历九年（1581）金陵富春堂刻本，四卷，《古本戏曲丛刊·初集》据之影印，全名《新刻出像音注释义王商忠节癸灵庙玉玦记》；明末汲古阁原刻初印本，二卷；汲古阁刻《六十种曲》所收本；《摘锦奇音》选录此剧散出，别题《炼丹记》
《大节记》		√	郑若庸（1489—1577）	佚	
《珠毯记》		√	郑若庸（1489—1577）	佚	

---

①　徐朔方认为约作于 1527 年。

（续上表）

作品	杂剧	传奇	曲家	存佚	版本
《明珠记》①		√	陆粲（1494—1551）、陆采（1497—1537）	存	日本神田喜一郎藏明万历间刻本；上海图书馆藏明刻《宝晋斋明珠记》本；日本内阁文库藏明末吴兴闵氏校刻朱墨套印本；明末汲古阁原刻初印本，《古本戏曲丛刊·初集》据之影印；汲古阁刻《六十种曲》所收本
《怀香记》②		√	陆采（1497—1537）	存	明末汲古阁原刻初印本，《古本戏曲丛刊·初集》据之影印；汲古阁刻《六十种曲》所收本
《南西厢记》③		√	陆采（1497—1537）	存	明万历间周居易刻本，《古本戏曲丛刊·初集》据之影印，题《新刊合并陆天池西厢记》，自序及阙页据暖红室本补刊；明末闵遇五校刻《六幻西厢记》所收本，民国初年刘世珩《暖红室汇刻传剧》据此重刻，首载署"清痴叟陆采天池自序"之《序》
《椒觞记》		√	陆采（1497—1537）	残存散出	《群音类选》《月露音》等收录散出曲文
《存孤记》		√	陆采（1497—1537）	佚	
《分鞋记》		√	陆采（1497—1537）	佚	
《洞天玄记》	√		杨慎（1488—1559）	存	脉望馆校藏明刊《古名家杂剧》本；明刊《四太史杂剧》本；王季烈校刊《孤本元明杂剧》本
《太平仙记》④	√		陈自得（生卒年不详）	存	明赵琦美脉望馆抄校本；王季烈校刊《孤本元明杂剧》本，《古本戏曲丛刊·四集》影印本

---

① 郭英德认为约作于 1515 年，徐朔方认为定稿于 1534 年。

② 徐朔方认为作于 1525 年。

③ 徐朔方认为作于 1534 年，郭英德认为作于 1535 年。

④ 此剧与杨慎《洞天玄记》所演事迹相同，且曲文宾白也大都相同。

（续上表）

作品	杂剧	传奇	曲家	存佚	版本
《太（泰）和记》	∨		许潮① （生卒年不详）	原有二十四种，现存十七种	《卫将军》有明万历间刻《阳春奏》（残缺，仅存十种）所收本；《公孙丑》仅存《群音类选》卷二十三所收曲文；《兰亭会》存《盛明杂剧》本、《群音类选》卷二十三收曲文；《武陵春》存《盛明杂剧》本；《写风情》存《盛明杂剧》本、《群音类选》卷二十三收曲文；《午日吟》存《盛明杂剧》本；《汉相如》存明万历间刻《阳春奏》所收本；《赤壁游》存《盛明杂剧》本、《群音类选》卷二十三收曲文；《东方朔》仅存《群音类选》卷二十三所收曲文；《南楼月》存《盛明杂剧》本、《群音类选》卷二十三收曲文；《同甲会》存《盛明杂剧》本；《元微之》存明万历间刻《阳春奏》所收本；《陶处士》存明万历间刻《阳春奏》所收本、《群音类选》卷二十三收曲文；《龙山宴》存《盛明杂剧》本、《群音类选》卷二十三收曲文；《张季鹰》仅存《群音类选》卷二十三所收曲文；《谢东山》仅存《群音类选》卷二十三所收曲文；《裴晋公》有大英图书馆藏清嘉庆庚申（1800）积秀堂覆刻明秦淮墨客（纪振伦）选辑、唐振吾刊行之《新刊分类出像陶真选粹乐府红珊》本，王秋桂主编之《善本戏曲丛刊》据之影印（台湾学生书局1984年版）

---

① 杨慎和许潮都有写作《太（泰）和记》的记载，学术界对著作权归属尚有争议。本文将《太（泰）和记》归于许潮名下。

（续上表）

作品	杂剧	传奇	曲家	存佚	版本
《园林午梦》	√		李开先 （1502—1568）	存	明万历间刘龙田《重刻元本题评音释西厢记》卷尾附录本；明崇祯间闵遇五辑刻《六幻西厢记》附录本；暖红室《汇刻传奇西厢记》附录本，依据《六幻西厢记》本；今人路工合辑《李开先集》本（中华书局1959年版）；今人卜键笺校《李开先全集》本（文化艺术出版社2004年版）
《打哑禅》	√		李开先 （1502—1568）	存	清初抄本，今人路工合辑《李开先集》本（中华书局上海编辑所1959年版）据此排印；今人卜键笺校《李开先全集》本（文化艺术出版社2004年版）
《乔坐衙》	√		李开先 （1502—1568）	佚	
《昏厮谜》	√		李开先 （1502—1568）	佚	
《搅道场》	√		李开先 （1502—1568）	佚	
《三枝花大闹土地堂》	√		李开先 （1502—1568）	佚	
《皮匠参禅》	√		李开先 （1502—1568）	佚	
《宝剑记》①		√	李开先 （1502—1568）	存	明嘉靖二十六年（1547）原刻本，《古本戏曲丛刊·初集》据之影印；今人路工合辑《李开先集》本（中华书局1959年版）；今人卜键笺校《李开先全集》本（文化艺术出版社2004年版）

---

① 郭英德认为作于1547年。

（续上表）

作品	杂剧	传奇	曲家	存佚	版本
《断发记》		√	李开先 （1502—1568）	存	明万历十四年（1586）金陵唐氏世德堂刻本，《古本戏曲丛刊·五集》据之影印，题《新刊重订出相附释标注裴淑英断发记》；今人路工合辑《李开先集》本（中华书局1959年版）；今人卜键笺校《李开先全集》本（文化艺术出版社2004年版）
《登坛记》		√	李开先 （1502—1568）	佚	
《红线记》	√		胡汝嘉 （生卒年不详）	佚	
《脱颖》		√	张国筹 （生卒年不详）	佚	
《茅庐》		√	张国筹 （生卒年不详）	佚	
《申包胥》		√	张国筹 （生卒年不详）	佚	
《韦苏州》		√	张国筹 （生卒年不详）	佚	
《章台柳》		√	张国筹 （生卒年不详）	佚	
《僧尼共犯》	√		冯惟敏 （1511—1580）	存	《海浮山堂词稿》附刻本；明赵琦美脉望馆抄校本，《古本戏曲丛刊·四集》据之影印；王季烈校刊《孤本元明杂剧》本；周贻白校注《明人杂剧选》本
《不伏老》[①]	√		冯惟敏 （1511—1580）	存	《海浮山堂词稿》附刻本；《盛明杂剧》本；《古今名剧合选·酹江集》所收本

---

① 徐子方认为作于中举（1527）至援例谒选涞水知县（1562）之间。

（续上表）

作品	杂剧	传奇	曲家	存佚	版本
《四喜记》①		√	谢谠 （1512—1569）	存	明末汲古阁原刻初印本，《古本戏曲丛刊·二集》据之影印；汲古阁刻《六十种曲》所收本
《合钗记》		√	秦鸣雷 （1518—1593）	佚	
《目连救母劝善记》②		√	郑之珍 （1518—1595）	存	明万历间高石山房原刻本，《古本戏曲丛刊·初集》据之影印，三卷，题"新安高石山人郑之珍编"，首载署"万历己卯（七年，1579）岁首春之吉赐进士第中宪大夫云南按察司副使前左都郎中知金华府事春侍生鹤墩叶宗春拜书"之《叙劝善记》，署"万历壬午（十年，1582）烈春之吉天游人陈昭祥少明甫书于后升山房"之《劝善记序》，署"万历壬午孟秋月高石山人郑之珍书"之《序》，署"天王万历癸未（十一年，1583）春正月新都草莽之臣倪道贤惟德甫书于浑噩斋之击壤亭"之《读郑山人目连劝善记》，署"壬子进士通家眷侍生左泉陈澜汝观甫顿首拜书"之《劝善记评》，末载署"万历壬午夏五月吉旦都昌承敕进修职佐郎光禄寺掌醢署监事眷甥胡元禄惟贤顿首拜书"之《劝善记跋》；明万历间金陵富春堂刻本，三卷；清会文堂刻本，三卷；清道光间刻本，三卷；清光绪二十年（1894）上海书局石印本，四卷；1912年上海燮记书庄石印本，四卷；民国初年维新书局木刻本，三卷；1919年上海马启新书局石印本，四卷

---

① 徐朔方认为作于1557年或略后。
② 郭英德认为作于1579年。

（续上表）

作品	杂剧	传奇	曲家	存佚	版本
《五福记》		√	郑之珍 （1518—1595）	佚	
《红线女》	√		梁辰鱼 （1519—1591）	存	《盛明杂剧》本；《古今名剧合选·酹江集》本；吴书荫编集校点《梁辰鱼集》本（上海古籍出版社 1998 年版）
《无双传补》	√		梁辰鱼 （1519—1591）	存	《江东白苎》卷上所收；吴书荫编集校点《梁辰鱼集》本（上海古籍出版社 1998 年版）
《红绡妓》	√		梁辰鱼 （1519—1591）	佚	
《浣纱记》①		√	梁辰鱼 （1519—1591）	存	日本京都帝国大学图书馆藏明万历间金陵富春堂刻本，北京图书馆藏《绣刻演剧》所收本即为此本，题《重刻出像浣纱记》，署"直隶昆山梁伯龙编次"，四卷；明万历三十六年（1608）武林阳春堂刻本，四卷；明万历间金陵文林阁刻本，题《重刻出像浣纱记》，四卷；明万历间刻本，题《重刻吴越春秋浣纱记》，二卷；明末刻本，题《李卓吾先生批评浣纱记》，二卷；明崇祯间刻本，题《怡云阁浣纱记》，二卷，《古本戏曲丛刊·初集》据之影印；明末汲古阁原刻初印本，二卷；汲古阁刻《六十种曲》所收本；清乾隆间内府抄本，二卷，残存卷上；清乾隆二十五年（1760）龚天佑抄本，二卷，残存卷下；清抄本，二卷；北京大学图书馆藏清咸丰、同治间瑞鹤山房抄本，二卷；吴书荫编集校点《梁辰鱼集》本（上海古籍出版社 1998 年版）

---

　　① 徐朔方认为作于 1543 年前后，郭英德认为约作于 1570—1572 年；《浣纱记》一名《吴越春秋》。

（续上表）

作品	杂剧	传奇	曲家	存佚	版本
《鸳鸯记》		√	梁辰鱼（1519—1591）	佚	
《周羽教子寻亲记》①		√	梁辰鱼（1519—1591）	佚	
《四声猿》（包括《狂鼓史》《雌木兰》《翠乡梦》《女状元》）②	√		徐渭（1521—1593）	存	明万历十六年（1588）新安龙峰徐氏刊本；明万历二十八年（1600）陶望龄校刊《徐文长三集》附刻本；明万历四十二年（1614）袁宏道评点本；明万历间刻本，《古本戏曲丛刊·初集》据之影印；明崇祯间沈景麟校刊本；明崇祯间刻澂道人评本；《阳春奏》本；《盛明杂剧》本；《古今名剧合选·酹江集》本；暖红室《汇刻传奇》本；《徐渭集》点校本所收本（中华书局1982年版）；周中明校注本（上海古籍出版社1984年版）
《大雅堂杂剧》（包括《高唐梦》《五湖游》《远山戏》《洛水悲》）③	√		汪道昆（1525—1593）	存	明万历间原刻本；《盛明杂剧》本
《独乐园》	√		桑绍良（生卒年不详）	存	明赵琦美藏万历间乌丝栏抄本；《脉望馆抄校古今杂剧》本，王季烈《孤本元明杂剧》据之排印

---

① 据张彝宣《寒山堂曲谱》卷首《谱选古今传奇散曲集总目》，梁辰鱼改编过《周羽教子寻亲记》。

② 徐朔方认为在1558年正式入胡宗宪幕前完成；李修生认为约作于万历初年。

③ 徐朔方认为作于1560年。

（续上表）

作品	杂剧	传奇	曲家	存佚	版本
《玉簪记》①		√	高濂 （约1527— 约1603）	存	明万历间继志斋刻本，《古本戏曲丛刊·初集》据之影印，题《重校玉簪记》，卷首目录尾署"（万历）己亥（二十七年，1599）孟夏秣陵陈大来校录"；明万历间文林阁刻本，题《重校玉簪记》；明万历间长春堂刻本，题《新镌女贞观重会玉簪记》；明万历间刻白绵纸印本，题《三会贞文庵玉簪记》；明万历间世德堂刻本；明万历间萧腾鸿刻本，清乾隆间修文堂辑印《六合同春》所收本据之重印，题《陈眉公批评玉簪记》；明末新都青藜馆刻本，题《李卓吾先生批评玉簪记》；明崇祯间苏州宁致堂刻本，此本被收入《传奇四十种》内；明末汲古阁原刻初印本；汲古阁刻《六十种曲》所收本；清康熙间内府抄本，残存下卷；清乾隆十年（1745）抄本；上海图书馆藏明万历二十六年（1598）观化轩重梓《新镌女贞观重会玉簪记》、明刻清印本《新刻重会女贞观玉簪记大全》
《节孝记》②		√	高濂 （约1527— 约1603）	存	明万历间世德堂刻本，《古本戏曲丛刊·初集》据之影印

---

① 徐朔方认为作于1570年。
② 凡二卷，上卷节部《赋归记》十七出，下卷孝部《陈情记》仅存十五出，下阙二出。徐朔方认为作于1571年。

（续上表）

作品	杂剧	传奇	曲家	存佚	版本
《红拂记》①		√	张凤翼 （1527—1613）	存	明万历二十九年（1601）金陵继志斋刻本，题《重校红拂记》，首载李卓吾之《红拂记题辞》；明万历间杭州容与堂刻本，题《李卓吾先生批评红拂记》，首载李卓吾序；明万历间金陵文林阁刻本，题《重校注释红拂记》；明万历间萧腾鸿刻本，清乾隆间修文堂辑《六合同春》所收本据之重印；明书林游敬泉刻本；明汪氏玩虎轩刻本；明末吴兴凌玄洲校刻朱墨套印本，《古本戏曲丛刊·初集》据之影印；明末汲古阁原刻初印本；汲古阁刻《六十种曲》所收本；明末刻本；民国初年贵池刘世珩辑刻《暖红室汇刻传剧》本；隋树森、秦学人、侯作卿校点《张凤翼戏曲集》本（中华书局1994年版）
《虎符记》②		√	张凤翼 （1527—1613）	存	明万历间金陵富春堂刻本，《古本戏曲丛刊·初集》据之影印，题《新刻出像音注花将军虎符记》；清延陵喜兴抄本；清抄本；朱格抄本；隋树森、秦学人、侯作卿校点《张凤翼戏曲集》本（中华书局1994年版）
《祝发记》③		√	张凤翼 （1527—1613）	存	明万历间金陵富春堂刻本，《古本戏曲丛刊·初集》据之影印，题《新刻出像音注点板徐孝克孝义祝发记》；明万历间金陵继志斋刻本，题《重校孝义祝发记》；明万历间玩虎轩刻本，残存卷上；隋树森、秦学人、侯作卿校点《张凤翼戏曲集》本（中华书局1994年版）

① 徐朔方认为作于1545年。
② 徐朔方认为作于1578年。
③ 徐朔方认为作于1586年。

（续上表）

作品	杂剧	传奇	曲家	存佚	版本
《灌园记》①		√	张凤翼 （1527—1613）	存	明万历间金陵富春堂刻本，《古本戏曲丛刊·初集》据之影印，题《新刊音注出像齐世子灌园记》，署"大明张伯起氏汇编"；明末汲古阁原刻初印本；汲古阁刻《六十种曲》所收本；隋树森、秦学人、侯作卿校点《张凤翼戏曲集》本（中华书局1994年版）
《窃符记》		√	张凤翼 （1527—1613）	存	明万历间金陵继志斋刻本，题《重校窃符记》；明万历间新安汪氏环翠堂刻本；清雍正间沈闰生抄本，《古本戏曲丛刊·三集》据之影印；清怀宁曹氏抄本；隋树森、秦学人、侯作卿校点《张凤翼戏曲集》本（中华书局1994年版）
《㡯廖记》		√	张凤翼 （1527—1613）	存残曲	《群音类选》卷十九收录散出曲文，隋树森、秦学人、侯作卿校点《张凤翼戏曲集》本（中华书局1994年版）据之校点；《月露音》收录部分残曲
《平播记》②		√	张凤翼 （1527—1613）	佚	
《芦衣记》		√	张凤翼 （1527—1613）	佚	
《玉燕记》		√	张凤翼 （1527—1613）	佚	
《白蛇记》		√	郑国轩 （生卒年不详）	存	明万历间金陵富春堂刻本，《古本戏曲丛刊·初集》据之影印，题《新刻出像音注刘汉卿白蛇记》，署"浙郡逸士郑国轩编集"

---

① 徐朔方认为作于 1590 年。
② 徐朔方认为作 1603 年。

（续上表）

作品	杂剧	传奇	曲家	存佚	版本
《牡丹记》		√	郑国轩 （生卒年不详）	佚	
《还金记》①		√	张珌 （生卒年不详）	存	北京大学图书馆藏清初抄本
《双烈记》②		√	张四维 （生卒年不详）	存	明末汲古阁原刻初印本，《古本戏曲丛刊·二集》据之影印；汲古阁刻《六十种曲》所收本；清康熙十一年（1672）吴郡甘淡道人抄本，别题作《麒麟记》；旧抄本，亦题《麒麟记》
《章台柳》		√	张四维 （生卒年不详）	佚	
《璃璋记》		√	张四维 （生卒年不详）	佚	
《藏珠记》③		√	鲁怀德 （生卒年不详）	存	北京图书馆藏旧抄本，未署撰者
《胭脂记》④		√	童养中 （生卒年不详）	存	明万历间金陵文林阁刻本，《古本戏曲丛刊·初集》据之影印，题《新刻全像胭脂记》，未署撰者；近人海盐朱希祖过录许之衡校本
《玉丸记》⑤		√	朱期 （生卒年不详）	存	明万历间武林刻本，《古本戏曲丛刊·初集》据之影印，题《刻新编奇遇玉丸记》

---

① 在现存抄本中，此剧与方疑子《鸳鸯坠》剧合为一册。
② 又名《麒麟记》。
③ 郭英德认为作于 1573 年以前。
④ 郭英德认为作于 1573 年以前。
⑤ 郭英德认为作于 1582 年以前。

（续上表）

作品	杂剧	传奇	曲家	存佚	版本
《芙蓉记》①		√	江楫 （生卒年不详）	存	清康熙末年刻本，《古本戏曲丛刊·五集》据之影印，题"楚荆门百莱主人葵南甫撰"，首载署"楚荆门百莱主人江楫葵南甫识"之《芙蓉记原序》，署"曾孙鼎金谨识"之《序》
《投笔记》		√	华山居士	存	明万历三十八年（1610）三槐堂刻本，题《新镌徽板音释评林全像班超投笔记》；万历间存诚堂刻本，《古本戏曲丛刊·初集》据之影印，题《新刻魏仲雪先生批评投笔记》；明万历间罗懋登注释本；明万历间金陵文林阁刻本；1924年番禺许之衡环翠楼抄校本
《荔枝记》		√	李氏 （生卒年不详）	存	奥地利维也纳国家图书馆藏明万历九年（1581）朱氏与耕堂刻本，广东人民出版社1985年版《明本潮州戏文五种》据之影印，题《新刻增补全像乡谈荔枝记》，署"潮州东月李氏编集"
《琴心记》②		√	孙柚 （徐朔方认为是1540—1585；郭英德认为是1540—1614）	存	明万历间金陵富春堂刻本，四卷，题《新刻出像音注司马相如琴心记》；明末汲古阁原刻初印本，《古本戏曲丛刊·二集》据之影印；汲古阁刻《六十种曲》所收本

---

① 郭英德认为作于1584年前后。
② 徐朔方认为作于1569年以前，郭英德认为作于1593年以前。

（续上表）

作品	杂剧	传奇	曲家	存佚	版本
《昭关记》		√	孙柚（徐朔方认为是 1540—1585；郭英德认为是 1540—1614）	佚	
《青衫记》①		√	顾大典（1541—1596）	存	明万历间金陵凤毛馆刻本，题《重校白傅青衫记》，首载陆君弼题、陈邦泰书之序文；明末汲古阁原刻初印本，《古本戏曲丛刊·二集》据之影印；汲古阁刻《六十种曲》所收本
《葛衣记》		√	顾大典（1541—1596）	存	旧抄本，《古本戏曲丛刊·五集》据之影印
《义乳记》		√	顾大典（1541—1596）	佚	
《风教编》		√	顾大典（1541—1596）	佚	
《昆仑奴》②	√		梅鼎祚（1549—1615）	存	明万历四十三年（1615）山阴徐氏刊本；《盛明杂剧》本；《古今名剧合选·酹江集》本
《玉合记》③		√	梅鼎祚（1549—1615）	存	明万历间金陵世德堂刻本，二卷；明万历间金陵继志斋刻本，题《章台柳玉合记》，四卷；明杭州容与堂刻本，《古本戏曲丛刊·初集》据之影印，题《李卓吾先生批评玉合记》，二卷；明末汲古阁原刻初印本，二卷；汲古阁刻《六十种曲》所收本

---

① 徐朔方认为作于 1592 年；郭英德认为作于 1592 年或稍早一两年。
② 徐朔方认为至迟作于 1592 年前，与《玉合记》创作时间相差不远。
③ 郭英德认为作于 1584 年，徐朔方认为作于 1586 年。

（续上表）

作品	杂剧	传奇	曲家	存佚	版本
《紫箫记》①		√	汤显祖（1550—1616）	存	明万历间金陵富春堂刻本，《古本戏曲丛刊·初集》据之影印，四卷，题《新刻出像点板音注李十郎紫箫记》，署"临川红泉馆编"，"新都绿筠轩校"；明万历二十四年（1596）金陵世德堂刻本，二卷，题《新镌出像注释李十郎霍小玉紫箫记题评》；明末汲古阁原刻初印本；汲古阁刻《六十种曲》所收本；徐朔方笺校《汤显祖全集》（北京古籍出版社1999年版）所收本
《紫钗记》②		√	汤显祖（1550—1616）	存	明万历三十年（1602）金陵继志斋刻本，题《出像点板霍小玉紫钗记定本》，首载署"壬寅（万历三十年，1602）春秣陵陈大来书"之"乙未（万历二十三年，1595）春清远道人"《紫钗记题词》；明末柳浪馆刻本，《古本戏曲丛刊·初集》据之影印，题《柳浪馆批评玉茗堂紫钗记》，首载《紫钗记总评》；明崇祯间独深居点定《玉茗堂四种曲》所收本，首载署"震峰居士沈际飞漫书"之《题紫钗记》，署"临川汤显祖自题"之《紫钗记题词》；明末刻《玉茗堂四种传奇》所收本；明末汲古阁原刻初印本；汲古阁刻《六十种曲》所收本；清初竹林堂辑刻《玉茗堂四种曲》所收本；民国初年四川成都存古书局刻本；徐朔方笺校《汤显祖全集》（北京古籍出版社1999年版）所收本

---

① 徐朔方认为在1577年秋至1579年秋赴1580年春试前作于江西临川。

② 徐朔方认为在1587年前后作于南京。

（续上表）

作品	杂剧	传奇	曲家	存佚	版本
《红蕖记》①		√	沈璟 （1553—1610）	存	明万历间继志斋刻本，《古本戏曲丛刊·三集》据之影印，题《重校十无端巧合红蕖记》
《郁轮袍》②	√		王衡 （1561—1609）	存	万历间刻本；天启《杂剧三种合刊》本；《盛明杂剧》本；《古今名剧合选·酹江集》本
《小雅四纪》（包括《帝妃春游》《秦苏夏赏》《韩陶月宴》《戴王雪访》）③	√		程士廉 （生卒年不详）	存	《群音类选》卷二十六收录四出曲文；陈与郊编《古名家杂剧》收录《帝妃春游》一剧宾白及曲文
《歌代啸》④	√			存	清道光山阴沈氏鸣野山房精抄本，1931年国学图书馆据之影印；《徐渭集》所收排印本（1982年版）；周中明校注本（上海古籍出版社1984年版）
《金丸记》⑤		√		存	清康熙间抄本，《古本戏曲丛刊·初集》据之影印；红格抄本；上海图书馆藏周明泰几礼居藏许之衡饮流斋抄本
《商辂三元记》⑥		√		存	明万历间金陵富春堂刻本，1934年长乐郑振铎《汇印传奇》第一集以及《古本戏曲丛刊·初集》均据之影印

---

①　徐朔方认为作于1589年。

②　徐朔方认为约作于1590年。

③　徐子方认为作于1589以前。

④　《明代杂剧全目》置于徐渭名下，但目前学术界对作者权有很大争议，本文将此归入无名氏名下。

⑤　郭英德认为作于1475—1487年。

⑥　别名《断机记》。

（续上表）

作品	杂剧	传奇	曲家	存佚	版本
《白袍记》①		√		存	明万历间金陵富春堂刻本，《古本戏曲丛刊·初集》据之影印，题《新刻出像音注薛仁贵征东白袍记》
《和戎记》②		√		存	明万历间金陵富春堂刻本，《古本戏曲丛刊·二集》据之影印，题《新刻出像音注王昭君出塞和戎记》，其中略有阙页
《荔镜记》		√		存	日本天理大学图书馆、英国牛津大学图书馆均藏明嘉靖四十五年（1566）新安余氏刻本；《明本潮州戏文五种》（广东人民出版社1985年版）据日本天理大学图书馆所收原本影印，题《重刊五色潮泉插科增入诗词北曲勾栏荔镜记》
《颜臣》		√		存	日本天理大学图书馆、英国牛津大学图书馆均藏明嘉靖四十五年（1566）新安余氏刻本，附刻于《荔镜记》戏文上栏；《明本潮州戏文五种》（广东人民出版社1985年版）据日本天理大学图书馆所收原本影印，题《重刊五色潮泉插科增入诗词北曲勾栏荔镜记》
《鱼篮记》③		√		存	明万历间金陵文林阁刻本，《古本戏曲丛刊·二集》据之影印，题《新刻全像观音鱼篮记》，其中略有阙页

① 郭英德认为作期不应晚于1553年。
② 郭英德认为作期当为1553年以前。
③ 郭英德认为作期似不应晚于万历初年。

（续上表）

作品	杂剧	传奇	曲家	存佚	版本
《金貂记》①		√		存	明万历间金陵富春堂刻本，《古本戏曲丛刊·初集》据之影印，近人番禺许之衡环翠楼据之过录，四卷，题《新刻出像音注薛平辽金貂记》，首附元杨梓《功臣宴敬德不伏老》杂剧四折；清康熙间内府抄本，二卷；清乌丝阑抄本，二卷；旧抄朱丝阑本，二卷。刻本缺三至九折，卷首有折目
《金花女》		√		存	日本东京大学东洋文化研究所藏明万历间刻本；吴守礼《明清闽南戏曲四种》据之影印（台湾联禾美术印刷厂1976年版）；《明本潮州戏文五种》复据之影印（广东人民出版社1985年版），题《重补摘锦潮调金花女大全》
《苏六娘》		√		存	日本东京大学东洋文化研究所藏明万历间刻本，附刻于《金花女》戏文上栏；吴守礼《明清闽南戏曲四种》据之影印（台湾联禾美术印刷厂1976年版）；《明本潮州戏文五种》复据之影印（广东人民出版社1985年版）
《青袍记》②		√		存	明万历间金陵文林阁刻本，《古本戏曲丛刊·二集》据之影印
《四美记》③		√		存	明万历间金陵文林阁刻本，《古本戏曲丛刊·二集》据之影印，题《重校四美记》

---

　①　《曲海总目提要》认为："大约明中叶时人手笔。"

　②　据第一出问答，此剧又名《梁氏父子传胪记》。郭英德认为作期当在隆庆、万历之际或万历初年。

　③　郭英德认为作期或在1573年以前。

（续上表）

作品	杂剧	传奇	曲家	存佚	版本
《十义记》		√		存	明万历十四年（1586）新安余氏自新斋刻本，题《韩朋十义记》；明万历间金陵富春堂刻本，1934 年长乐郑振铎《汇印传奇》第一集及《古本戏曲丛刊·初集》均据之影印，题《新刊音注出像韩朋十义记》
《举鼎记》		√		存①	传抄本，《古本戏曲丛刊·初集》据之影印
《鸣凤记》②		√		存	明万历间读书坊刻本，题《宝晋斋鸣凤记》；明末汲古阁原刻初印本，《古本戏曲丛刊·初集》据之影印；汲古阁刻《六十种曲》所收本；清乾隆间内府抄本，残存卷上；清清河郡黑格抄本，首载《鸣凤记院本考》；北京大学图书馆藏清咸丰、同治间瑞鹤山房抄本

---

① 凡二卷，卷上十四折，卷下残存九折。
② 苏寰中认为应该是隆庆、万历间无名氏作品；郭英德认为此剧创作年代不应早于1573 年。

参考文献

［1］（明）臧懋循：《元曲选》，中华书局 1958 年版。

［2］隋树森编：《元曲选外编》，中华书局 1959 年版。

［3］续修四库全书编纂委员会编：《续修四库全书》，上海古籍出版社 2002 年版。

［4］王季烈校刊：《孤本元明杂剧》，中国戏剧出版社 1958 年版。

［5］（明）沈泰编：《盛明杂剧》，北京中国书店影印董氏诵芬室重刻本 1981 年版。

［6］钱南扬校注：《永乐大典戏文三种校注》，中华书局 1979 年版。

［7］（明）毛晋编刊：《六十种曲》，中华书局 1958 年版。

［8］吴梅编：《奢摩他室曲丛》，商务印书馆影印排印本 1928 年版。

［9］《古本戏曲丛刊》编辑委员会编：《古本戏曲丛刊·初集》，商务印书馆 1954 年影印本。

［10］《古本戏曲丛刊》编辑委员会编：《古本戏曲丛刊·二集》，商务印书馆 1955 年影印本。

［11］《古本戏曲丛刊》编辑委员会编：《古本戏曲丛刊·三集》，文学古籍刊行社 1957 年影印本。

［12］《古本戏曲丛刊》编辑委员会编：《古本戏曲丛刊·四集》，商务印书馆 1958 年影印本。

［13］《古本戏曲丛刊》编辑委员会编：《古本戏曲丛刊·五集》，上海古籍出版社 1986 年影印本。

［14］《古本戏曲丛刊》编辑委员会编：《古本戏曲丛刊·九集》，商务印书馆 1964 年影印本。

［15］王秋桂主编：《善本戏曲丛刊》，台湾学生书局1984年版。

［16］胡文焕编：《群音类选》，中华书局1980年版。

［17］黄仕忠、［日］金文东、［日］乔秀岩编：《日本所藏稀见中国戏曲文献丛刊》，广西师范大学出版社2006年版。

［18］廖可斌主编：《稀见明代戏曲丛刊》，东方出版中心2018年版。

［19］王季思主编：《全元戏曲》，人民文学出版社1999年版。

［20］隋树森编：《全元散曲》，中华书局2018年版。

［21］宁希元、李东文、齐裕焜编：《元人散曲选粹》，甘肃人民出版社1985年版。

［22］羊春秋选注：《元人散曲选》，湖南人民出版社1982年版。

［23］谢伯阳编：《全明散曲》，齐鲁书社1994年版。

［24］王永宽、杨海中、幺书仪编：《清代杂剧选》，中州古籍出版社1991年版。

［25］（元）高明著，钱南扬校注：《元本琵琶记校注》，上海古籍出版社1980年版。

［26］孙崇涛、黄仕忠：《风月锦囊笺校》，中华书局2000年版。

［27］［俄］李福清、［中］李平：《海外孤本晚明戏剧选集三种》，上海古籍出版社1993年版。

［28］中国戏曲研究院编：《中国古典戏曲论著集成》，中国戏剧出版社1959年版。

［29］任讷编：《新曲苑》，中华书局1940年版。

［30］吴梅：《顾曲麈谈》，商务印书馆1916年版。

［31］（明）祁彪佳著，黄裳校录：《远山堂明曲品剧品校录》，上海出版公司1955年版。

［32］（明）潘之恒著，汪效倚辑注：《潘之恒曲话》，中国戏剧出版社1988年版。

［33］（明）吕天成撰，吴书荫校注：《曲品校注》，中华书局1990年版。

［34］俞为民、孙蓉蓉编：《历代曲话汇编》，黄山书社2009年版。

［35］蔡毅编：《中国古典戏曲序跋汇编》，齐鲁书社1989年版。

［36］郭英德、李志远纂笺：《明清戏曲序跋纂笺》，人民文学出版社2021年版。

［37］吴平、回达强编：《历代戏曲目录丛刊》，广陵书社 2009 年版。

［38］董康辑：《曲海总目提要》，人民文学出版社 1959 年版。

［39］北婴编：《曲海总目提要补编》，人民文学出版社 1959 年版。

［40］王季烈：《孤本元明杂剧提要》，商务印书馆 1941 年版。

［41］李修生编：《古本戏曲剧目提要》，文化艺术出版社 1997 年版。

［42］郭英德编：《明清传奇综录》，河北教育出版社 1997 年版。

［43］孙楷第：《也是园古今杂剧考》，上杂出版社 1953 年版。

［44］傅惜华：《明代杂剧全目》，作家出版社 1958 年版。

［45］傅惜华：《明代传奇全目》，人民文学出版社 1959 年版。

［46］庄一拂编：《古典戏曲存目汇考》（三卷），上海古籍出版社 1982 年版。

［47］邵曾祺编：《元明北杂剧总目考略》，中州古籍出版社 1985 年版。

［48］赵景深、张增元：《方志著录元明清曲家传略》，中华书局 1987 年版。

［49］徐朔方：《晚明曲家年谱》，浙江古籍出版社 1993 年版。

［50］邓长风：《明清戏曲家考略》，上海古籍出版社 1994 年版。

［51］邓长风：《明清戏曲家考略续编》，上海古籍出版社 1997 年版。

［52］邓长风：《明清戏曲家考略三编》，上海古籍出版社 1999 年版。

［53］王国维：《王国维戏曲论文集》，中国戏剧出版社 1957 年版。

［54］（清）吴梅著，王卫民编：《吴梅戏曲论文集》，中国戏剧出版社 1983 年版。

［55］（清）吴梅著，王卫民校注：《吴梅全集》，河北教育出版社 2002 年版。

［56］赵景深：《中国古典小说戏曲论集》，上海古籍出版社 1985 年版。

［57］王季思等：《中国古代戏曲论集》，中国展望出版社 1986 年版。

［58］徐朔方：《徐朔方集》，浙江古籍出版社 1993 年版。

［59］徐朔方：《徐朔方说戏曲》，上海古籍出版社 2000 年版。

［60］周贻白：《周贻白戏剧论文选》，湖南人民出版社 1982 年版。

［61］严敦易：《元明清戏曲论集》，中州书画社 1982 年版。

［62］冯沅君：《古剧说汇》，作家出版社 1956 年版。

［63］谭正璧著，谭寻补正：《话本与古剧》，上海古籍出版社 1985 年版。

［64］叶德均：《戏曲小说丛考》，中华书局 1979 年版。

［65］孙楷第著，戴鸿森校：《戏曲小说书录解题》，人民文学出版社 1990 年版。

［66］钱南扬：《戏文概论》，上海古籍出版社 1981 年版。

［67］钱南扬：《汉上宦文存》，上海文艺出版社 1980 年版。

［68］卢前：《明清戏曲史》，商务印书馆 1935 年版。

［69］周贻白：《中国剧场史》，商务印书馆 1936 年版。

［70］［日］青木正儿著，王古鲁译：《中国近世戏曲史》，作家出版 社 1958 年版。

［71］周贻白：《中国戏剧史长编》，上海书店出版社 2004 年版。

［72］周贻白：《中国戏曲发展史纲要》，上海古籍出版社 1979 年版。

［73］张庚、郭汉城主编：《中国戏曲通史》（中册），中国戏剧出版 社 1981 年版。

［74］李昌集：《中国古代曲学史》，华东师范大学出版社 1997 年版。

［75］许金榜：《中国戏曲文学史》，中国文学出版社 1994 年版。

［76］叶长海：《中国戏剧学史稿》，上海文艺出版社 1986 年版。

［77］赵山林：《中国戏剧学通论》，安徽教育出版社 1995 年版。

［78］李万钧：《中国古今戏剧史》，广东高等教育出版社 1997 年版。

［79］郑传寅：《中国戏曲文化概论》，武汉大学出版社 1993 年版。

［80］余秋雨：《中国戏剧文化史述》，湖南人民出版社 1985 年版。

［81］胡世厚、邓绍基主编：《中国古代戏曲家评传》，中州古籍出版 社 1992 年版。

［82］孙崇涛、徐宏图：《戏曲优伶史》，文化艺术出版社 1995 年版。

［83］张发颖：《中国戏班史》（增订本），学苑出版社 2003 年版。

［84］胡忌、刘致中：《昆剧发展史》，中国戏剧出版社 1989 年版。

［85］王宁：《昆剧折子戏研究》，黄山书社 2013 年版。

［86］任半塘：《唐戏弄》（新 1 版），上海古籍出版社 2006 年版。

［87］胡忌：《宋金杂剧考》，古典文学出版社 1957 年版。

［88］景李虎：《宋金杂剧概论》，高等教育出版社 2011 年版。

［89］刘晓明：《杂剧形成史》，中华书局 2007 年版。

［90］黄仕忠：《日本所藏中国戏曲文献研究》，高等教育出版社 2011 年版。

［91］王星琦：《元明散曲史论》，南京师范大学出版社 1999 年版。

［92］宁宗一、陆林、田桂民编著：《明代戏剧研究概述》，天津教育出版社 1992 年版。

［93］曾永义：《明杂剧概论》，台湾学海出版社 1989 年版。

［94］徐子方：《明杂剧研究》，台北文津出版社 1998 年版。

［95］徐子方：《明杂剧史》，中华书局 2003 年版。

［96］徐子方：《明杂剧通论》，中国戏剧出版社 2013 年版。

［97］戚世隽：《明代杂剧研究》，广东高等教育出版社 2001 年版。

［98］郭英德：《明清传奇史》，江苏古籍出版社 1999 年版。

［99］郭英德：《明清文人传奇研究》，北京师范大学出版社 1992 年版。

［100］郭英德：《明清传奇戏曲文体研究》，商务印书馆 2004 年版。

［101］马华祥：《明代弋阳腔传奇考》，中国社会科学出版社 2009 年版。

［102］朱万曙：《明代戏曲评点研究》，安徽教育出版社 2002 年版。

［103］涂秀虹：《元明小说戏曲关系研究》，上海三联书店 2004 年版。

［104］赵山林：《中国戏曲观众学》，华东师范大学出版社 1990 年版。

［105］王毅：《元散曲艺术论》，岳麓书社 1997 年版。

［106］王星琦：《元明散曲史论》，南京师范大学出版社 1999 年版。

［107］田守真编著：《明散曲纪事》，巴蜀书社 1996 年版。

［108］齐森华、陈多、叶长海编：《中国曲学大辞典》，浙江教育出版社 1997 年版。

［109］董每戡：《五大名剧论》，人民文学出版社 1984 年版。

［110］徐扶明：《元明清戏曲探索》，浙江古籍出版社 1986 年版。

［111］徐扶明：《元代杂剧艺术》，上海文艺出版社 1981 年版。

［112］金宁芬：《南戏研究变迁》，天津教育出版社 1992 年版。

［113］俞为民：《宋元南戏考论续编》，中华书局 2004 年版。

［114］周维培：《曲谱研究》，江苏古籍出版社 1997 年版。

［115］杨荫浏：《中国古代音乐史稿》，人民音乐出版社 2004 年版。

［116］黄仕忠：《〈琵琶记〉研究》，广东高等教育出版社 1996 年版。

［117］蒋星煜：《〈西厢记〉的文献学研究》，上海古籍出版社 1997 年版。

［118］尤海燕：《明代折子戏研究》，首都师范大学 2009 年博士论文。

［119］赵晓红：《朱有燉杂剧研究》，南京大学 2002 年博士论文。

［120］陈来：《宋明理学》，辽宁教育出版社 1991 年版。

［121］马积高：《宋明理学与文学》，湖南师范大学出版社 1989 年版。

［122］廖可斌：《明代文学复古运动研究》，上海古籍出版社 1994 年版。

［123］廖可斌：《复古派与明代文学思潮》，文津出版社 1994 年版。

［124］左东岭：《王学与中晚明士人心态》，人民文学出版社 2000 年版。

［125］郑振铎：《插图本中国文学史》，作家出版社 1957 年版。

［126］刘大杰：《中国文学发展史》，上海古籍出版社 1982 年版。

［127］郭英德：《中国古代文学通论》，辽宁人民出版社 2005 年版。

［128］徐朔方、孙秋克：《明代文学史》，浙江大学出版社 2009 年版。

［129］南炳文主编：《佛道秘密宗教与明代社会》，天津古籍出版社 2001 年版。

［130］（清）张廷玉等：《明史》，中华书局 1974 年版。

［131］［美］牟复礼、［英］崔瑞德编，张书生等译：《剑桥中国明代史》，中国社会科学出版社 1992 年版。

［132］台湾“中央图书馆”编：《明人传记资料索引》，中华书局 1987 年版。

［133］（清）黄宗羲著，沈芝盈点校：《明儒学案》，中华书局 1985 年版。

［134］张慧剑编：《明清江苏文人年表》，上海古籍出版社 1986 年版。

［135］（清）谈迁撰，张宗祥点校：《国榷》，中华书局 1958 年版。

［136］（元）陶宗仪：《南村辍耕录》，中华书局 1959 年版。

［137］（明）胡应麟：《少室山房笔丛》，上海古籍出版社 1993 年版。

［138］（明）叶子奇：《草木子》，中华书局 1959 年版。

［139］四库全书存目丛书编纂委员会编：《四库全书存目丛书》，齐鲁书社 1995—1997 年版。

［140］（明）叶盛：《水东日记》，上海古籍出版社 1991 年版。

［141］（明）沈德符：《万历野获编》，中华书局 1959 年版。

［142］（明）何良俊：《四友斋丛说》，中华书局 1959 年版。

［143］（明）李诩：《戒庵老人漫笔》，中华书局 1982 年版。

［144］（明）张瀚：《松窗梦语》，中华书局 1985 年版。

［145］（明）陆容：《菽园杂记》，中华书局 1985 年版。

［146］（明）顾起元：《客座赘语》，中华书局 1987 年版。

［147］（明）范濂：《云间据目抄》，台北新兴书局 1978 年版。

［148］（明）王穉登：《吴社编》，台北新兴书局 1978 年版。

［149］（明）梅鼎祚：《青泥莲花记》，河北教育出版社 1995 年版。

［150］（明）周晖：《金陵琐事》，河北教育出版社 1995 年版。

［151］李肇翔编：《四库禁书》，京华出版社 2001 年版。

［152］（明）田艺蘅：《留青日札》，上海古籍出版社 1985 年版。

［153］（清）陆次云：《湖壖杂记》，台北新兴书局 1978 年版。

［154］（清）赵翼：《廿二史札记》，中国书店 1987 年版。

［155］王利器辑录：《元明清三代禁毁小说戏曲史料》，上海古籍出版社 1981 年版。

［156］《笔记小说大观》，台湾新兴书局 1978 年版。

［157］周光培编：《历代笔记小说集成》，河北教育出版社 1995 年版。

［158］孙毓修编：《涵芬楼祕笈》，北京图书馆出版社 2000 年版。

［159］《中国地方志集成》，江苏古籍出版社、上海书店、巴蜀书社 1991 年版。

［160］《天一阁藏明代方志选刊》，上海古籍书店影印本 1963 年版。

［161］中国戏曲志编辑委员会编：《中国戏曲志》（全 31 册），中国 ISBN 中心 1999 年版。

［162］（明）归有光著，周本淳校点：《震川先生集》，上海古籍出版社 1981 年版。

［163］（明）徐渭：《徐渭集》，中华书局 1983 年版。

［164］（明）梁辰鱼撰，吴书荫编集校点：《梁辰鱼集》，上海古籍出版社 1998 年版。

［165］（明）汤显祖著，徐朔方笺校：《汤显祖全集》，北京古籍出版社 1999 年版。

［166］（明）李开先著，卜键笺校：《李开先全集》，文化艺术出版社

2004 年版。

［167］ 四库禁毁书丛刊编纂委员会编：《四库禁毁书丛刊》，北京出版社 1997 年版。

［168］ （明）王阳明：《王阳明全集》，上海古籍出版社 1992 年版。

［169］ （明）李梦阳：《空同先生集》，台湾伟文图书出版社 1976 年版。

［170］ （明）王九思：《渼陂集》，台湾伟文图书出版社 1976 年版。

［171］ （明）李攀龙：《沧溟先生集》，台湾伟文图书出版社 1976 年版。

［172］ （明）王世贞：《弇州山人四部稿》，台湾伟文图书出版社 1976 年版。

［173］《文渊阁四库全书》，台湾商务印书馆 1986 年版。

［174］ （明）臧懋循：《臧懋循集》，浙江古籍出版社 2012 年版。

［175］ （清）钱谦益：《牧斋初学集》，上海古籍出版社 1995 年版。

［176］ （清）朱彝尊：《静志居诗话》，人民文学出版社 1990 年版。

［177］ （清）何文焕编：《历代诗话》，中华书局 1981 年版。

［178］ 丁福保编：《历代诗话续编》，中华书局 1983 年版。

［179］ （清）钱谦益：《列朝诗集小传》，上海古籍出版社 1959 年版。

［180］ （明）王夫之等：《清诗话》，上海古籍出版社 1963 年版。

［181］ 郭绍虞编：《清诗话续编》，上海古籍出版社 1983 年版。

后　记

这本书是在我的博士论文的基础上修订而成，自 2006 年 6 月博士论文写成，迄今已然十九年了。

本科时代，我喜欢看四大名著，对戏曲印象不深。后来游学岳麓山下，恩师王毅先生不嫌我愚钝，将我领进戏曲研究这片天地；西子湖畔，恩师廖可斌先生让我看到了更广阔的学术空间。毕业之后，经历了找工作的挫折，再到戏剧性地来到现在的单位；经历了父亲的辞世，也经历了儿子的降生；经历了数次生病住院，经历了产后抑郁游走于生死之间。恩师来广州，听完我的叙说，感叹道："原本对你的学术研究还有期许，现在看你不如安稳度日。"生活逐渐磨平了我的棱棱角角，但平凡且平庸的日子过久了，自己也逐渐想做一些事情。这本书是自己一直放不下的东西，在工作之后，零敲碎打，一直拖到今天。

十九年，足以让人历尽沧桑，也足以让人清晰地认识自己。人生哪有什么完美？能有安稳日子就已难得，更何况自己过得较之很多人都算体面。每日督促大儿功课、斥骂小儿无赖，感受无奈、对抗无奈，这是我人生的常态。年龄渐长，心里慢慢感悟到人生正如戏剧一般。人生与学问之间，其实相互关联，从前戏曲作品里面无法理解的许多况味现在慢慢能够明白些许，甚至能有几分共鸣。有时回头看看自己不通世事时代所写的论文，竟觉汗颜，再想想自己以前在讲台上大放厥词，更是有愧于那些已经毕业的学生。

要感谢的人真的很多，还是先感谢自己吧！那么多艰难的事情都挺过来了，怎么想都觉得自己真的很不容易。同时，也庆幸自己能在一所很温暖的大学当老师，可以慢慢地做科研，可以慢慢地想明白很多事情。

刘　竞
2025 年 5 月于广州番禺